Paulus
Schuldrecht BT/1

# Schuldrecht BT/1

## Vertragliche Schuldverhältnisse

von

**Dr. David Paulus**
Akademischer Rat a.Z. an der
Ludwig-Maximilians-Universität München

2. Auflage 2020

C.H.BECK

**www.beck.de**

ISBN 978 3 406 75269 8



Wilhelmstraße 9, 80801 München
Druck: Druckhaus Nomos
In den Lissen 12, 76547 Sinzheim

Satz: DTP-Vorlagen des Autors
Umschlaggestaltung: Druckerei C.H. Beck Nördlingen

$CO_2$ neutral

chbeck.de/nachhaltig

Gedruckt auf säurefreiem, alterungsbeständigem Papier
(hergestellt aus chlorfrei gebleichtem Zellstoff)

# Vorwort

Die überaus freundliche Aufnahme der ersten Auflage des vorliegenden Bandes hat schon nach weniger als zwei Jahren eine Neuauflage erforderlich gemacht. Dies ist umso erfreulicher, als in dem Zeitraum seit Fertigstellung der Vorauflage zwar keine größeren Gesetzesänderungen im Bereich der vertraglichen Schuldverhältnisse eingetreten sind, jedoch eine durchaus außergewöhnliche Menge an (ausbildungs-)relevanter höchstrichterlicher Rechtsprechung ergangen ist. Diese war wegen ihrer besonderen Prüfungsrelevanz umfassend einzuarbeiten. Darüber hinaus habe ich die Neuauflage u.a. dazu genutzt, um weitere Übersichten und Prüfungsschemata im Bereich des Miet- und Pauschalreiserechts aufzunehmen.

Für ihre vielen wertvollen Hinweise und Anmerkungen bin ich meinen Lehrstuhlkollegen *Dr. Simon Jobst* und *Peter Moser* zu größtem Dank verpflichtet; das Gleiche gilt für meine Freunde *Sandro Wendnagel* und *Andreas Bartholomä*. Darüber hinaus bitte ich auch Sie, liebe Leserinnen und Leser, um Hinweise, Kritik und Änderungsvorschläge jeglicher Art; diese werden erbeten an david.paulus@jura.uni-muenchen.de.

München, 17. Januar 2020 *David Paulus*

## Aus dem Vorwort zur ersten Auflage

Der vorliegende Band schließt die bislang innerhalb der Reihe Jurakompakt bestehende Lücke zwischen dem allgemeinen Schuldrecht und den gesetzlichen Schuldverhältnissen.

Mit vertraglichen Schuldverhältnissen behandelt dieses Buch eines der ausbildungs- und examensrelevantesten, aber auch breitgefächertsten und komplexesten Rechtsgebiete des Bürgerlichen Rechts. Wegen der großen Anzahl an – überdies nicht einmal abschließend in den §§ 433 bis 676c sowie §§ 688 bis 808 geregelten – Schuldvertragstypen war dabei eine gewisse Beschränkung und Gewichtung zwingend erforderlich. Mein Hauptaugenmerk habe ich in Anbetracht ihrer herausgehobenen Ausbildungsrelevanz auf den Kauf-, Werk- und Mietvertrag sowie den Pauschalreise- und Bürgschaftsvertrag gerichtet.

Zielgruppe des vorliegenden Buchs sind insb. fortgeschrittene Studierende sowie Referendare, die bereits ein gewisses Grundverständnis „mitbringen" und den examensrelevanten Stoff – zwar kompakt, aber flächendeckend – erfassen und/oder wiederholen möchten. Wegen der formatbedingt gebotenen Kürze sowie des weitgehenden Verzichts auf Literatur- und Rechtsprechungs-Nachweise bleibt freilich an einzelnen Stellen ein vertiefendes Nacharbeiten unentbehrlich, wird jedoch großteils durch entsprechende Hinweise erleichtert. Nicht zuletzt wegen der vielen Aufbauschemata und Übersichten eignet sich dieser Band aber durchaus auch für – aufmerksam lesende – Einsteiger.

An aktuellen Gesetzesänderungen war insb. die zum 1.1.2018 erfolgte Reform des Bauvertragsrechts und der kaufrechtlichen Mängelhaftung durch Gesetz vom 28.4.2017 (BGBl. I [2017], S. 969) zu berücksichtigen. Zudem wird bereits das zum 1.7.2018 komplett neu gefasste Pauschalreisevertragsrecht (BGBl. I [2017], S. 2394) behandelt.

Mein besonderer Dank gilt meinen Freunden *Andreas Bartholomä*, *Sandro Wendnagel* und *Georg Schäfer* für ihre wertvollen Hinweise und Anmerkungen; das Gleiche gilt für meinen Vater, *Christoph Paulus*, sowie meine Lehrstuhlkollegen *Simon Jobst* und *Samy Sakka*.

Hinweise, Kritik und Änderungsvorschläge sind willkommen und werden erbeten an david.paulus@jura.uni-muenchen.de.

München, im Februar 2018 *David Paulus*

# Inhaltsverzeichnis

# Abkürzungsverzeichnis

| | |
|---|---|
| a.A. | andere/r Ansicht |
| Abs. | Absatz |
| a.E. | am Ende |
| a.F./n.F. | alte/neue Fassung |
| AGB | Allgemeine Geschäftsbedingungen |
| allg. | allgemeine/r |
| Alt. | Alternative |
| AT/BT | Allgemeiner/Besonderer Teil |
| BAG | Bundesarbeitsgericht |
| Bd. | Band |
| BGB | Bürgerliches Gesetzbuch |
| BGBl. | Bundesgesetzblatt |
| BGH | Bundesgerichtshof |
| BT-Drs. | Bundestags-Drucksache |
| BVerfG | Bundesverfassungsgericht |
| bzw. | beziehungsweise |
| cic | culpa in contrahendo |
| CISG | UN-Kaufrecht |
| d.h. | das heißt |
| EG | Erwägungsgrund |
| etc. | et cetera |
| EuGH | Europäischer Gerichtshof |
| Fn. | Fußnote |
| FS | Festschrift |
| gem. | gemäß |
| GesR | Gesellschaftsrecht |
| GG | Grundgesetz |
| ggf. | gegebenenfalls |
| GoA | Geschäftsführung ohne Auftrag |
| GrS | Großer Senat |
| HGB | Handelsgesetzbuch |
| HS | Halbsatz |
| h.L./Lit./M. | herrschende Lehre/Literatur/Meinung |
| hochumstr. | hoch umstritten |
| i.B.a. | in Bezug auf |
| i.d.R. | in der Regel |
| i.e./w.S. | im engeren/weiteren Sinn |
| i.G.z. | im Gegensatz zu |
| inkl. | inklusive |
| insb. | insbesondere |
| IPR | Internationales Privatrecht |

| | |
|---|---|
| i.R.v./d./e. | im Rahmen von/der(s)/eine(s/r) |
| i.S.d./v. | im Sinne des/der/von |
| iVm | in Verbindung mit |
| IZVR | Internationales Zivilverfahrensrecht |
| jdf. | jedenfalls |
| Kap. | Kapitel |
| KG | Kommanditgesellschaft |
| Lit. | Literatur |
| m.a.W. | mit anderen Worten |
| m.E. | meines Erachtens |
| M.M. | Mindermeinung |
| m.w.N. | mit weiteren Nachweisen |
| o. | oder |
| o.Ä./ä. | oder Ähnliches/ähnliche(s/r) |
| oHG | offene Handelsgesellschaft |
| ProdHaftG | Produkthaftungsgesetz |
| PRRL | (neue) Pauschalreise-Richtlinie vom 25.11.2015 |
| PV | Pflichtverletzung |
| RefE | Referentenentwurf |
| resp. | respektive |
| Rn. | Randnummer |
| Rspr. | Rechtsprechung |
| s. | siehe |
| SchRMod | Schuldrechtsmodernisierung |
| SE | Schadensersatz |
| SENL | Schadensersatz neben der Leistung |
| SESL | Schadensersatz statt der Leistung |
| u.a. | unter anderem |
| umstr. | umstritten |
| usw. | und so weiter |
| v.a. | vor allem |
| vs. | versus |
| VerbrGKRL | Verbrauchsgüterkaufrichtlinie vom 25.5.1999 |
| VerbrKrRL | Verbraucherkreditrichtlinie vom 23.4.2008 |
| VRRL | Verbraucherrechterichtlinie vom 25.10.2011 |
| Warenkauf-RL | Warenkaufrichtlinie vom 20.5.2019 |
| WoImmoKRL | Wohnimmobilienkreditrichtlinie vom 4.2.2014 |
| WoVermG | Wohnungsvermittlungsgesetz |
| z.B. | zum Beispiel |
| ZDRL | Zahlungsdiensterichtlinie vom 25.11.2015 |
| ZPO | Zivilprozessordnung |
| z.T. | zum Teil |

# Literaturverzeichnis


| | |
|---|---|
| *Baur/Stürner* | Sachenrecht, 18. Aufl. 2009 |
| *Bamberger/Roth* | Beck'scher Onlinekommentar BGB, 52. Edition 2019 |
| *BeckOGK* | beck-online.GROSSKOMMENTAR |
| *Brox/Walker* | Besonderes Schuldrecht, 43. Aufl. 2019 |
| *Dauner-Lieb/Langen* | Nomos-Kommentar BGB Schuldrecht, 3. Aufl. 2016 |
| *Emmerich* | Schuldrecht Besonderer Teil, 15 Aufl. 2018 |
| *Erman* | Bürgerliches Gesetzbuch, 15. Aufl. 2017 |
| *Flume* | Allgemeiner Teil des Bürgerlichen Rechts, Zweiter Band: Das Rechtsgeschäft, 4. Aufl. 1992 |
| *Fikentscher/Heinemann* | Schuldrecht, 11. Aufl. 2017 |
| *Fritzsche* | Fälle zum Schuldrecht I: Vertragliche Schuldverhältnisse, 8. Aufl. 2019 |
| *Hirsch* | Schuldrecht Besonderer Teil, 5. Aufl. 2018 |
| *HKK-BGB* | Rückert/Schmoeckel/Zimmermann (Hrsg.), Historisch-kritischer Kommentar zum BGB, Band III: Schuldrecht: Besonderer Teil, Teilbände 1 und 2, 2013 |
| *Huber/Bach* | Examens-Repetitorium Besonderes Schuldrecht 1, 6. Aufl. 2018 |
| *Jauernig* | Bürgerliches Gesetzbuch, 17. Aufl. 2018 |
| *Larenz* | Schuldrecht I, 14. Aufl. 1987 |
| *Larenz* | Schuldrecht II/1, 13. Aufl. 1985 |
| *Larenz/Canaris* | Schuldrecht II/2, 13. Aufl. 1994 |
| *Leenen* | BGB Allgemeiner Teil, Rechtsgeschäftslehre, 2. Aufl. 2015 |
| *Looschelders* | Schuldrecht Besonderer Teil, 15. Aufl. 2020 |
| *Medicus/Lorenz* | Schuldrecht I, Allgemeiner Teil, 22. Aufl. 2020 |
| *Medicus/Lorenz* | Schuldrecht II, Besonderer Teil, 18. Aufl. 2018 |
| *Medicus/Petersen* | Allgemeiner Teil des BGB, 11. Aufl. 2016 |
| *Medicus/Petersen* | Bürgerliches Recht (BR), 27. Aufl. 2019 |
| *MüKoBGB* | Münchener Kommentar zum Bürgerlichen Gesetzbuch, 8. Aufl. 2018 ff. |
| *Oechsler* | Vertragliche Schuldverhältnisse, 2. Aufl. 2017 |
| *Oetker/Maultzsch* | Vertragliche Schuldverhältnisse, 5. Aufl. 2018 |
| *Palandt* | Bürgerliches Gesetzbuch, 79. Aufl. 2020 |
| *Staudinger* | Kommentar zum BGB, Neubearbeitung 2003/2012 ff. |
| *Tonner/Brömmelmeyer* | Vertragliche Schuldverhältnisse, 5. Aufl. 2020 |

# Kapitel 1. Einführung

## A. Begriff der vertraglichen Schuldverhältnisse

Das in den §§ 241–853 geregelte Schuldrecht ist nicht nur dasjenige Buch des BGB mit den faktisch meisten Paragraphen, sondern auch das – mit Abstand – examensrelevanteste. Sein Gegenstand sind (privatrechtliche) **Schuldverhältnisse**, also Rechtsverhältnisse, die die Verpflichtung einer Person gegenüber einer anderen, meist jedoch beider Personen gegeneinander zum Inhalt haben. 1

Ein Schuldverhältnis im Sinne des Titels des 2. Buches erschöpft sich indes nicht zwangsläufig in einzelnen Leistungsbeziehungen (d.h. Ansprüchen) im Verhältnis Schuldner – Gläubiger, sondern stellt ein größeres, potentiell mehrere Leistungs- und Verhaltenspflichten sowie ggf. sonstige subjektive Rechte umfassendes Gesamtgefüge dar (z.B.: ein Miet- oder Arbeitsverhältnis im Ganzen). Der Genauigkeit halber wird daher in der Lit. (*nicht*: im Gesetz) gemeinhin vom **Schuldverhältnis im weiteren Sinn (i.w.S.)** gesprochen; in diesem Sinn ist auch der Begriff des Schuldverhältnisses in der Abschnittsüberschrift zum Schuldrecht BT (8. Abschnitt) sowie z.B. in § 273 I gemeint. Demgegenüber versteht das Gesetz vereinzelt, etwa in § 241 I und § 362 I, das **Schuldverhältnis im engeren Sinn (i.e.S.)**, nämlich als einzelne Leistungsbeziehung, d.h. Forderung (= ein schuldrechtlicher Anspruch). 2

Schuldverhältnisse sowohl i.w.S. als auch i.e.S. sind **relativ**, d.h. sie gelten grds. nur zwischen den jeweiligen Parteien (*inter partes*) und nicht gegenüber jedermann (*erga omnes*). Sie können aus verschiedenartigsten Lebenssachverhalten, rechtlich gesprochen jedoch entweder aufgrund **Rechtsgeschäfts** oder **Gesetzes** – genauer: unabhängig von einem darauf gerichteten Willen aus gesetzlich normierten Tatbeständen wie z.B. der Körperverletzung bei § 823 I – entstehen. 3

Ein **Rechtsgeschäft** ist ein Tatbestand aus mindestens einer Willenserklärung und oftmals weiteren Elementen (wie z.B. (mindestens) einer weiteren Willenserklärung bei einem Vertrag und/oder bestimmten Vollzugsakten wie der Übergabe im Falle einer Übereignung gem. § 929 S. 1), dessen Rechtsfolgen deshalb eintreten, weil sie gewollt sind. Fast alle rechtsgeschäftlich begründeten, d.h. „gewollten" Schuldverhältnisse entstehen aus einem (Schuld-)**Vertrag**, § 311 I. Diese – in Abgrenzung zu den gesetzlichen – als vertraglich bezeichneten Schuldverhältnisse sind Gegenstand des vorliegenden Buches. 4

## B. Regelungsstandort im System des BGB

5 Entsprechend dem am klarsten im BGB AT zum Ausdruck kommenden Bemühen des deutschen Gesetzgebers, allgemeine Regeln vor die Klammer zu ziehen, ist auch das Schuldrecht *de facto* in einen **Allgemeinen** (§§ 241–432, Abschnitte 1–7) und einen **Besonderen Teil** (§§ 433–853, 8. Abschnitt) geschieden. Die Regeln des Schuldrecht AT gelten dabei mit Ausnahme des 2. (AGB-Recht) und 3. Abschnitts („Schuldverhältnisse aus Verträgen") sowohl für gesetzliche als auch vertragliche bzw. rechtsgeschäftliche Schuldverhältnisse.

6 Im Schuldrecht BT sind exemplarisch bestimmte **typische**, besonders wichtige **Schuldverhältnisse** (i.w.S.) normiert. Den größten Teil nehmen dabei die vertraglichen Schuldverhältnisse ein; insofern empfiehlt sich eine negative Abgrenzung zu den gesetzlichen Schuldverhältnissen v.a. aufgrund Delikts (§§ 823–853), ungerechtfertigter Bereicherung (§§ 812–822) oder GoA (§§ 677–687). Eine Sonderstellung genießen die Bruchteilsgemeinschaft (§§ 741–758), die sowohl aufgrund Gesetzes als auch Rechtsgeschäfts entstehen kann, und die Auslobung (§§ 657–661a) als einseitiges Rechtsgeschäft.

7 Die Aufzählung von Schuldverhältnissen im Schuldrecht BT ist nicht abschließend: So finden sich vielfach auch **außerhalb des BGB** (etwa im HGB oder im StVG) weitere besondere Schuldverhältnisse. Zudem steht es Personen kraft der im Schuldrecht wegen der Relativität der Schuldverhältnisse in besonders großem Maße geltenden **Vertragsfreiheit** (§ 311 I) grds. – in den Grenzen v.a. der §§ 134, 138 und § 242 – frei, von den normierten (Grund-)Vertragstypen partiell oder ganz abzuweichen und neue, aus Sicht der gesetzlichen Regelung atypische bzw. „typengemischte" Verträge zu vereinbaren.

## C. Besonderes Leistungsstörungsrecht

8 Das prüfungsrelevanteste Teilgebiet des Schuldrechts ist das Leistungsstörungsrecht. Von einer **Leistungsstörung** (genauer: Störung im Schuldverhältnis) spricht man, wenn die (ordnungsgemäße) Abwicklung eines Schuldverhältnisses verhindert wird. Ursache ist meist eine Pflichtverletzung (daher „Zentralbegriff des Leistungsstörungsrechts"), d.h. entweder die Nicht- oder Schlechterfüllung von (Haupt- und Neben-) Leistungspflichten i.S.v. § 241 I bzw. die Verletzung von Nebenpflichten gem. § 241 II. Nicht alle Leistungsstörungen knüpfen jedoch an eine Pflichtverletzung an (vgl. §§ 293 ff., 313 f. [M.M.: § 311a II]).

Das **allgemeine Leistungsstörungsrecht** ist im BGB im Schuldrecht AT – in §§ 275–304, 311a, 313 f. und §§ 320–326 – geregelt. Es findet grds. auf *alle* vertraglichen Schuldverhältnisse Anwendung. Allerdings beinhaltet das Schuldrecht BT für viele (nicht: alle) Vertragsarten ein **besonderes Leistungsstörungsrecht**, insb. in §§ 437 ff., 536 ff., 633 ff. und 651i ff. Die entsprechenden Normen verdrängen das allgemeine Leistungsstörungsrecht jedoch nicht vollständig, sondern verweisen vielfach zurück und ergänzen bzw. modifizieren dieses. **9**

## D. Typisierung vertraglicher Schuldverhältnisse im BGB

Die im Schuldrecht BT geregelten vertraglichen Schuldverhältnisse **10** lassen sich anhand der **Art** der geschuldeten Leistung (grob) in **sieben Kategorien** einteilen, nämlich: (1) Verträge zu dauernder Überlassung; (2) Verträge zur Überlassung auf Zeit; (3) Verträge zur Tätigkeit im fremden Dienst oder Interesse; (4) Schuldverhältnisse ohne Interessengegensatz; (5) Verträge über ein Risiko; (6) Verträge zur Feststellung von Forderungen [sowie (7) typengemischte und atypische Verträge]. Dieser Differenzierung folgt der Aufbau des vorliegenden Buchs; allerdings werden die drei in der Ausbildung wichtigsten Vertragsarten (nämlich Kauf-, Werk- und Mietvertrag) jeweils gesondert behandelt.

## E. Anspruchsaufbau

**Literatur:** *Leenen*, BGB AT, 2. Aufl. 2015, § 22; *Medicus*, AcP 174 (1974), 313; *Medicus/Petersen*, Bürgerliches Recht, 27. Aufl. 2019, Einleitung.

Sowohl aus denklogischen als auch klausurtaktischen Gründen **11** (nämlich um Inzidentprüfungen so weit als möglich zu vermeiden) sind vertragliche Schuldverhältnisse bzw. – abhängig von der jeweiligen Fallfrage – daraus erwachsende Ansprüche systematisch am **Anfang der Falllösung** zu prüfen. Denn vertragliche sind im Vergleich zu gesetzlichen Ansprüchen die spezielleren Rechte. Gleichzeitig können sich vertragliche Regelungen (z.B. Haftungsausschlüsse) im Einzelfall auch auf etwaig konkurrierende gesetzliche Ansprüche auswirken.

Wenn daher in einer Klausur – abhängig von der jeweiligen Prü- **12** fungsfrage, i.d.R. **nicht** bei Ansprüchen auf Vertragserfüllung – neben vertraglichen auch in Anspruchskonkurrenz stehende gesetzliche Ansprüche denkbar sind, sollte innerhalb der Prüfung jeden Anspruchsziels die folgende **Prüfungsreihenfolge** beachtet werden. Welche Anspruchsnormen i.R.d. abstrakten Prüfungsreihenfolge im Einzelnen in

Betracht kommen, hängt dabei von dem jeweiligen Anspruchsziel (z.B. Schadensersatz, Herausgabe einer Sache etc.) ab.

**Prüfungsschema 1:** Reihenfolge zu prüfender Anspruchsnormen

1. Vertragliche Ansprüche (z.B. § 433 II; § 280 I iVm § 437 Nr. 3)
2. Vertragsähnliche Ansprüche (z.B. aus cic oder berechtigter GoA)
3. Gesetzliche Ansprüche, insb.:
   a) Dingliche Ansprüche (z.B. §§ 861; 985; 1007 I/II; 987 ff.)
   b) Deliktische Ansprüche (z.B. § 823 I oder § 7 I StVG)
   c) Bereicherungsrechtliche Ansprüche (§§ 812–822)

13 Zumindest gedanklich sollte bei Prüfung aller – auch gesetzlicher – Anspruchsnormen zusätzlich stets der folgende **einwendungsorientierte Anspruchsaufbau** mitbedacht werden:

**Prüfungsschema 2:** Einwendungsorientierter Anspruchsaufbau

1. Anspruch entstanden?
   a) Anspruchsvoraussetzungen erfüllt? (z.B. §§ 433 I, 280 I etc.)
   b) Bei Rechtsgeschäften: rechtshindernde Einwendungen?
2. Anspruch erloschen? – Rechtsvernichtende Einwendungen?
3. Anspruch durchsetzbar? – dilatorische/peremptorische Einreden?

14 Tatsächlich in der Falllösung **verschriftlicht** werden muss dieser einwendungsorientierte Anspruchsaufbau – mit Ausnahme vielleicht von Anfängerübungen – nur, wenn tatsächlich Anlass zu einer Prüfung bzw. Erwähnung von Einwendungen und/oder Einreden besteht. Dies ist erfahrungsgemäß am ehesten bei der Prüfung von vertraglichen **Primäransprüchen** – d.h. solchen auf Vertragserfüllung – der Fall.

15 Überdies sollten Aufbauschemata **niemals als ehernes Dogma**, sondern eher als Merkposten bzw. geistige Checkliste behandelt werden. So passen die vorgenannten Schemata naturgemäß nicht, wenn in einer Klausur gar nicht nach dem Bestehen von Ansprüchen, sondern z.B. nach der dinglichen Rechtslage gefragt ist, oder bei bestimmten Aufgabenstellungen aus Anwalts- („Was ist X zu raten?") bzw. Gerichtssicht („Wie wird das Gericht entscheiden?"). Oberstes Ziel ist stets eine logisch stringente, vollständige und **in sich widerspruchsfreie** Falllösung. Insofern sei zusätzlich für *alle* juristischen Klausuren mit Nachdruck die Verwendung und räumliche Trennung von Gliederungsebenen unter Niederschrift auch von Überschriften empfohlen.

# Kapitel 2. Kaufrecht

**Literatur:** *Coester-Waltjen*, JURA 2002, 534; *Czerny*, JURA 2015, 1024 und 1157; *Fervers*, JURA 2015, 11; *Jäckel/Tonikidis*, JuS 2013, 302; *Lorenz*, JuS 2014, 7; *Reinicke/Tiedtke*, Kaufrecht, 8. Aufl. 2009; *Schmidt/Tiedtke*, JuS 2005, 583.

## A. Grundlagen

Das Kaufrecht ist im BGB in den **§§ 433–479** geregelt. Diese Vorschriften wurden i.R.d. Schuldrechtsmodernisierung zum 1.1.2002 komplett neu gefasst und stark mit dem allgemeinen Leistungsstörungsrecht im Schuldrecht AT (insb. §§ 280 ff. und §§ 323 ff.) verzahnt. 1

Den gesetzlichen „Grundtypus" bildet der in §§ 433–452 normierte Kauf einer Sache, d.h. eines körperlichen Gegenstands (§ 90). § 433 definiert den Kaufvertrag als **synallagmatischen, d.h. gegenseitig verpflichtenden Austauschvertrag** i.S.d. §§ 320 ff., durch den sich eine Partei – der Verkäufer, § 433 I – zur Verschaffung des Besitzes (Übergabe) sowie des Eigentums (Übereignung) an einer (mangelfreien) Sache und die andere – der Käufer, § 433 II – zur Zahlung des vereinbarten Kaufpreises sowie (i.d.R. als Nebenpflicht) zur Abnahme der Ware verpflichtet. M.a.W. geht es um den Austausch von Ware bzw. eines Kaufgegenstands gegen Geld. 2

Das deutsche Recht trennt klar zwischen Verpflichtungs- und Verfügungsgeschäften sowie deren jeweiliger Wirksamkeit (sog. **Trennungs-** und **Abstraktionsprinzip**). Anders als in den meisten Rechtsordnungen geht das Eigentum an einer Kaufsache daher nicht bereits *per se* durch den Abschluss eines Kaufvertrags auf den jeweiligen Käufer über; hierzu bedarf es vielmehr eines weiteren, „dinglichen" Vertrags (bei Verkauf beweglicher Sachen etwa einer Übereignung gem. **§§ 929 ff.**). 3

Die Vorschriften zum **Sachkauf** gelten grds. gleichermaßen für bewegliche und unbewegliche Sachen. Ist eine Sache hingegen zum Zeitpunkt des Vertragsschlusses erst noch herzustellen oder zu erzeugen, unterfällt ein solcher Vertrag gem. **§ 650** nur dann – trotz seines werkvertraglichen Elements – dem Kaufrecht, wenn sein Gegenstand eine *bewegliche* Sache ist (sog. **Werklieferungsvertrag**). Für die Herstellung bzw. Bebauung unbeweglicher Sachen gilt insofern Werkvertragsrecht, d.h. die §§ 631–650 (vgl. aber insofern **Kap. 6 Rn. 6**). 4

5 Zusätzlich spielt die Unterscheidung von beweglichen und unbeweglichen Sachen auf der Ebene des (im BGB AT und Schuldrecht AT geregelten) Vertragsschlusses eine Rolle: (Nur) Grundstücks(anteils)-kaufverträge müssen nach **§ 311b I 1** notariell beurkundet werden; der Kauf *beweglicher* Sachen hingegen ist grds. **formfrei** möglich.

6 Gem. § 453 I finden die Regeln zum Sachkauf auch auf den „Kauf von **Rechten** und sonstigen [unkörperlichen] Gegenständen“, z.B. Software oder Unternehmen, entsprechende Anwendung. In §§ 454–473 wiederum sind bestimmte „**besondere Arten** des Kaufs“ geregelt, deren ausbildungsrelevanteste das schuldrechtliche Vorkaufsrecht ist.

7 §§ 474–479 schließlich ergänzen in Umsetzung insb. der europäischen **Verbrauchsgüterkaufrichtlinie** (VerbrGKRL) vom 25.5.1999 bei Vorliegen eines **Verbrauchsgüterkaufs** – d.h. eines Kaufvertrags über eine bewegliche Sache zwischen einem Verbraucher (§ 13) als Käufer und einem Unternehmer (§ 14) – zum Schutz des Verbrauchers die allgemeinen Vorschriften. Liegt ein Verbrauchsgüterkauf vor, müssen daher potentiell *alle* involvierten Vorschriften (und nicht nur die §§ 474 ff.) **richtlinienkonform** – unter Berücksichtigung auch der Rspr. des **EuGH** – ausgelegt werden. Für die Zukunft ist dabei zu beachten, dass die VerbrGKRL zum **1.1.2022** durch die (nunmehr **vollharmonisierende**) **Warenkaufrichtlinie** vom 20.5.2019 abgelöst wird; zu diesem Stichtag müssen auch die §§ 474 ff. geändert werden.

8 Für den umgekehrten Fall eines sog. **Handelskaufs**, d.h. bei Vorliegen eines Kaufvertrags über Waren oder Wertpapiere, den ein Kaufmann i.R.d. Betriebs seines Handelsgewerbes abschließt, werden die §§ 433 ff. hingegen durch die §§ 373–381 HGB ergänzt. Und für **internationale**, d.h. grenzüberschreitende, Handelskaufverträge werden die §§ 433 ff. vielfach durch die in zwischenzeitlich 92 Staaten geltenden, vorrangigen Vorschriften des UN-Kaufrechts (**CISG**) verdrängt.

<table>
<tr><th rowspan="2">Kaufgegenstand<br>Besonderheit?</th><th colspan="2">Sache</th><th rowspan="2">Recht oder sonstiger Gegenstand</th></tr>
<tr><th>beweglich</th><th>unbewegl.</th></tr>
<tr><td>keine</td><td colspan="2">§§ 433–452</td><td rowspan="2">§ 453 iVm §§ 433–452</td></tr>
<tr><td>Werklieferungsvertrag</td><td>+ § 650 nF</td><td>--</td></tr>
<tr><td>Verbrauchsgüterkauf</td><td>+ §§ 474 ff.</td><td colspan="2">keine Besonderheiten</td></tr>
<tr><td>Handelskauf (HandelsK)</td><td>+ §§ 373 ff. HGB</td><td>keine Besonderheiten</td><td>Wertpapiere: + §§ 373 ff. HGB</td></tr>
<tr><td>Internationaler HandelsK</td><td>grds. CISG</td><td colspan="2">[IPR: Art. 3 ff. Rom I-VO]</td></tr>
</table>

***Übersicht 1:** anwendbare Kaufrechtsvorschriften*

# B. Die Pflichten von Käufer und Verkäufer

## I. Überblick über die verschiedenen Pflichten

**Literatur:** *Madaus*, JURA 2004, 289.

9 Wie bei fast allen anderen gesetzlich typisierten Vertragsarten des Schuldrecht BT auch werden beim Kaufvertrag die „vertragstypischen Pflichten" am Anfang des Kaufrechts in einer eigenen Norm bestimmt. § 433 regelt indes nur die **Haupt(leistungs)pflichten** des Verkäufers (§ 433 I) und des Käufers (§ 433 II Alt. 1) beim **Sachkauf**; im Falle des Kaufs von Rechten bzw. sonstigen Gegenständen findet die Vorschrift hingegen gem. § 453 I nur *entsprechende* Anwendung (hierzu Rn. 278 ff.). Die Hauptpflichten stehen **zueinander im Gegenseitigkeitsverhältnis** (Synallagma), so dass gem. § 320 I grds. jede Partei ihre Leistung bis zur Bewirkung der Gegenleistung verweigern kann.

10 Neben den in § 433 aufgezählten Hauptpflichten ergeben sich regelmäßig aus Gesetz (z.B. § 433 II Alt. 2, § 448 I oder § 242) bzw. Vertrag (etwa: Vereinbarung einer Verpackungs- oder Montage- bzw. Versendungspflicht des Verkäufers) weitere **Nebenleistungspflichten** der Kaufvertragsparteien. Diese sind zwar grds. – ebenso wie die Hauptpflichten – gem. **§ 241 I** einklagbar. Sie charakterisieren jedoch nicht den Typus „Kaufvertrag" als solchen, sondern dienen lediglich der ordnungsgemäßen Erfüllung der Hauptpflichten. Entsprechend stehen sie im Regelfall auch nicht im Synallagma, können jedoch kraft Vertragsfreiheit ins Gegenseitigkeitsverhältnis aufgenommen werden.

11 Zu den Leistungspflichten treten schließlich gem. **§ 241 II** stets noch bestimmte weitere, i.d.R. **nicht** einklagbare sog. **Nebenpflichten** hinzu. Deren wichtigste sind die – nicht leistungsbezogenen – **Rücksichtnahme**- bzw. **Schutzpflichten**; sie dienen dem Schutz des Integritätsinteresses des jeweils anderen Teils. Im Einzelfall können sich aus § 241 II sogar bestimmte leistungsbezogene (z.T. auch als *leistungssichernd* bezeichnete) Nebenpflichten ergeben, etwa Auskunfts- oder **Aufklärungspflichten** sowie die sog. Leistungstreuepflicht (deren Regelungsstandort allerdings sehr umstr. ist).

| Leistungspflichten, § 241 I<br>– grds. einklagbar – | | (Neben-)Pflichten, § 241 II<br>– i.d.R. nicht einklagbar – | |
|---|---|---|---|
| Hauptpflichten<br>– im Synallagma – | Nebenleistungs-<br>pflichten | nicht leistungs-<br>bezogen | [leistungs-<br>sichernd] |

***Übersicht 2:** Pflichten bei vertraglichen Schuldverhältnissen*

## II. Die Hauptpflichten des Verkäufers gem. § 433 I

12 Die Hauptpflichten eines Verkäufers sind in § 433 I geregelt. Nach **§ 433 I 1** muss der Verkäufer dem Käufer (**1.**) entweder *die* verkaufte Sache (beim Stückkauf) oder aber *eine* Sache mittlerer Art und Güte (beim Gattungskauf, § 243 I) **übergeben** und ihm zugleich (**2.**) das **Eigentum** daran verschaffen. Die Eigentumsverschaffung erfordert wegen des Trennungsprinzips ein weiteres, dingliches Rechtsgeschäft, nämlich eine Übereignung gem. §§ 929 ff. oder §§ 873, 925.

13 Nach **§ 433 I 2** ist der Verkäufer zusätzlich verpflichtet, die Kaufsache **frei von Sach-** (§ 434) und **Rechtsmängeln** (§ 435) zu verschaffen. Diese weitere Hauptpflicht besteht *immer*, d.h. sowohl beim Gattungs- als auch Stückkauf. Im Falle mangelhafter Leistung erlischt sie nicht etwa, sondern wird gem. § 437 Nr. 1 durch § 439 **modifiziert** und besteht als – ebenfalls synallagmatische – Nacherfüllungspflicht fort.

14 Erfolgt die **Übergabe** zeitlich *vor* Vollendung der Eigentumsverschaffung, knüpft das Gesetz bereits an jene gewichtige Rechtsfolgen: So geht nach § 446 S. 1 mit der Übergabe bereits – grds. – die **Gegenleistungsgefahr** über. Der Zeitpunkt des (hypothetischen) Gefahrübergangs wiederum ist gem. § 434 I 1 maßgeblich für die Beurteilung des Vorhandenseins etwaiger Mängel und damit mittelbar für die Anwendbarkeit der Mängelrechte in § 437. Zusätzlich gebühren dem Käufer ab Übergabe die Nutzungen und trägt er die Lasten der Sache, § 446 S. 2.

## III. Die Hauptpflicht des Käufers gem. § 433 II

15 Die i.d.R. einzige Hauptpflicht des Käufers ist in **§ 433 II Alt. 1** geregelt. Danach schuldet der Käufer **Zahlung des vereinbarten Kaufpreises**, und zwar entweder durch Übereignung von Bargeld oder z.B. durch Überweisung oder per Lastschriftverfahren. Die Bezahlung mit Kreditkarte bzw. ec-Karte im sog. POS-System stellt hingegen nach h.M. keine Erfüllung i.S.v. § 362 I, sondern eine Leistung erfüllungshalber (§ 364 II) dar. Dies gilt m.E. auch bei Bezahlung via **PayPal** (a.A.: § 362 I; offengelassen von BGH NJW 2018, 537); die Vereinbarung der Verwendung von PayPal beinhaltet zudem i.d.R. die stillschweigende Abrede, dass die getilgte Kaufpreisforderung gem. § 311 I wiederbegründet wird, falls der Kaufpreis i.R.d. PayPal-Käuferschutzes zurückgebucht wird. Schuldet eine Partei hingegen statt Geld als Gegenleistung eine Sache, liegt – außer im Falle einer bloßen Leistung an Erfüllungs statt, § 364 I – ein Tausch (§ 480) und kein Kauf vor.

16 Die **Abnahme** der Kaufsache ist demgegenüber, obwohl ebenfalls in § 433 II (Alt. 2) ausnahmsweise als tatsächliche Leistungspflicht

(und nicht als bloße Obliegenheit) des Käufers ausgestaltet, i.d.R. nur eine **Nebenleistungspflicht** und steht damit **nicht im Synallagma**. Freilich kann die Abnahmepflicht ausnahmsweise aufgrund (u.U. konkludenter) Vereinbarung in den Rang einer Hauptpflicht erhoben werden, etwa wenn ein Verkäufer ein erkennbar gesteigertes Interesse an der Abnahme der – z.B. schnell verderblichen – Kaufsache hat.

## C. Pflichtverletzungen im Kaufrecht

**Literatur:** *Lorenz*, JuS 2007, 213; *ders.*, JuS 2008, 203.

Die Pflichtverletzung ist der **Zentralbegriff des Leistungsstörungsrechts**. Denn zumindest mittelbar liegt jeder Leistungsstörung eine Pflichtverletzung zugrunde. Dies gilt selbst beim Annahmeverzug des Gläubigers, der zwar i.d.R. eine bloße Obliegenheitsverletzung darstellt, jedoch die – im Kaufrecht erfolgsbezogen geschuldete – Pflichterfüllung verhindert und damit ebenfalls eine – freilich i.d.R. nicht zu vertretende – Pflichtverletzung des Schuldners bedingt (h.M.). Entsprechend lassen sich seit der SchRMod grds. alle Leistungsstörungen unter den einheitlichen Begriff der Pflichtverletzung fassen (umstr.). 17

Eine **Pflichtverletzung** liegt vor, wenn ein Schuldner ihm i.R.e. Schuldverhältnisses (i.w.S.) obliegende Pflichten nicht, nicht vollständig, nicht ordnungsgemäß oder nicht rechtzeitig erfüllt, und zwar unabhängig davon, ob es sich im Einzelfall um eine Leistungspflicht i.S.v. § 241 I oder um eine (Neben-)Pflicht gem. § 241 II handelt. 18

Die Verletzung von Pflichten aus dem **„Kaufvertrag“** kann (grob) in **2 Phasen** unterteilt werden (zur zeitlichen Abgrenzung s. Rn. 74): 19

(**1.**) Verletzt der **Verkäufer** seine Hauptpflicht(en) aus § 433 I 1 zur (rechtzeitigen) Übergabe und/oder Übereignung der Kaufsache (d.h. leistet er [zunächst] gar nicht) bzw. sonstige Nebenleistungspflichten i.S.v. § 241 I oder Nebenpflichten gem. § 241 II, findet das **allgemeine Leistungsstörungsrecht**, d.h. Schuldrecht AT, Anwendung (vgl. Kap. 1 Rn. 8 f.). Das Gleiche gilt für sämtliche Pflichtverletzungen des **Käufers**, etwa wenn er den Kaufpreis nicht zahlt (§ 433 II Alt. 1) oder die Kaufsache nicht abnimmt (§ 433 II Alt. 2).

(**2.**) Verletzt hingegen der **Verkäufer** seine (Haupt-)Pflicht zur mangelfreien Lieferung aus **§ 433 I 2**, beurteilen sich die Voraussetzungen (§§ 434 ff.) und Rechtsfolgen einer Haftung nach dem kaufrechtspezifischen **besonderen Leistungsstörungsrecht** der

§§ 437 ff. (sog. Gewährleistung). Insb. § 437 Nr. 2 und 3 verweisen dabei wegen der engen Verzahnung von Schuldrecht AT und BT vielfach auf das allgemeine Leistungsstörungsrecht zurück.

## D. Mangel der Kaufsache

**Literatur:** *Berger,* JZ 2004, 276; *Lorenz*, JuS 2003, 36; *Grigoleit/Herresthal*, JZ 2003, 118; *Petersen*, JURA 2014, 1030; *Tröger*, JuS 2005, 503.

**20** Das Vorliegen eines Mangels der Kaufsache ist gem. § 437 die *zentrale*, wenn auch nicht einzige (zu den restlichen s. unten Rn. 66 ff.) Voraussetzung für das Eingreifen des besonderen kaufrechtlichen Leistungsstörungsrechts – des **(Kauf-)Gewährleistungsrechts**.

**21** Eine Kaufsache ist mangelhaft, wenn der Verkäufer gegen seine synallagmatische Hauptpflicht aus § 433 I 2, „dem Käufer die Sache die Sache frei von Sach- und Rechtsmängeln zu verschaffen", verstößt. Wann dies der Fall ist, wird für **Sachmängel** in § 434 und für **Rechtsmängel** in § 435 näher konkretisiert. (Wohl) nur für den Begriff des Sachmangels sind dabei die Vorgaben von Art. 2 VerbrGKRL zur „Vertragsmäßigkeit" einer Kaufsache zu beachten (h.M., umstr.).

### I. Sachmangel, § 434

**22** Der Begriff des Sachmangels wird in Umsetzung von und im Einklang mit Art. 2 VerbrGKRL in **§ 434** definiert. In **Abs. 1** wird der Mangelzunächst als negative **Abweichung** der tatsächlichen **Ist-** von der geschuldeten **Sollbeschaffenheit** (Satz 1 und 2 Nr. 2 Alt. 2) bzw. -**Verwendbarkeit** (Satz 2 Nr. 1 und 2 Alt. 1) definiert. Eine Erheblichkeitsschwelle gibt es dabei, anders als vor der SchRMod, nicht. Welche Beschaffenheit bzw. Verwendbarkeit im Einzelfall geschuldet ist, ergibt sich aus drei – im Verhältnis zueinander hierarchisch, d.h. jeweils subsidiär zu prüfenden – Tatbestandsalternativen. § 434 I 1 sowie – hilfsweise – § 434 I 2 Nr. 1 statuieren zunächst einen subjektiven Mangelbegriff. Wiederum hilfsweise stellt § 434 I 2 Nr. 2 – als Auffangtatbestand für den Fall des Fehlens jeglicher Vereinbarung – einen objektiven Mangelbegriff auf. **Abs. 2** unterstellt auch Fälle unsachgemäßer Montage sowie mangelhafter Montageanleitungen („IKEA-Klausel") dem Sachmangelbegriff. **Abs. 3** schließlich stellt, um Abgrenzungsschwierigkeiten zu vermeiden, Falsch- und Zuweniglieferungen (nicht: Zuvielleistung) einem Sachmangel im Wege der Fiktion gleich.

Zur **Beschaffenheit** einer Sache zählen – ähnlich der „Eigenschaft" i.S.v. § 119 II – neben den „natürlichen", d.h. **physischen Eigenschaften** (z.B.: Größe einer verkauften Wohnung, Alter oder die Eigenschaft als neu bzw. Echtheit eines Kunstwerks) auch bestimmte **Beziehungen** einer Sache **zur Umwelt**, sofern diese nach der Verkehrsanschauung Einfluss auf deren Wertschätzung haben. Nach jüngster Rechtsprechung des BGH (NJW 2016, 2874) ist **nicht** erforderlich, dass eine Umweltbeziehung auch konkret mit den **physischen Eigenschaften** der Kaufsache zusammenhängt. Daher zählt z.B. das Bestehen einer Herstellergarantie für ein Kfz oder die Dauer bzw. Ertragshöhe eines bestehenden Mietverhältnisses über die Kaufsache zu deren Beschaffenheit. **23**

Ausdrücklich **offengelassen** hat der BGH bislang, ob die Beziehungen der Sache zur Umwelt wenigstens ihren Ursprung im Kaufgegenstand selbst haben, d.h. von diesem ausgehen müssen, um als Beschaffenheit gelten zu können (etwa wenn ein verkauftes Grundstück wegen eines *dort* betriebenen Bordells einen schlechten Ruf genießt), oder ob noch weitergehend sogar *jeder* tatsächliche Bezug zum Kaufgegenstand ausreicht (z.B. schlechter Ruf eines Gewerbegrundstücks wegen eines angeblich *irgendwo* benachbart betriebenen Bordells). **24**

Die Beschaffenheitsmerkmale müssen einer Kaufsache nach h.Lit. gerade **gegenwärtig** anhängen, wenn auch wohl (umstr.) – anders als noch vor der Schuldrechtsmodernisierung – nicht notwendig für eine gewisse Dauer. **Maßgeblicher Zeitpunkt** für die Beurteilung des Vorhandenseins eines Sachmangels ist gem. § 434 I 1 – auch in den Fällen einer Mangelhaftigkeit i.S.v. Satz 2 – der (fiktive) Übergang der Gegenleistungsgefahr (dazu näher unten Rn. 58 ff.). **25**

Ausnahmsweise genügt sogar ein auf konkreten Tatsachen beruhender, vom Käufer nicht (in zumutbarer Weise) auszuräumender **Verdacht** einer nachteiligen Beschaffenheitsabweichung zur Begründung eines Mangels, insb. wenn eine Sache aufgrund des Verdachts nicht mehr weiterverkauft werden kann. Bei Lebensmitteln z.B. hat der BGH den praktisch nicht ausräumbaren Verdacht eines Salmonellenbefalls oder einer erheblichen Dioxinbelastung als Mangel klassifiziert. Das Gleiche gilt für den Verdacht einer erheblichen Schadstoffbelastung eines früher gefahrträchtig (z.B.: Bahnbetrieb) genutzten Grundstücks. **26**

**Nicht** zur Beschaffenheit einer Kaufsache gehört demgegenüber i.d.R. – anders als die vorgenannten wert*bildenden* (Beschaffenheits-)-Faktoren – ihr tatsächlicher **(Markt-)Wert**. **27**

Abhängig vom Einzelfall ist das Vorliegen eines Sachmangels in bis zu **5 hierarchischen Schritten** zu prüfen: **28**

**Prüfungsschema 3:** Vorliegen eines Sachmangels i.S.v. § 434
1. § 434 I 1: Abweichung v. vertraglich vereinbarter Beschaffenheit
2. § 434 I 2 Nr. 1: Eignung für vertraglich vorausges. Verwendung
3. § 434 I 2 Nr. 2: Eignung für die gewöhnliche Verwendung etc.
4. § 434 II: Montagefehler und/oder mangelhafte Montageanleitung
5. § 434 III: Falsch- oder Zuweniglieferung

### 1. § 434 I 1

29 Nach dem vorrangig zu prüfenden § 434 I 1 liegt ein Sachmangel vor, wenn die tatsächliche von der vertraglich vereinbarten Beschaffenheit (negativ) abweicht. Die für das Eingreifen dieser Norm erforderliche **Beschaffenheitsvereinbarung** kann gem. §§ 133, 157 entweder ausdrücklich oder konkludent erfolgen. Bei etwaiger **Formbedürftigkeit** des Kaufvertrages bedarf jedoch **auch** die Beschaffenheitsvereinbarung zu ihrer Wirksamkeit dieser Form (s. BGH NJW 2016, 1815).

30 Eine **konkludente** Vereinbarung kann z.B. durch Bezugnahme auf Warenbeschreibungen des Herstellers (etwa: Abgaswerte wie im jüngsten VW-Skandal) oder Vorlage einer Probe bzw. eines Musters erfolgen. Beim **Gebrauchtwagenkauf** beinhaltet die akzeptierte Aussage „HU neu“ oder „TÜV neu“ nach dem BGH (NJW 2015, 1669) nicht nur die Aussage, die Hauptuntersuchung sei durchgeführt, sondern auch die stillschweigende Vereinbarung, das verkaufte Fahrzeug befinde sich im Zeitpunkt der Übergabe in einem verkehrssicheren Zustand. Und bei Angabe eines bestimmten „Kilometerstands“ wird i.d.R. nicht nur der tatsächliche (vlt. manipulierte) Tachometerstand, sondern konkludent eine entsprechende Laufleistung vereinbart. Fehlt eine Kilometerstandangabe (oder liegt insofern eine bloße Wissensmitteilung vor, s. die nächste Rn.), begründen (ins Gewicht fallende) Laufleistungsabweichungen jedenfalls einen Sachmangel i.S.v. § 434 I 2 Nr. 2.

31 Eine Beschaffenheitsvereinbarung kann sich neben dem Vorliegen **positiver** Umstände auch auf deren Fehlen beziehen (und damit einen Mangel ausschließen, sog. **negative Beschaffenheitsvereinbarung**), etwa wenn ein Kraftfahrzeug als „Unfallwagen“ oder „Bastlerfahrzeug“ verkauft wird. Regeln die Kaufvertragsparteien hingegen, dass eine bestimmte Eigenschaft der Kaufsache *nicht* zur vereinbarten Beschaffenheit gehört, liegt darin naturgemäß keine Beschaffenheitsvereinbarung. Abzugrenzen ist die Beschaffenheitsvereinbarung zudem von bloßen **Wissensmitteilungen**, bei denen sich ein Verkäufer ausdrücklich auf eine bestimmte Quelle (z.B. „laut Vorbesitzer“) bezieht, ohne sich diese (konkludent) zu eigen zu machen.

Nach dem unmissverständlichen Wortlaut des Gesetzes („vereinbart“) bedarf es für eine Beschaffenheitsvereinbarung einer **Einigung** der Parteien, d.h. zwei übereinstimmender Willenserklärungen. **Einseitige** Erklärungen von Käufer oder Verkäufer genügen daher nicht, es sei denn, die andere Partei erklärt sich konkludent einverstanden (etwa wenn der Verkäufer Aussagen zur Beschaffenheit der Kaufsache macht und der Käufer danach seine Kaufentscheidung trifft, oder der Käufer explizit nach einer Kaufsache mit spezifischen Eigenschaften fragt). **32**

**2. § 434 I 2 Nr. 1**

*Soweit* es an einer Beschaffenheitsvereinbarung fehlt, ist gem. § 434 I 2 Nr. 1 zu prüfen, ob sich die Kaufsache für eine etwaig „nach dem Vertrag vorausgesetzte Verwendung eignet“. Daran fehlt es z.B. bei einem Kfz, welches mehrfach grundlos eine zur Fahrtpause auffordernde Warnmeldung wegen drohender Überhitzung der Kupplung einblendet, und zwar auch dann, wenn der Verkäufer dem Käufer mitteilt, er könne die irreführende Warnmeldung ignorieren. Genauso wie § 434 I 1 setzt auch § 434 I 2 Nr. 1 nach h.Lit. eine vertragliche Vereinbarung voraus (umstr.; **a.A.** der BGH: „nicht vereinbarte, aber von beiden Parteien übereinstimmend *unterstellte* Verwendung der Kaufsache“; dies ist wohl i.S.e. Art [formfreier] Geschäftsgrundlage zu verstehen, wobei der BGH diesen Begriff ausdrücklich ablehnt) – jedoch nicht über eine *konkrete* Eigenschaft (z.B.: wasserdicht), sondern die Eignung für eine bestimmte Nutzungsart (und nur *mittelbar* die für diesen Einsatzzweck erforderliche Beschaffenheit, etwa: Aufstellbarkeit eines Grills im Freien). M.a.W. beschränkt sich der Anwendungsbereich von § 434 I 2 Nr. 1 nach dem BGH grds. auf die von den Parteien dem Vertrag zugrunde gelegte Nutzungs*art* (d.h. den jeweiligen Einsatzzweck) und erfasst nicht etwa bestimmte Eigenschaften wie z.B. Produktionsgeschwindigkeit. **33**

Ebenso wie § 434 I 1 normiert auch § 434 I 2 Nr. 1 einen **subjektiven Mangelbegriff**. Dessen ungeachtet ist eine genaue Unterscheidung zwischen § 434 I 1 und § 434 I 2 Nr. 1 von nicht zu unterschätzender Bedeutung. Zum einen erfasst nämlich ein pauschal vereinbarter **Ausschluss der Sachmängelhaftung** nach ständiger Rspr. des BGH grds. nur Mängel i.S.v. § 434 I 2 (und 3), nicht jedoch Mängel i.S.v. § 434 I 1, die sich aus einem Verstoß gegen eine (selbst konkludente) Beschaffenheitsvereinbarung ergeben. Zum anderen stellt sich die Frage des **Verhältnisses** beider Vorschriften, wenn sowohl eine bestimmte Beschaffenheit als auch Verwendbarkeit vereinbart wurde und sich beide gegenseitig ausschließen. In einem solchen Fall geht – entgegen der normalen Normhierarchie – jdf. dann ausnahmsweise die verein- **34** barte Verwendbarkeit vor, wenn nur diese dem Verkäufer vom Käufer mitgeteilt worden war.

### 3. § 434 I 2 Nr. 2 mit § 434 I 3

**35** (Nur) für den Fall, dass keine Vereinbarung über die Beschaffenheit oder Verwendbarkeit einer Kaufsache vorliegt, stellt das Gesetz in § 434 I 2 Nr. 2 einen **objektiven Mangelbegriff** (umstr.) auf. Danach ist eine Kaufsache mangelhaft, wenn sie sich entweder nicht für die **gewöhnliche Verwendung** eignet (Alt. 1) und/oder nicht diejenige **(Normal-)Beschaffenheit** aufweist, die bei Sachen der gleichen Art üblich ist und die der Käufer nach der Art der Sache erwarten kann (Alt. 2). Ein derartiger Mangel (iSv § 434 I 2 Nr. 2 Alt. 1) liegt nach dem BGH z.B. vor, wenn ein Kfz mit einer unionsrechtlich unzulässigen Abschalteinrichtung ausgestattet ist, die den Schadstoffausstoß bei einer Abgasuntersuchung gegenüber dem Fahrbetrieb reduziert.

**36** Sowohl für die gewöhnliche Verwendbarkeit als auch die typische Normalbeschaffenheit kommt es gem. §§ 133, 157 nicht auf den konkreten Erwartungshorizont des jeweiligen Käufers an, sondern den **objektiven** (a.A.: hypothetischen) **Erwartungshorizont** eines vernünftigen Durchschnittskunden des betreffenden Verkehrskreises, dem der Käufer angehört. M.a.W. sind die Verkehrsauffassung und der normale Stand der Technik maßgeblich. Vergleichsmaßstab können dabei neben anderen Stücken der gleichen Gattung (vgl. § 243 I) z.T. auch direkte – gleichwertige – Konkurrenzprodukte sein (etwa wenn alle Handys einer Produktgeneration eines Herstellers nicht funktionieren).

**37** Wird nichts anderes vereinbart, entspricht es der üblichen Beschaffenheit einer Kaufsache, dass sie **fabrikneu** ist. Kraftfahrzeuge etwa gelten dabei i.d.R. *solange* als fabrikneu, als zwischen Herstellung und Abschluss des Kaufvertrags nicht mehr als zwölf Monate verstrichen sind, das Modell zum Zeitpunkt des Verkaufs noch unverändert hergestellt wird und durch das Stehen keinerlei Mängel entstanden sind. Beim Kauf **gebrauchter** Sachen hingegen begründen altersübliche Abnutzungserscheinungen keine unübliche Beschaffenheit, wohl aber – beim (examensrelevanten) Gebrauchtwagenkauf – selbst fachmännisch reparierte, ins Gewicht fallende Unfallschäden. Zum – großzügigeren – Maßstab beim **Tierkauf** (§ 90a) vgl. instruktiv BGH NJW 2007, 1351.

**38** Die **typische Normalbeschaffenheit** i.S.v. § 434 I 2 Nr. 2 **Alt. 2** wird unter bestimmten Voraussetzungen gem. **§ 434 I 3** durch eigenschaftsbezogene, **öffentliche Äußerungen** des Verkäufers, des Herstellers oder seines Gehilfen, insb. „in der Werbung oder bei der Kennzeichnung über bestimmte Eigenschaften“, präzisiert. Darauf kommt es freilich nur an, wenn derartige Äußerungen nicht bereits, etwa durch

Inbezugnahme, zu einer konkludenten Beschaffenheitsvereinbarung geführt haben. Anders als auf Beschaffenheitsvereinbarungen gem. § 434 I 1 soll sich jedoch die Formvorschrift des § 311b I nach vielfach kritisierter Ansicht des BGH (NJW 2017, 150 sowie 2018, 1954) wohl nicht auch auf derartige öffentliche Äußerungen i.S.v. § 434 I 3 beziehen. Überdies erfasst ein etwaig vereinbarter Haftungsausschluss nach ständiger Rspr. des BGH zwar keine Mängel i.S.v. § 434 I 1 (vgl. Rn. 34), sehr wohl aber (grds.) Mängel i.S.v. § 434 I 3 (s. BGH NJW 2018, 146 und NJW 2019, 2380).

**„Äußerungen"** erfordern keine bestimmte Form und können z.B. durch (z.B. Rundfunk-, Prospekt- oder Internet-)Werbung oder durch die Produktkennzeichnung (etwa Qualitäts- und Gütesiegel bzw. Beschreibungen in einem Exposé), aber auch Presseinterviews etc. erfolgen. Sie sind **„öffentlich"**, wenn sie sich an unbestimmt viele und nicht individuell ausgewählte Personen richten. Bloß reißerische Anpreisungen ohne Bezug zu bestimmten Eigenschaften („verleiht Flügel") fallen nicht darunter. Der Begriff des **„Herstellers"** ist ausdrücklich wie in § 4 I und II ProdHG (d.h. auch: Hersteller von Grund-/Teilprodukten, „Quasi-Hersteller" sowie z.T. Importeure) zu verstehen. **„Gehilfe"** bezieht sich sowohl auf den Verkäufer als auch Hersteller und erfasst (auch selbständige) Hilfspersonen, die – zurechenbar (umstr.) – bei Äußerungen über Eigenschaften der Sache eingeschaltet werden. **39**

§ 434 I 3 gilt nicht unbegrenzt; vielmehr sieht § 434 I 3 HS 2 **drei Ausschlusstatbestände** vor, durch die sich der – insofern beweisbelastete – Verkäufer von einer entsprechenden Haftung **entlasten** kann: wenn (**1**.) der Verkäufer die öffentlichen Äußerungen weder kannte noch kennen musste (vgl. § 122 II, wobei an einen Privatverkäufer weniger strenge Sorgfaltsanforderungen als z.B. an einen Vertragshändler zu stellen sind), (**2**.) eine Äußerung im Zeitpunkt des Vertragsschlusses in gleichwertiger Weise berichtigt war, oder sie (**3**.) die Kaufentscheidung (konkret) nicht beeinflussen konnte. **40**

### 4. § 434 II

Gem. § 434 II können auch Mängel im Zusammenhang mit der (weit zu verstehenden) Montage einer ansonsten mangelfreien Kaufsache einen Sachmangel begründen. **Montage** ist sowohl das Zusammensetzen der Kaufsache aus Einzelteilen als auch deren Verbindung mit anderen Sachen, z.B. Einbau in einen Computer oder eine Küche. Dabei ist zu beachten, dass auf einen Vertrag über die Lieferung und Montage einer Sache statt Kaufrecht insgesamt auch Werkvertragsrecht anwendbar sein kann, je nachdem, auf welcher der beiden Leistungen bei einer **Gesamtbetrachtung der Schwerpunkt** liegt. Nach **41** umstr. Meinung soll § 434 II zudem **analog** auf bloße Transportleistungen anzuwenden sein. Noch zweifelhafter ist, ob z.B. das Einfüllen von Benzin als „Montage“ qualifiziert werden kann.

42 § 434 II **1** betrifft **Montagefehler**, d.h. Fälle, in denen eine (als untergeordnete Nebenleistungspflicht; sonst: § 631) geschuldete Montage (sog. Kaufvertrag mit Montageverpflichtung) durch den Verkäufer oder dessen Erfüllungsgehilfen (i.S.v. § 278) unsachgemäß durchgeführt wird. Dies führt zu einem Sachmangel, wenn (**1**.) entweder die Kaufsache durch die fehlerhafte Montage mangelhaft wird oder (**2**.) ohne Beeinträchtigung der Kaufsache allein die Montage fehlerhaft ist (z.B. ein Kühlschrank verkehrtherum eingebaut wurde).

43 Gem. § 434 II **2** kann zudem bereits eine **fehlerhafte Montageanleitung** einen Sachmangel begründen (sog. „IKEA-Klausel“), falls eine Sache nach dem Inhalt des Kaufvertrags zur Montage bestimmt ist. Meist liegt in einem solchen Fall freilich bereits ein Mangel i.S.v. § 434 I 2 Nr. 2 vor, so dass die eigentliche Bedeutung dieser Norm im Ausschluss eines Mangels bei *fehlerfreier* Montage (2. HS) – egal durch wen – liegt. Ob eine Montageanleitung fehlerhaft ist, richtet sich nach den Kriterien des Abs. 1 (z.B.: Fremdsprache, unvollständig); dabei ist nach teilweise als zu eng kritisierter h.Lit. auf den Erwartungshorizont eines durchschnittlichen Kunden abzustellen. Auf das gänzliche **Fehlen** einer Montageanleitung findet die Vorschrift nach h.Lit. **analoge** Anwendung, nicht jedoch auf fehlerhafte *Bedienungs*anleitungen.

### 5. § 434 III

44 § 434 III stellt **Falsch-** (aliud-, Alt. 1) und **Zuweniglieferungen** (Mankolieferungen, Alt. 2) einem Sachmangel gleich. Damit bezweckt der Gesetzgeber, nach früherem (Schuld-)Recht v.a. beim **Gattungskauf** bestehende Abgrenzungsschwierigkeiten zwischen allgemeinem und besonderem Leistungsstörungsrecht zu vermeiden. Gleichwohl gilt § 434 III (Alt. 1) nach h.Lit. wortlautgetreu auch bei Lieferung einer falschen Sache (sog. „Identitätsaliud„) beim **Stückkauf** (umstr.), solange die Falschlieferung dem entsprechenden Kaufvertrag zuzuordnen ist (Frage der Tilgungsbestimmung des Verkäufers). Das Gleiche gilt bei extremen Falschlieferungen im Rahmen eines Gattungskaufs (sog. „Totalaliud“, z.B.: Kochtopf statt Notebook).

45 Theoretisch fällt sogar die Lieferung einer **besseren** als der geschuldeten Sache (z.B. eines Scharzhofberger Rieslings mit Prädikat „Auslese“ statt „Kabinett“) unter § 434 III Alt. 1. Keinesfalls schuldet der Käufer daher durch bloße Annahme der besseren Sache *per se*, d.h. ohne Vertragsänderung, einen höheren Kaufpreis. Freilich muss es

dem Verkäufer in einem solchen Fall – bei irrtümlicher (sonst: § 814) „Besserlieferung“ – unbenommen sein, die Sache nach § 812 I 1 Alt. 1 zurückzufordern (sehr umstr.). Denn § 241a findet auf *irrtümliche* aliud-Lieferungen richtigerweise keine Anwendung.

Leistet der Verkäufer hingegen **zuviel** (z.B. 12 statt 9 Flaschen), findet § 434 III schon nach seinem Wortlaut keine Anwendung. Überdies erfasst § 434 III Alt. 2 nur **verdeckte Mankolieferungen**, bei denen der Verkäufer mit einer Teillieferung aus Sicht des Empfängers den *ganzen* Vertrag erfüllen will. Legt er hingegen die bloße Teilleistung offen oder erkennt der Empfänger diese, so tritt vorbehaltlich der Möglichkeit der Zurückweisung gem. § 266 nur Teilerfüllung ein und bleibt bezüglich des noch ausstehenden Rests der ursprüngliche Erfüllungsanspruch aus § 433 I 1 bestehen (mit Folge § 281 I 2 und § 323 V 1 statt – u.U. – § 437 iVm § 281 I 3 und § 323 V 2; vgl. Rn. 131). **46**

## II. Rechtsmangel, § 435

*Rechts*mängel betreffen in direkter Anwendung des § 435 nur Kauf*sachen*; allerdings findet § 435 – ebenso wie § 434 (vgl. unten Rn. 282 f.) – gem. § 453 I (u.a.) auf den Rechtskauf entsprechende Anwendung. Ein Rechtsmangel besteht gem. § 435 S. 1 immer dann, wenn eine verkaufte **Sache** mit (mindestens) einem **Recht** eines **Dritten** belastet ist, ohne dass dies vertraglich vereinbart wurde. **47**

Der Begriff des **Dritten** ist untechnisch zu verstehen; auch der Verkäufer, u.U. sogar der Käufer selbst, kann „Dritter“ sein (umstr.). Zudem genügt bereits das **bloße Bestehen** eines Drittrechts. Eine tatsächlich fühlbare Beeinträchtigung ist für § 435 nicht nötig. Andernfalls würde der Käufer nämlich trotz ihm geschuldeter Eigentumsverschaffung (§ 433 I 1 Alt. 2) nicht die in § 903 S. 1 normierten Eigentümerbefugnisse erwerben. **Maßgeblicher Zeitpunkt** für das Bestehen eines Rechtsmangels ist folglich nicht der Gefahrübergang, sondern nach ganz h.Lit. der **Eigentumsübergang** (der BGH jedoch stellt in NJW 2017, 1666 und NJW 2004, 1802 auf den Gefahrübergang ab). **48**

Das Drittrecht muss grds. **tatsächlich bestehen**, um einen Rechtsmangel zu begründen. Das bloße Sichberühmen eines Drittrechts genügt i.d.R. – anders als beim CISG – nicht. Gem. § 435 S. 2 können ausnahmsweise nicht bestehende Rechte einen Rechtsmangel darstellen, wenn sie im Grundbuch eingetragen sind. Hintergrund ist die Gefahr ihrer Entstehung aufgrund gutgläubigen Erwerbs gem. § 892 I. **49**

**„Rechte“** i.S.v. § 435 können sowohl privat- als auch öffentlich-rechtlicher Natur sein. Relevante **privatrechtliche** Rechte sind sowohl (beschränkt) **dingliche** Rechte wie z.B. Pfandrechte, Reallasten, Dienstbarkeiten oder Immaterialgüterrechte (z.B. Patent- oder Urheber- **50**

rechte; umstr., a.A.: § 434) als auch **Persönlichkeitsrechte** sowie z.T. sogar **obligatorische** Rechte, soweit sie gegenüber dem Käufer wirken (z.B. ein Mietvertrag wg. § 566 I). Steht hingegen das **Eigentum** an der Kaufsache einem Dritten zu und kann es vom Käufer nicht einmal gutgläubig erworben werden, liegt nach h.M. kein Rechtsmangel (Schlechtleistung), sondern eine **Nichterfüllung** vor (umstr.). Denn das Gesetz differenziert in § 433 I 1 und 2 klar zwischen der Pflicht zur Eigentumsverschaffung und der Pflicht zur rechtsmängelfreien Lieferung.

**51** Auch **öffentlich-rechtliche** Eingriffsbefugnisse sowie (individuelle, vgl. § 436 II) Belastungen bzw. **Beschränkungen** können einen Rechtsmangel darstellen. So hat der BGH jüngst entschieden, dass nicht nur eine nach § 111b StPO tatsächlich (rechtmäßig) durchgeführte Beschlagnahme eines als gestohlen gemeldeten Kraftfahrzeugs, sondern sogar dessen **bloße Eintragung** im Schengener Informationssystem (SIS) als gestohlen und zur Fahndung ausgeschrieben (bei Gefahrübergang) einen Rechtsmangel begründen kann (NJW 2017, 1666). Auch die Sozialbindung einer mit öffentlichen Mitteln geförderten Eigentumswohnung (die u.a. einen Wohnberechtigungsschein zur Anmietung erforderlich macht) kann im Falle von deren Verkauf einen Rechtsmangel begründen.

**52** Vereinbaren die Parteien eines Kaufvertrags im Einzelfall sowohl einen **Gewährleistungsausschluss** als auch zusätzlich „ausdrücklich die Rechtsmängelfreiheit der Kaufsache“, gilt der Haftungsausschluss nach dem BGH nicht auch für Rechtsmängel (BGH NJW 2017, 3292).

## E. Gefahrtragung beim Kaufvertrag

**Literatur:** *Canaris*, JuS 2007, 793; *Coester-Waltjen*, JURA 2006, 829; *dies.*, JURA 2007, 110; *Lorenz*, JuS 2004, 105.

**53** Eng mit der Frage der Mangelhaftigkeit der Kaufsache hängt die verstreut über das ganze Schuldrecht (in §§ 243 II, 300 II und 446 f. sowie mittelbar in § 275 und § 326 I, II) geregelte **Gefahrtragung** zusammen. Denn gem. § 434 I 1 ist maßgeblicher Zeitpunkt für das Vorliegen eines *Sach*mangels (nach h.Lit. nicht jedoch eines *Rechts*mangels, s. Rn. 48) der „Gefahrübergang“. Gemeint kann damit nur der **hypothetische** bzw. jedenfalls vorläufige Übergang der (Gegenleistungs)Gefahr sein. Bei Lieferung einer mangelhaften Sache findet nämlich bei Gattungsschulden keine Konkretisierung statt bzw. schuldet der Käufer bei mangelbedingter Rückabwicklung und zwischenzeitlichem Untergang (etc.) der Kaufsache gem. § 346 III Nr. 3 keinen Wertersatz.

## I. Definition und Arten der Gefahr

54 Gegenstand der Gefahrtragungsregeln ist die Risikoverteilung i.R.v. Schuldverhältnissen (meist: gegenseitigen Verträgen). Der Begriff der **„Gefahr„** beschreibt, wie sich aus § 446 S. 1 ergibt, die Zuordnung bestimmter wirtschaftlicher Rechtsfolgen des zufälligen Untergangs bzw. der zufälligen Verschlechterung (usw.) einer verkauften Sache. Ein **Zufall** i.S.d. Gefahrtragung liegt vor, wenn keine der Parteien den Untergang bzw. die Verschlechterung zu vertreten hat; dabei sind naturgemäß etwaige Haftungserleichterungen (z.B. gem. § 300 I) zu beachten. Liegt hingegen ein Vertretenmüssen einer der Parteien vor, hat sich die „Gefahr" nicht realisiert und ist daher an sich gleichgültig, wer sie trägt. Allerdings bleibt der Gefahrübergang auch in einem derartigen Fall noch für die Prüfung eines Sachmangels (§ 434) sowie (seit der SchRMod) für die Konkretisierung gem. § 243 II von Bedeutung.

55 Je nach Blickwinkel werden gemeinhin – allerdings ohne entsprechende terminologische Differenzierung im Gesetz – **drei Erscheinungsformen** der Gefahr im schuldrechtlichen Sinn unterschieden: Die **Leistungsgefahr** (oftmals fälschlicherweise synonym als „Sachgefahr" bezeichnet) betrifft die Frage, ob der Verkäufer bei Untergang bzw. Verschlechterung der Kaufsache vor Erfüllung (§ 362 I) von seiner Leistungspflicht aus § 433 I frei wird (insb. gem. § 275) oder weiterhin – mit einer anderen Sache – erfüllen muss. Entsprechend spielt die Leistungsgefahr naturgemäß bei Stückschulden (grds.) keine Rolle; bei Gattungsschulden geht sie mit **Konkretisierung** (§ 243 II) bzw. – im Falle eines Annahmeverzugs – mit der sog. **Quasi-Konkretisierung** i.S.v. § 300 II von dem Verkäufer auf den Käufer über.

56 Die (v.a. im Werkvertragsrecht relevante, vgl. § 644 I 3) **Sachgefahr** hat demgegenüber das Risiko des zufälligen Untergangs bzw. der zufälligen Verschlechterung einer Sache selbst zum Gegenstand; sie wird im Regelfall vom Eigentümer getragen (*casum sentit dominus*).

57 Die **Gegenleistungsgefahr** (bzw. synonym: Preisgefahr) schließlich regelt, ob der Käufer trotz zufälligen Untergangs (etc.) der Kaufsache dennoch den Kaufpreis bezahlen muss. Grds. trägt gem. § 326 I 1 bis zur vollständigen Erfüllung der Verkäufer die Gegenleistungsgefahr („ohne Ware kein Geld"), es sei denn, bereits zuvor greift eine die Gegenleistungspflicht erhaltende Norm – im Kaufrecht neben § 326 II 1 Alt. 2 insb. § 446 und § 447 – ein. Die Frage der Zuordnung der Gegenleistungsgefahr stellt sich – anders als die Leistungsgefahr – nur bei **gegenseitigen Verträgen**; zudem folgt die Gegenleistungsgefahr logisch zwingend der Leistungsgefahr nach, d.h. sie kann erst dann vom Verkäufer auf den Käufer übergehen, wenn der Käufer auch die Leistungsgefahr trägt.

## II. § 446: Übergabe und Annahmeverzug

58 § 446 beinhaltet **zwei** verschiedene Regelungen zur Gegenleistungsgefahr. Gem. § 446 S. 1 geht diese grds. – und vorbehaltlich von § 447 – mit der **Übergabe** der verkauften Sache auf den Käufer über. Übergabe bedeutet grds. Übertragung des unmittelbaren Besitzes; im Einzelfall kann jedoch auch – je nach Vereinbarung – die Übergabe an einen Dritten oder die Verschaffung nur mittelbaren Besitzes genügen. Bedeutung hat § 446 S. 1 indes nur, wenn die gem. § 433 I 1 kumulativ geschuldete Übergabe *und* Übereignung – egal in welcher Reihenfolge! – auseinanderfallen (z.B. beim Kauf unter Eigentumsvorbehalt, § 449).

59 Gem. § 446 S. 3 geht die Gegenleistungsgefahr zudem auch ohne Übergabe auf den Käufer über, sobald dieser in **Annahmeverzug** (§§ 293–304) gerät. Damit wiederholt § 446 S. 3 letztlich nur den Regelungsinhalt von § 326 II 1 Alt. 2 und stellt sich die (rein akademische) Frage des Verhältnisses beider Vorschriften. Richtigerweise dürfte § 446 S. 3 als speziellere Regelung vorgehen.

60 § 446 S. 2 beinhaltet demgegenüber keine Gefahrtragungsregel, sondern regelt im (schuldrechtlichen) Verhältnis zwischen Verkäufer und Käufer, dass dem Käufer ab Übergabe (S. 1) bzw. hilfsweise Annahmeverzug (S. 3) auch die **Nutzungen** (vgl. § 100, d.h. die Früchte i.S.v. § 99 sowie die Gebrauchsvorteile) der Kaufsache gebühren und er die **Lasten** – d.h. (privat- oder öffentlich-rechtliche) Leistungspflichten, die an sich den Eigentümer als solchen treffen – zu tragen hat.

## III. § 447 I: Versendungskauf

61 § 447 I trifft eine eigene Gefahrtragungsregel für den **Versendungskauf**, d.h. bei (selbst nachträglicher) Vereinbarung einer Schickschuld („auf Verlangen des Käufers"). Allerdings ist der Anwendungsbereich dieser Norm beschränkt: Beim **Verbrauchsgüterkauf** findet § 447 I nämlich gem. § 475 II nur dann Anwendung, wenn ausnahmsweise der *Käufer* den Transporteur ausgewählt und beauftragt hat (vgl. Rn. 300).

62 Liegt kein Verbrauchsgüterkauf vor, geht die Gegenleistungsgefahr beim Versendungskauf gem. § 447 I mit **Auslieferung** der Kaufsache an die jeweilige **Transportperson** (z.B. die Post oder einen Spediteur) auf den Käufer über. Obwohl § 447 I von einer Versendung „nach einem anderen Ort als dem Erfüllungsort„ spricht, erfasst die Norm auch sog. **„Platzgeschäfte"**, d.h. den Versand innerhalb derselben politischen Gemeinde. Auch bei Versendung *von* einem anderen Ort als dem Erfüllungsort *aus* greift § 447 I richtigerweise grds. ein, wenn dadurch keine zusätzlichen Transportrisiken entstehen (a.A. die h.M.).

Entgegen der h.M. geht nach § 447 I zudem jegliche Gefahr und nicht nur die Gefahr der Verwirklichung **typischer Transportrisiken** auf den Käufer über (umstr.). Entsprechend ist von § 447 I z.B. auch eine hoheitliche Beschlagnahme umfasst. Wird eine Kaufsache hingegen aufgrund unzureichender Verpackung beschädigt (etc.), hat der Verkäufer dies i.d.R. (gem. §§ 276 oder 278) zu vertreten; dann aber realisiert sich gerade keine „Gefahr" (Zufall) und greift § 447 I nicht ein. Das Gleiche gilt gem. § 287 S. 2 bei Zufall i.R.v. Schuldnerverzug. **63**

Auch der Transport durch **eigene (Transport-)Leute** (i.d.R. Arbeitnehmer) bzw. gar den Verkäufer selbst wird nach inzwischen h.M. von § 447 I erfasst (umstr.). Anders als beim Transport durch unabhängige Dritte, deren Verschulden sich der Verkäufer i.R. einer Schickschuld mangels Pflicht zum Transport nicht gem. **§ 278** zurechnen lassen muss, haftet der Verkäufer in einem derartigen Fall für deren (bzw. – beim Selbsttransport – eigenes) Verschulden. Denn unabhängig von der (fehlenden) Pflicht zum Transport treffen den Verkäufer in seiner Sphäre stets gem. § 241 II Schutzpflichten i.B.a. die Kaufsache und sind eigene Leute bei Erfüllung *dieser* Nebenpflicht auch *nach* „Auslieferung" als Erfüllungsgehilfen des Verkäufers anzusehen (umstr.). **64**

Als Konsequenz der **obligatorischen Gefahrentlastung** nach § 447 I kann sich die Folgefrage stellen, wem Haftungsansprüche zustehen, wenn eine Sache i.R.e. Versendung *nach* Gefahrübergang beschädigt oder zerstört (etc.) wird und hierfür die Transportperson oder ein Dritter verantwortlich ist. An sich fallen Schaden und Anspruch auseinander: Während der Käufer die Sache bezahlen muss, ohne sie (unversehrt) zu erhalten, war zur Zeit der Beschädigung (etc.) i.d.R. nur der Verkäufer alleiniger Eigentümer bzw. Inhaber vertraglicher Ansprüche gegen den Transporteur (Ausnahme: § 421 I 2 HGB). Dies ist klassischer Anwendungsfall einer – allerdings zunehmend hinterfragten – **Drittschadensliquidation** (vgl. SchR AT, Kap. 9 Rn. 33). **65**

**Prüfungsschema 4:** Voraussetzungen von § 447 I **65a**

1. Anwendbarkeit: I.d.R. nicht beim Verbrauchsgüterkauf, § 475 II
2. Vereinbarung einer Schickschuld („auf Verlangen des Käufers")
3. Versendung „nach einem anderen Ort als dem Erfüllungsort"
   (**P1**) Platzgeschäft; (**P2**) Versendung nicht vom Erfüllungsort aus
4. Auslieferung der Sache an die Transportperson
   (**P**) Transport durch eigene Leute oder den Verkäufer selbst
5. Zufälliges Leistungshindernis während des Transports
   (**P**) nur typische Transportrisiken erfasst?

## F. Die Mängelrechte des Käufers gem. § 437

**Literatur:** *Bachmann*, AcP 211 (2011), 395; *Canaris*, Karlsruher Forum 2002, 72; *Fervers*, JURA 2015, 11; *Maultzsch*, ZfPW 2018, 1.

**66** Das Kaufrecht kennt, wie oben unter C. dargestellt, in §§ 437 ff. ein **besonderes Leistungsstörungsrecht**, das (Kauf-)**Gewährleistungsrecht** (mit eigener Verjährungsregelung in § 438). In Abgrenzung zum davor bzw. z.T. sogar daneben anwendbaren allgemeinen Leistungsstörungsrecht setzt jenes (grds.) voraus, dass der *Verkäufer* zwar geleistet, jedoch seine aus § 433 I 2 folgende (Haupt-)Pflicht zur mangelfreien Lieferung verletzt hat. Voraussetzung ist m.a.W. das Vorliegen eines Sach- oder Rechtsmangels im jeweils maßgeblichen Zeitpunkt. Folglich stehen Gewährleistungsrechte im Kaufrecht nur dem Käufer offen.

**67** **Nota bene:** Sowohl § 434 (umstr.: § 435) als auch § 437 Nr. 1 und 2 (nicht: 3) dienen bei Vorliegen eines Verbrauchsgüterkaufs i.S.v. §§ 474 ff. (Rn. 292 ff.) der Umsetzung der europäischen **VerbrG-KRL**. Diese wird zum **1.1.2022** durch die **Warenkauf-RL** abgelöst (Rn. 7).

### I. Überblick

**68** Die etwaigen Rechte eines Käufers im Falle einer mangelhaften Leistung werden übersichtlich und grds. (Ausnahmen: §§ 285, 320 I) abschließend in § 437 aufgezählt. Liegen die – vorweg zu prüfenden – Voraussetzungen dieser „Brückennorm„ vor, kann ein Käufer als **Rechtsfolge** potentiell die in § 437 Nr. 1–3 genannten, großteils (Ausnahme: Nacherfüllung) von weiteren Voraussetzungen abhängigen und meist im Schuldrecht AT (Ausnahme: Nacherfüllung und Minderung) geregelten Rechte geltend machen. Welche Rechte im Einzelfall in Betracht kommen, hängt maßgeblich davon ab, ob der betreffende **Mangel behebbar** ist oder nicht (dann: Unmöglichkeit [§ 275] der Nacherfüllung, sog. qualitative Unmöglichkeit, vgl. auch § 326 I 2).

#### 1. Mängelrechte bei Behebbarkeit des Mangels

**69** Im Falle der Behebbarkeit eines Mangels ist **primäres Mängelrecht** gem. § 439 iVm § 437 Nr. 1 die Nacherfüllung. Denn ausweislich des grundsätzlichen Erfordernisses einer Fristsetzung (zur Nacherfüllung) für die **sekundären Mängelrechte** des Rücktritts (§ 323) und der Minderung gem. § 441 (jeweils iVm § 437 Nr. 2) sowie des Schadensersatzes statt der Leistung gem. §§ 281, 280 bzw. des Anspruchs auf Aufwendungsersatz gem. § 284 (jeweils § 437 Nr. 3) gehen das deutsche Recht (und Art. 3 V VerbrGKRL) von einem **Vorrang der Nacherfüllung** vor den sonstigen Mängelrechten aus („Recht“ zur zweiten Andienung). Ausnahmen bilden der Ersatz von Mangelfolgeschäden (§ 280 I iVm § 437 Nr. 3) sowie die Fälle der Entbehrlichkeit der Fristsetzung (gem. § 323 II oder § 281 II jeweils iVm § 440).

## 2. Mängelrechte bei Unmöglichkeit der Nacherfüllung

Ist eine Nacherfüllung hingegen insgesamt gem. § 275 **unmöglich**, 70
d.h. kann ein (Sach- oder Rechts-)Mangel nicht behoben werden, gibt die Setzung einer Nacherfüllungsfrist keinen Sinn. Daher trifft das BGB für diesen Fall eigenständige Regelungen: Bei Unmöglichkeit der Nacherfüllung kann ein Käufer gem. § 326 V bzw. § 441 jeweils iVm § 437 Nr. 2 **sofort** zurücktreten oder mindern bzw. gem. §§ 283 S. 1, 280 (bei nachträglicher Unmöglichkeit, bezogen auf den Zeitpunkt des Vertragsschlusses) oder § 311a II (bei anfänglicher Unmöglichkeit) jeweils iVm § 437 Nr. 3 **sofort** Schadensersatz statt der Leistung bzw. Aufwendungsersatz (§ 284 iVm § 437 Nr. 3) verlangen.

Gleichzeitig ordnet **§ 326 I 2** für einen derartigen Fall an, dass trotz 71
Unmöglichkeit einer synallagmatischen (Haupt-)Pflicht (§ 433 I 2) und entgegen der Grundregel in § 326 I 1 *nicht* automatisch (anteilig) die Gegenleistungspflicht des Käufers entfällt. Andernfalls träte nämlich bei mangelhafter Leistung entgegen § 441 I 1 („*kann* […] *mindern*“) immer eine automatische Minderung kraft Gesetzes ein.

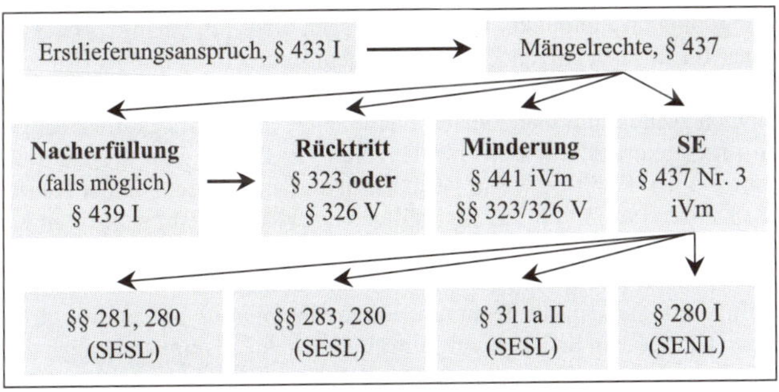


***Übersicht 3:*** *Mängelgewährleistungsrechte des Käufers gem. § 437 (ohne § 284)*

## II. Die „Brückennorm“ des § 437

72 „Einstiegstor“ in jede kaufrechtliche Gewährleistungsprüfung ist § 437, der die (meisten, s.o. Rn. 68) potentiellen Mängelrechte eines Käufers übersichtlich zusammenfasst. Diese Norm *alleine* gewährt noch keine Rechte; § 437 ist *keine* eigenständige Anspruchsgrundlage, sondern spricht lediglich eine **Rechtsgrundverweisung** aus. M.a.W. greifen die in § 437 aufgezählten Rechtsbehelfe nicht schon mit Bejahung der Voraussetzungen dieser Norm ein (Ausnahme ≈ § 439 I), sondern erfordern ausdrücklich *zusätzlich* die in den verwiesenen Vorschriften jeweils genannten **weiteren Voraussetzungen**. Allerdings decken sich bestimmte Voraussetzungen von § 437 mit denjenigen der verwiesenen Normen: Die Lieferung einer mangelhaften Sache etwa ist wegen § 433 I 2 zugleich eine Pflichtverletzung i.S.v. § 280 I 1.

73 § 437 kennt **4 Voraussetzungen:** Aus der systematischen Stellung dieser Norm folgt zunächst (**1.**) das Erfordernis eines wirksamen Kauf- (§ 433, u.U. iVm § 453 I) oder Tausch- (§ 480) bzw. Werklieferungsvertrags (§ 650 S. 1). Darüber hinaus verlangt § 437 ausdrücklich das Vorliegen (**2.**) eines Sach- (§ 434) oder Rechtsmangels (§ 435), und zwar (**3.**) zum jeweils maßgeblichen Zeitpunkt (s. Rn. 25, 48).

74 Nicht ausdrücklich geregelt (und daher umstr.) ist hingegen, (**4.**) ab wann § 437 überhaupt **zeitlich anwendbar** ist. Die wohl h.Lit. will – in Parallelität zu § 434 I – auf den (wenn auch hypothetischen, s. Rn. 53) **Gefahrübergang** abstellen. Danach würde sich die Prüfung des zeitlichen Anwendungsbereichs des Gewährleistungsrechts mit derjenigen des maßgeblichen Zeitpunkts für das Vorliegen eines *Sach*mangels decken. Diese h.Lit. verkennt jedoch, dass es einem Käufer nicht nur bei Hol- und Bringschulden, sondern auch bei einer Schickschuld unbenommen bleiben sollte, eine mangelhafte Sache unter Erhalt des Erstlieferungsanspruchs zurückzuweisen (mit längerer Verjährung gem. §§ 195, 199 statt § 438). Richtigerweise ist daher darauf abzustellen, ob der Käufer die Kaufsache i.S.v. § 363 **als (teilweise) Erfüllung angenommen** hat oder nicht (vgl. Art. 3 I VerbrGKRL: „zum Zeitpunkt der Lieferung“). Erst ab diesem Zeitpunkt greifen § 437 und damit das besondere Kaufgewährleistungsrecht ein. Denn die Frage, ab wann es gerechtfertigt ist, einen Käufer dem im Vergleich zum allgemeinen Leistungsstörungsrecht restriktiveren Gewährleistungsrecht (vgl. nur §§ 438, 440) zu unterwerfen, ist sachlich von der in § 434 I adressierten Frage des Vorliegens eines Sachmangels zu unterscheiden. Überdies wird so ein Gleichlauf mit § 438 II (Verjährungsbeginn mit „Ablieferung der Sache“) erreicht.

75 Für die Prüfung kaufrechtlicher Gewährleistungsrechte kommen in der **Falllösung** zwei verschiedene, gleichermaßen zulässige **Aufbauarten** in Betracht: Entweder werden (**1.**) zweistufig zunächst die Voraus-

setzungen von § 437 (vgl. Prüfungsschema 5) und erst im Anschluss diejenigen der verwiesenen Rechtsbehelfe (soweit nicht bereits mitgeprüft, s. Rn. 72 a.E.) untersucht. Oder aber (**2.**) die Voraussetzungen des (stets mitzuzitierenden!) § 437 werden im Rahmen der Prüfung der jeweiligen Mängelrechte (etwa §§ 281, 280) gleich mitgeprüft.

**Prüfungsschema 5:** Voraussetzungen von § 437 **76**

1. Kauf- (§§ 433, 453 I, 480) oder Werklieferungsvertrag (§ 650)
2. Zeitliche Anwendbarkeit: Annahme als Erfüllung (i.S.v. § 363)
   (**P**) sehr umstr.; **a.A.:** (hypothetischer) Gefahrübergang (h.Lit.)
3. Mangel der Kaufsache: Sach- (§ 434) oder Rechtsmangel (§ 435)
4. Vorliegen des Mangels zum jeweils maßgeblichen Zeitpunkt
5. **Rechtsfolge:** Dem Käufer stehen unter den Voraussetzungen der verwiesenen Normen die in § 437 Nr. 1–3 aufgezählten Rechte zu

## III. Der Anspruch des Käufers auf Nacherfüllung

**Literatur:** *Canaris*, JZ 2003, 831; *ders.*, FS H.P. Westermann, 2008, 137.

Liegen die Voraussetzungen von § 437 vor, steht einem Käufer im **77**
(gesetzlichen) Regelfall zunächst und zuvörderst gem. § 439 I iVm § 437 Nr. 1 ein Anspruch auf Nacherfüllung zu. Dieser ist das **primäre Mängelrecht** eines Käufers im Falle mangelhafter Leistung. Denn die meisten anderen Mängelrechte (Ausnahme: § 280 I) setzen grds. (Ausnahmen: §§ 323 II, 281 II, 440 + 445a II) den erfolglosen Ablauf einer Frist zur Nacherfüllung voraus. Dies dient neben dem Leistungsinteresse des Käufers zugleich dem Schutz des Verkäufers, dem eine **zweite Chance** gewährt wird, sich (1.) seine Gegenleistung zu verdienen sowie (2.) die mit den sekundären Mängelrechten verbundenen großen Haftungsrisiken zu vermeiden. Ist ein Mangel hingegen **unbehebbar**, gibt eine entsprechende Fristsetzung naturgemäß keinen Sinn. Entsprechend sieht das Gesetz für den Fall der Unmöglichkeit (§ 275) der Nacherfüllung eigenständige Regelungen ohne Fristsetzungserfordernis vor (§§ 326 V, 283 oder 311a II, jeweils iVm § 437 Nr. 2 bzw. 3).

Rechtstechnisch ist der Anspruch auf Nacherfüllung eine **Modifizie-** **78**
**rung des ursprünglichen Erfüllungsanspruchs**, d.h. er tritt – ebenso wie ein etwaiger Anspruch auf (großen) Schadensersatz statt der Leistung – an die Stelle des ursprünglichen Anspruchs auf mangelfreie (Erst-)Lieferung aus § 433 I (umstr.). Folglich steht auch der Nacherfüllungs-

anspruch im synallagmatischen **Gegenseitigkeitsverhältnis** mit dem Zahlungsanspruch des Verkäufers aus § 433 II. Wie zuvor (gestützt auf den Lieferungsanspruch aus § 433 I) kann ein Käufer daher ab Lieferung bis zur erfolgreichen Nacherfüllung unter den Voraussetzungen von **§ 320 I** die Zahlung des Kaufpreises einredeweise verweigern.

79 Eine **mangelhafte Nacherfüllung** löst ihrerseits Gewährleistungsrechte – inkl. Nacherfüllungsanspruch – aus; beachte jedoch § 440 S. 2.

### 1. Inhalt des Nacherfüllungsanspruchs, § 439 I

80 Eine Nacherfüllung kann nach der gesetzlichen Konzeption grds. auf **zwei verschiedene, alternative Weisen** erfolgen: Entweder durch Reparatur der Kaufsache (**Nachbesserung** bzw. Mängelbeseitigung, § 439 I Alt. 1) oder – jedenfalls bei Gattungsschulden – durch Austausch gegen eine neue Sache (**Nachlieferung** bzw. Neulieferung, § 439 I Alt. 2). Beide Varianten stehen nach Ansicht des BGH zueinander im Verhältnis **elektiver Konkurrenz** inkl. – in den Grenzen von § 242 – *ius variandi* (nach a.A. hingegen handelt es sich bei der Nacherfüllungspflicht um eine Wahlschuld mit Folge Verbindlichkeit der einmal getroffenen Wahl, vgl. § 263 II). Einem Käufer ist es daher grds. unbenommen, von einer zunächst gewählten Art der Nacherfüllung wieder Abstand zu nehmen. (Nur) in Einzelfällen kann ein Käufer gem. **§ 242** daran gehindert sein, z.B. von einem Nachbesserungsverlangen wieder Abstand zu nehmen und stattdessen Nachlieferung zu verlangen; ein derartiger Fall liegt jedoch jedenfalls dann **nicht** *per se* vor, wenn der Verkäufer die vom Käufer zunächst gewählte Nachbesserung nicht fachgerecht durchgeführt hat.

80a Anders als im Werkvertragsrecht (vgl. § 635 I) steht das **Wahlrecht** hinsichtlich der geschuldeten Art der Nacherfüllung – vorbehaltlich einer Unmöglichkeit (§ 275) oder Verweigerung der gewählten Art der Nacherfüllung wegen Unverhältnismäßigkeit gem. § 439 IV – dem **Käufer** zu. Bessert ein Verkäufer **eigenmächtig** nach (§ 439 I Alt. 1), führt dies daher **nicht** zwangsläufig zum Erlöschen eines zuvor wirksam begründeten Ersatzlieferungsanspruchs des Käufers aus § 439 I Alt. 2 wegen Zweckerreichung (vgl. BGH NJW 2019, 292).

81 Für die einem Verkäufer i.R.d. Nacherfüllung entstehenden **Kosten** kann dieser unter den Voraussetzungen von **§ 445a I** wiederum Ersatz von *seinem* Verkäufer (**Lieferanten**) verlangen (hierzu Rn. 226 ff.). Überdies steht einem Käufer seit dem 1.1.2018 ggf. unter den Voraussetzungen von § 439 III neben (und unabhängig von) dem Anspruch auf Nacherfüllung auch ein **(Nacherfüllungs*hilfs*-)Anspruch** auf Ersatz etwaiger **Ein- und Ausbaukosten** zu (vgl. dazu Rn. 92 ff.).

### a) Nachbesserung

Verlangt ein Käufer **Nachbesserung**, muss der Verkäufer den Mangel der ursprünglichen Kaufsache vollständig (s. aber Rn. 83) beseitigen. Kommen hierfür mehrere Wege in Betracht, kann der Verkäufer den ihm genehmsten wählen; denn das Wahlrecht des Käufers aus § 439 I erstreckt sich nicht auch auf die *Art* der Nach*besserung*. Das Gleiche gilt hinsichtlich der Frage, ob der Verkäufer den Mangel selbst behebt oder durch Dritte beseitigen lässt. Hat sich der Mangel oder die Kaufsache aufgrund des Mangels nach (hypothetischem) Gefahrübergang negativ verändert, umfasst die Nachbesserungspflicht nach h.M. – unabhängig von einer etwaigen Stoffgleichheit wie im Delikstrecht – auch diese **Weiterfresserschäden**. Schäden, die unabhängig von einem Mangel *nach* Gefahrübergang eintreten, müssen jedoch ebenso wenig (i.R.d. Nachbesserung) beseitigt werden wie Schäden an sonstigen Rechtsgütern des Käufers. Gem. § 440 S. 2 gilt die Nachbesserung im Regelfall „nach dem erfolglosen zweiten Versuch als fehlgeschlagen". **82**

Umstr. ist, ob § 439 I Alt. 1 auch Fallgestaltungen erfasst, in denen ein Mangel **nur teilweise** oder nur unter Inkaufnahme eines *anderen* Mangels behoben werden kann. Da das Gesetz seinem Wortlaut nach eine vollständige Mängelbeseitigung zu verlangen scheint, hält eine M.M. die Nachbesserung in einem derartigen Fall für insgesamt unmöglich (§ 275 I). Die vorzugswürdige h.M. gewährt dem Käufer, falls der Leistungsgegenstand teilbar ist, als Minus zur Nachbesserung einen sog. **„Ausbesserungsanspruch"** in Bezug auf die behebbaren Mängel(teile); i.Ü. liege Teilunmöglichkeit vor. Anders als beim (vollständig möglichen) Nachbesserungsanspruch folgt aus dem Ausbesserungsanspruch m.E. jedoch kein „Recht" des Verkäufers zur zweiten Andienung. Vielmehr kann der Käufer bei Teilunmöglichkeit der Nacherfüllung nicht nur in Bezug auf den unmöglichen Teil, sondern unter den Voraussetzungen von § 326 V bzw. § 283 oder § 311a II (jeweils iVm § 437 Nr. 2 bzw. 3) grds. sogar insgesamt zurücktreten oder SESL verlangen. Nur wenn der nach „Ausbesserung" verbleibende Mangel „unerheblich" i.S.v. § 323 V 2 bzw. § 281 I 3 ist, dürfte für die sekundären Mängelrechte eine **Fristsetzung** zur „Ausbesserung" zu fordern sein. **83**

### b) Nachlieferung

Wählt der Käufer **Nachlieferung**, so ist der Verkäufer zur Lieferung einer anderen, gleichwertigen mangelfreien Sache verpflichtet. **84**

Beim **Stückkauf** (d.h wenn der Kaufgegenstand bereits bei Vertragsschluss individuell bestimmt wurde, etwa bei einem Gebrauchtwagenkauf) hält eine M.M. daher die Nachlieferung für von vorneher- **84a** ein gem. § 275 I unmöglich. Dies steht jedoch in deutlichem Widerspruch zu den Gesetzesmaterialien (BT-Drs. 14/6040, 94: „unabhängig davon, ob ein Stück- oder Gattungskauf […] vorliegt") sowie Erwägungsgrund 16 zur VerbrGKRL. Richtigerweise ist daher mit der h.M. zu differenzieren: Entscheidend ist, ob eine Kaufsache nach der durch – u.U. vertragsergänzende – Auslegung (§§ 133, 157) zu ermittelnden Vorstellung der Parteien bei Vertragsschluss im Falle ihrer Mangelhaftigkeit durch eine „gleichartige und gleichwertige" (BGHZ 168, 64, 74) andere **ersetzt werden kann** oder nicht. (Nur) im erstgenannten Fall ist eine Nachlieferung auch beim Stückkauf möglich. *Für* eine **Ersetzbarkeit** kann dabei z.B. ein Kauf aufgrund nur allgemein gehaltener Inseratsangaben sprechen, *dagegen* etwa das Vorliegen eines Privat- oder Tierkaufs (§ 90a) bzw. persönlicher Besichtigungstermine.

**84b** Bei Vorliegen eines **Gattungskaufs** (§ 243) schuldet der Verkäufer hingegen iRd Nachlieferung in erster Linie eine Sache von mittlerer Art und Güte aus *derselben* Gattung. Allerdings ist die Nachlieferung auch beim Gattungskauf nicht zwangsläufig auf eine identische Sache beschränkt; vielmehr kommt es nach dem BGH (NJW 2019, 1133) ebenso wie beim Stückkauf im Einzelfall darauf an, inwieweit die Vertragsparteien nach ihrem erkennbaren Willen und dem Vertragszweck (§§ 133, 157) die konkret geschuldete Leistung als **austauschbar** angesehen haben (vgl. Rn. 84a). Dies hat zur Konsequenz, dass – in Abhängigkeit vom Inhalt und der Reichweite der vom Verkäufer ursprünglich übernommenen Beschaffungspflicht – ggf. auch eine **Nachlieferung mit einem Nachfolgemodell** möglich und sogar (in den Grenzen von § 439 IV) geschuldet sein kann (sehr umstr.), wenn die „ursprüngliche" Gattung zum Zeitpunkt des Nacherfüllungsverlangens nicht mehr hergestellt wird und eine Sache daraus auch nicht mehr beschafft werden kann. Nach einem Hinweisbeschluss des BGH vom 8.1.2019 (NJW 2019, 1133, i.B.a. ein von der „Dieselaffäre" betroffenes Kfz) soll dies sogar dann gelten, wenn ein Nachfolgemodell im Vergleich zum Vorgänger technisch deutlich verändert wurde.

**84c** Bei einer **Vorratsschuld** schließlich ist durch Auslegung zu ermitteln, welcher Vorrat (derjenige bei Vertragsschluss oder bei Fälligkeit des Erstlieferungs- bzw. des Nacherfüllungsanspruchs?) gemeint ist.

**84d** Nach der bis zum 1.1.2018 geltenden Rechtslage sollte die Nachlieferung bei Vorliegen eines Verbrauchsgüterkaufs nach h.M. in richtlinienkonformer Auslegung auch eine Pflicht zur **tatsächlichen Durchführung eines etwaig notwendigen Ausbaus** der mangelhaften **sowie Einbaus** der nachgelieferten Sache umfassen. Im Umkehrschluss aus der Einführung eines eigenen Geldersatzanspruchs für Ein- und Ausbaukosten in § 439 III n.F. ersichtlich ist daran nach h.Lit. **nicht mehr** festzuhalten (umstr.; dazu näher Rn. 92 ff.)

Verlangt ein Käufer Nachlieferung, muss er zugleich die mangelhafte Kaufsache gem. **§§ 346–348** iVm § 439 V **zurückgeben**. Die von dieser Verweisung an sich mitumfasste Pflicht zum Nutzungsersatz gem. § 346 I Alt. 2 verstößt jedoch gegen die Vorgaben der VerbrG-KRL und wird daher bei Vorliegen eines Verbrauchsgüterkaufs gem. § 475 III 1 ausgeschlossen. Umstr. ist, ob mit der Rück*gabe*pflicht des Käufers über den Gesetzeswortlaut hinaus eine **Rück*nahme*pflicht** des Verkäufers korreliert. Richtigerweise ist dies jedenfalls für die Fälle, in denen der Käufer erkennbar ein besonderes Interesse an der Rücknahme der mangelhaften Sache hat, zu bejahen (h.M.; vgl. § 445a II: „zurücknehmen musste"). **85**

Wann eine Nachlieferung **fehlgeschlagen** ist i.S.v. § 440 S. 1 Alt. 2, hängt von den Umständen (z.B.: Wiederholungsgefahr?) ab. § 440 S. 2 ist weder analog noch im Umkehrschluss anwendbar (umstr.). **85a**

### c) Modalitäten des Nacherfüllungsanspruchs; § 439 II

Die **Fälligkeit** des Nacherfüllungsanspruchs tritt nicht schon mit Lieferung einer mangelhaften Kaufsache, sondern erst mit dessen Geltendmachung [genauer: mit Zugang des Nacherfüllungsverlangens] ein, frühestens jedoch mit Fälligkeit des Erstlieferungsanspruchs (umstr.). *Vor* diesem Zeitpunkt ist der Anspruch aus § 439 I iVm § 437 Nr. 1 auch nicht erfüllbar. Der Nacherfüllungsanspruch ist demnach – wie auch der Anspruch auf SESL oder § 285 – ein **verhaltener Anspruch**. **86**

In dem fälligkeitsbegründenden **Nacherfüllungsverlangen** muss der Käufer sowohl (**1.**) den etwaigen Mangel oder dessen Symptome beschreiben als auch (**2.**) dem Verkäufer seine Bereitschaft mitteilen, eine Untersuchung am Erfüllungsort des Nacherfüllungsanspruchs zu ermöglichen. Andernfalls wird der Anspruch nicht fällig; auch eine vom Käufer gesetzte Frist beginnt nicht zu laufen. Fordert der Käufer den Verkäufer **zu Unrecht** zur Nacherfüllung auf, liegt darin eine u.U. zum Schadensersatz verpflichtende Nebenpflichtverletzung (§ 241 II). Alleine aus der Tatsache, dass das Vorliegen eines Mangels ungewiss ist, folgt jedoch i.d.R. noch keine Fahrlässigkeit. Etwaig verauslagte Kosten können zudem gem. § 812 I 1 Alt. 1 bzw. u.U. nach den Regeln der GoA („auch fremdes" Geschäft; umstr.) zurückverlangt werden. **87**

Der **Erfüllungsort eines Nacherfüllungsanspruchs** ist nach h.M. – selbständig, d.h. losgelöst von dem Erstlieferungsanspruch – unter Anwendung von **§ 269 I** zu bestimmen (umstr.; a.A.: stets Ort der **88**

„vertragsgemäßen" Belegenheit der Kaufsache). Maßgebend sind daher primär – soweit vorhanden – die Vereinbarung der Parteien, hilfsweise die jeweiligen Umstände, insb. die Natur des Schuldverhältnisses und die **Verkehrsanschauung**. Danach ist Erfüllungsort bei typischerweise einzubauenden Kaufsachen (z.B.: Herd) meist deren Belegenheitsort, beim normalen Ladenkauf hingegen i.d.R. der Ort des Vertragsschlusses. Wiederum hilfsweise ist auf den Wohnsitz des Verkäufers bzw. den Ort seiner gewerblichen Niederlassung (vgl. § 269 II) abzustellen.

**89** Fallen Belegenheitsort der Kaufsache und Erfüllungsort der Nacherfüllung auseinander, sind etwaige Transportkosten nach **§ 439 II** vom Verkäufer zu tragen. Diese Vorschrift ist nach h.M. nicht nur Kostenzuweisungsnorm, sondern auch eine **eigenständige Anspruchsgrundlage** auf Erstattung bestimmter „erforderlicher" Begleitkosten der Nacherfüllung (neben Transport- insb. Mangelauffindungskosten, z.B. Sachverständigenkosten; nach dem BGH (NJW 2019, 292) fallen darunter aber auch **vorgerichtliche Rechtsanwaltskosten**, die einem Käufer bei Durchsetzung der Nacherfüllung entstehen). Dieser Anspruch besteht selbst dann fort, wenn der Käufer letztlich gar keine Nacherfüllung verlangt. Jedenfalls bei Vorliegen eines Verbrauchsgüterkaufs kann der Käufer gem. § 475 VI sogar einen **Vorschuss** für zukünftige Aufwendungen i.S.d. § 439 II verlangen. Nicht nach § 439 II – sondern allenfalls §§ 280 ff. iVm § 437 Nr. 3 – ersatzfähig sind hingegen gerichtliche Rechtsverfolgungskosten sowie die Kosten einer Selbstvornahme (vgl. Rn. 102 f.).

## 2. Voraussetzungen des Nacherfüllungsanspruchs

**90** Der Anspruch auf Nacherfüllung kennt über die **Voraussetzungen von § 437** (Rn. 76) hinaus keine weiteren *positiven* (wohl aber *negative*) Tatbestandsvoraussetzungen. Insbesondere ist *nicht* erforderlich, dass der Verkäufer die Mangelhaftigkeit der Kaufsache zu vertreten hat (§§ 276 ff.). Ist jedoch umgekehrt der *Käufer* allein oder weit überwiegend für das Bestehen eines Mangels bei (hypothetischem) Gefahrübergang **verantwortlich**, **schließt** dies nach h.M. analog § 323 VI Alt. 1 den Nacherfüllungsanspruch **aus**. Bei Mitverantwortlichkeit unterhalb dieser Schwelle muss sich der Käufer analog § 254 an den Kosten der Nacherfüllung beteiligen. Darüber hinaus kennen sowohl (1.) das allgemeine Schuldrecht in § 275 als auch (2.) das Kaufgewährleistungsrecht insgesamt in §§ 442, 444 und 445 sowie (3.) speziell § 439 IV bestimmte **Ausschlussgründe** (hierzu unten 4.), die einem Nacherfüllungsanspruch im Einzelfall entgegenstehen können und daher bei dessen Prüfung stets mitzubedenken sind.

**Prüfungsschema 6:** Nacherfüllungsanspruch, §§ 439 I, 437 Nr. 1 91

1. Voraussetzungen von § 437 (s. oben Prüfungsschema 5)
2. Nacherfüllungsverlangen des Käufers: Ausübung Wahlrecht
   **(P1)** Nach*lieferung* beim Stückkauf? (h.M. [+] bei Ersetzbarkeit)
   **(P2)** Taugliches Nacherfüllungsverlangen?
   **(P3)** Umfang? (Weiterfresserschäden; Ein- und Ausbaukosten)
3. Kein Ausschluss des Nacherfüllungsanspruchs:
   a) Vertraglich (Grenze: §§ 444, 305 ff. und § 476 I n.F.)
   b) Ausschluss der Gewährleistung insgesamt: § 442; § 377 HGB
   c) Ausschluss der Nacherfüllung: § 275 und § 439 IV n.F.
4. Verjährung des Nacherfüllungsanspruchs: § 214 I iVm § 438

### 3. Ein- und Ausbaukosten, § 439 III

Nicht selten werden Kaufsachen (etwa: Bodenfliesen oder Parkett- 92
stäbe, aber auch z.T. Elektrogeräte) bestimmungsgemäß in eine *andere* Sache eingebaut. Ist der Einbau in einem derartigen Fall nicht etwa als Nebenleistungspflicht vom Verkäufer geschuldet (vgl. § 434 II 1) und zeigt sich ein Mangel erst *nach* dem Einbau, so war früher umstr., ob der Verkäufer im Rahmen der Nacherfüllung auch (1.) zum **Ausbau** der mangelhaften Kaufsache(n) sowie u.U. zusätzlich sogar (2.) zum **Einbau** der neu gelieferten oder reparierten Sache verpflichtet ist bzw. die Kosten hierfür zu tragen hat.

**Hintergrund:** Die bis 2011 **h.M.** hatte **ursprünglich** sowohl eine 93
Aus- als auch Einbaupflicht des Verkäufers i.R.d. Nacherfüllung verneint: Der Nacherfüllungsanspruch könne als bloße Modifikation des ursprünglichen Erfüllungsanspruchs nämlich nur schwerlich über das anfänglich Geschuldete (nur Lieferung) hinausgehen. Zudem seien Schäden des Käufers außerhalb der mangelhaften Kaufsache allenfalls als (grds. *verschuldens*abhängiger) Schadens- bzw. Aufwendungsersatz zu ersetzen. Nach **a.A.** hingegen sollte der Verkäufer eine mangelhafte Sache zwar ausbauen, nicht aber die nachgelieferte Sache einbauen müssen, m.a.W. ein Käufer i.R.d. Nacherfüllung so zu stellen sein, wie er bei ordnungsgemäßer Erfüllung im Zeitpunkt des *Gefahrübergangs* stehen würde. Nur eine **M.M.** wollte den Käufer früher so stellen, wie er bei mangelfreier Lieferung im Zeitpunkt der *Nacherfüllung* stünde, und bejahte sowohl eine Aus- als auch Einbaupflicht. Diese M.M. wurde 2011 –

allerdings zunächst nur für den Verbrauchsgüterkauf – zur h.M., als der **EuGH** in den verbundenen Rechtssachen ***Weber* und *Putz*** entschied, dass eine „Ersatzlieferung" i.S.v. Art. 3 VerbrGKRL bei nach Art und Zweck „gutgläubig" eingebauten Kaufsachen auch „entweder" eine Ein- + Ausbaupflicht des Verkäufers „oder" eine Kostentragungspflicht umfasse.

**94** Seit dem **1.1.2018** ist die Pflicht eines Verkäufers, i.R. (beider Alternativen) der Nacherfüllung etwaige Ein- und Ausbaukosten zu tragen, nunmehr ausdrücklich in **§ 439 III 1** normiert. Die Kostenerstattungspflicht besteht dabei – in *rechtspolitisch* fragwürdiger überschießender Umsetzung der EuGH-Rspr. – i.R. **sämtlicher Kaufverträge**, d.h. auch zu Lasten von Verbrauchern oder bei „B2B"-Geschäften. Voraussetzung ist lediglich, dass der Einbau (bzw. das Anbringen) gemäß der „Art [der Kaufsache] und ihrem [vom Käufer, ggf. auch einseitig, verfolgten] Verwendungszweck" objektiv zu erwarten war (und im Einzelfall nichts Gegenteiliges vereinbart wurde, wobei dies wirksam nur durch Individualvereinbarung (*nicht* AGB) möglich sein dürfte).

**95** Der Einbau muss nicht zwangsläufig beim jeweiligen Käufer selbst, sondern kann **auch bei Dritten** erfolgen; nach § 439 III 1 sind mithin auch Kosten ersatzfähig, die z.B. einem Werkunternehmer i.R.d. Gewährleistung gegenüber einem Besteller entstehen, weil er von ihm gekaufte mangelhafte Fließen (o.ä.) bei „seinem" Besteller aus- und mangelfreie Fließen einbauen musste. Zudem dürfte losgelöst von dem Rechtsgedanken von § 1835 III auch **eigene Arbeitsleistung** des Käufers i.R.e. Selbstaus- und -einbaus ersatzfähig sein. Überdies kann ein Verkäufer die gem. § 439 III von ihm zu tragenden Kosten gem. § 445a I von seinem Lieferanten ersetzt verlangen (s. hierzu Rn. 226).

**95a** Nach richtiger Ansicht statuiert § 439 III 1 einen **eigenständigen** (schadensersatzähnlichen, jedoch verschuldensunabhängigen Nacherfüllungs**hilfs-)Anspruch auf Kostenersatz**, der losgelöst und unabhängig von einer Geltendmachung des Anspruchs aus § 439 I besteht (umstr.). Obwohl § 439 III von **„Aufwendungen"** spricht, dürfte dieser Begriff daher i.R.v. § 439 III weiter als z.B. bei § 284 (dazu Rn. 221) zu verstehen sein, so dass derartige „Aufwendungen" neben § 439 III 1 (und losgelöst von § 439 III 2) weiterhin alternativ auch als (Integritäts- [umstr.]) Schaden i.R.v. §§ 280 Abs. 1, 437 Nr. 3 (a.A.: §§ 281 ff., 437 Nr. 3) liquidationsfähig sind.

**95b** Gem. § 442 I iVm **§ 439 III 2** ist der Anspruch (nur) aus § 439 III 1 allerdings **ausgeschlossen**, wenn der Käufer den Mangel beim Einbau bereits kannte bzw. – außer bei Arglist bzw. Garantieübernahme des Verkäufers – infolge grober Fahrlässigkeit nicht kannte. Darüber hinaus kann der Anspruch aus § 439 III 1 vom Verkäufer gem. § 439 IV auch wegen **Unverhältnismäßigkeit** im Wege der Einrede ausgeschlossen werden (dazu Rn. 98 ff.); für den Verbrauchsgüterkauf ist jedoch zusätzlich § 475 IV 2 zu beachten (dazu Rn. 303). M.E. sind für die Beurteilung einer Unverhältnismäßigkeit neben den Ein- und Ausbaukosten zugleich auch etwaige Kosten i.S.v. § 439 I und II zu berücksichtigen (vgl. § 475 IV 2 Alt. 2); hierfür spricht u.a., dass der Ausschluss gem. § 439 IV in einem derartigen Fall richtigerweise zugleich auch den Anspruch aus § 439 I mit erfasst (sehr umstr.).

Die **tatsächliche Durchführung** des Ein- und Ausbaus (wie früher gem. § 439 I Alt. 2) hingegen kann der Käufer nach wohl h.Lit. nunmehr – anders als ursprünglich im Gesetzgebungsverfahren geplant und entgegen der früheren Rechtslage – **nicht mehr** (alternativ) vom Verkäufer verlangen; (nur) eine **M.M.** will dem Käufer insofern ein **Wahlrecht** (i.S. elektiver Konkurrenz) zwischen Nachlieferung inkl. Ein- und Ausbau (§ 439 I Alt. 2) und dem Aufwendungsersatz nach § 439 III zugestehen. **95c**

### 4. Ausschluss der Nacherfüllung

Zu den allgemeinen – für *alle* Käuferrechte aus § 437 geltenden – gewährleistungsrechtlichen Ausschlussgründen s. Rn. 241 ff.; zum Ausschluss des Nacherfüllungsanspruchs analog § 323 VI Alt. 1 wegen Verantwortlichkeit des Käufer für einen Mangel s. oben Rn. 90. **96**

#### a) Ausschluss wegen Unmöglichkeit, § 275 I–III

Nach § 275 I ist der Anspruch des Käufers auf Nacherfüllung kraft Gesetzes ausgeschlossen, **soweit** diese für den Verkäufer oder jedermann **unmöglich** ist. Das Gleiche gilt gem. § 275 II und III, wenn die Nacherfüllung unzumutbar ist und sich der Verkäufer darauf – im Wege der Einrede – beruft. Ist danach **nur eine Alternative** der Nacherfüllung unmöglich, bedarf es zur Geltendmachung etwaiger sekundärer Mängelrechte weiterhin grds. einer Fristsetzung zur alleine noch möglichen Art der Nacherfüllung (vgl. Rn. 69; zur (Un-)Möglichkeit der Nachlieferung bei Stückschulden s. Rn. 84). Sind hingegen **beide Arten** der Nacherfüllung ausgeschlossen, kann ein Käufer grds. sofort – d.h. ohne Fristsetzung – die in § 437 Nr. 2 und 3 verwiesenen sekundären Mängelrechte geltend machen. Das BGB kennt insofern **eigene Anspruchs- bzw. Rechtsgrundlagen** (§§ 283, 311a II und § 326 V, s. Rn. 70 f.). Dies gilt im Regelfall und unbeschadet der Möglichkeit, **97** weiterhin partielle Nacherfüllung („Ausbesserung") zu verlangen, auch dann, wenn die Nacherfüllung nur teilweise unmöglich ist (s. Rn. 83). Weiterhin ist zu beachten, dass der vom Käufer geltend gemachte Anspruch auf Nachlieferung nicht dadurch ausgeschlossen wird, dass der Verkäufer einen Mangel nachträglich ohne Einverständnis des Käufers beseitigt.

### b) Einrede der Unverhältnismäßigkeit, § 439 IV

98 Gem. § 439 IV kann ein Verkäufer zudem die vom Käufer gewählte Art der Nacherfüllung verweigern, wenn sie mit **unverhältnismäßigen Kosten** verbunden ist. Wie § 275 II und III gewährt § 439 IV eine **Einrede**. Bezugspunkt einer etwaigen Unverhältnismäßigkeit i.S.d. Norm ist dabei aus der – nicht abschließenden – Aufzählung in § 439 IV 2 ersichtlich neben dem Wert der Kaufsache ohne den Mangel sowie dessen Umfang insb. die jeweils andere Art der Nacherfüllung (dann: **relative** Unverhältnismäßigkeit). Höhere Kosten der gewählten Nacherfüllungsart alleine führen jedoch nicht automatisch zu einer Unverhältnismäßigkeit; vielmehr muss stets eine umfassende **Abwägung** *aller* Interessen erfolgen. Dabei ist nach § 439 IV 2 Var. 3 auch darauf abzustellen, ob auf die andere Art der Nacherfüllung ohne erhebliche Nachteile für den Käufer zurückgegriffen werden kann; daran fehlt es insbesondere, wenn diese den Mangel nicht vollständig, nachhaltig und fachgerecht beseitigen kann. Maßgeblicher **Zeitpunkt** für die Beurteilung der relativen Unverhältnismäßigkeit ist grds. derjenige des Zugangs des Nacherfüllungsverlangens; hat jedoch der Käufer eine Frist zur Nacherfüllung gesetzt, kommt es für die Beurteilung der Unverhältnismäßigkeit i.d.R. auf den Zeitpunkt des Fristablaufs an.

99 Losgelöst von den Kosten und der Möglichkeit der anderen Nacherfüllungsart gewährt § 439 IV 1 dem Verkäufer jedoch auch dann ein Leistungsverweigerungsrecht, wenn die Kosten der gewählten Nacherfüllungsart außer Verhältnis alleine zum Leistungsinteresse des Käufers (d.h. i.d.R. dem objektiven Wert der Kaufsache) stehen (dann: **absolute** Unverhältnismäßigkeit). Auch ob eine absolute Unverhältnismäßigkeit vorliegt, ist nach h.M. durch **umfassende Interessenabwägung** der Gesamtumstände des Einzelfalls und (i.d.R.) nicht anhand starrer Grenzwerte zu ermitteln. Dabei ist die Grenze des dem Verkäufer Zumutbaren höher, wenn er den Mangel zu vertreten hat.

100 Verweigert der Verkäufer die gewählte Nacherfüllungsart zu Recht, beschränkt sich sein Nacherfüllungsanspruch auf die jeweils andere Art, § 439 IV 3 HS. 1. Außerhalb von Verbraucherkonstellationen kann der Verkäufer nach § 439 IV 1 zusätzlich nicht nur die vom Käufer gewählte, sondern **auch die andere** Art der Nacherfüllung wegen (denknotwendig nur absoluter) Unverhältnismäßigkeit verweigern, vgl.

§ 439 IV 3 HS. 2. Das Gleiche gilt, wenn (nur) eine Art der Nacherfüllung unmöglich ist. Dieses Recht zur Leistungsverweigerung der alleine möglichen oder durchsetzbaren Nacherfüllungsart verstößt nach Ansicht des EuGH (Rs. ***Weber* und *Putz***) gegen die Vorgaben der VerbrGKRL und wird daher für **Verbrauchsgüterkäufe** seit dem 1.1.2018 in **§ 475 IV 1** ausgeschlossen (zuvor: teleologische Reduktion gegen den Gesetzeswortlaut). Allerdings sieht § 475 IV 2 vor, dass der Verkäufer dann zumindest einen etwaigen Aufwendungsersatz auf einen angemessenen Betrag beschränken kann.

Verweigert ein Verkäufer **beide Arten** der Nacherfüllung gem. 101
§ 439 IV, ergibt eine Fristsetzung zur Nacherfüllung vor Geltendmachung sekundärer Mängelrechte keinen Sinn (mehr) und ist daher nach **§ 440 S. 1 Alt. 1** entbehrlich. Verlangt der Käufer einen (kleinen) SESL, ist er jedoch grds. auf die Geltendmachung des mangelbedingten Minderwerts beschränkt; anders als im „Normalfall" kann er nicht (gleichsam durch die Hintertür) alternativ die (ja unverhältnismäßigen, s. § 251 II 1) Mängelbeseitigungskosten verlangen. S. auch § 218 I 2.

## 5. Selbstvornahme der Nacherfüllung

Von einer (voreiligen) Selbstvornahme spricht man, wenn ein Käu- 102
fer einen Mangel **selbst beseitigt**, ohne dem Verkäufer zuvor eine Möglichkeit zur Nacherfüllung gegeben zu haben (bzw. *vor Ablauf* der Nacherfüllungsfrist). Anders als das Werkvertragsrecht in § 637 sieht das Kaufrecht **keinen Anspruch** des Käufers auf Ersatz der i.R.e. (voreiligen) Selbstvornahme angefallenen Kosten vor. Insb. § 439 II gewährt allenfalls Anspruch auf Ersatz bestimmter Begleitkosten, nicht jedoch der Kosten der Nacherfüllung *insgesamt*. Ein etwaiger Anspruch aus §§ 281 I 1, 280 I iVm § 437 Nr. 3 scheitert i.d.R. an der (-) fehlenden Fristsetzung, ebenso eine Minderung gem. § 441 I 1 (vgl. (-) § 323 VI Alt. 1). Auch ein Ersatz der Selbstvornahmekosten als SESL wegen Unmöglichkeit der Nacherfüllung kommt nicht in Betracht, da der Verkäufer die zur Unmöglichkeit führende Selbstvornahme in aller Regel nicht zu vertreten hat. Eine analoge Anwendung von § 637 schließlich scheidet wegen Vorliegens einer **bewussten Regelungslücke** aus, ebenso ein Ersatzanspruch aus GoA oder Bereicherungsrecht.

Letztlich bleibt ein Käufer daher **auf den Kosten** einer (voreiligen) 103
Selbstvornahme **sitzen** (h.M.), obwohl die Nacherfüllung an sich vom Verkäufer geschuldet war. Dies entspricht der gesetzgeberischen Intention und ist m.E. auch nicht unbillig; denn eine (voreilige) Selbstvornahme verletzt das „Recht" des Verkäufers zur zweiten Andienung. Nach einer **M.M.** hingegen soll dem Käufer zwar kein Anspruch auf Ersatz der ihm *entstandenen*, jedoch zumindest der vom Verkäufer

durch die Selbstvornahme *ersparten* Aufwendungen zustehen. Rechtstechnisch soll dieser Anspruch aus (§§ 346 I, 326 IV iVm) **§ 326 II 2** – entweder in direkter oder jedenfalls analoger Anwendung – folgen.

## IV. Das Rücktrittsrecht des Käufers

**Literatur:** *Canaris*, FS Kropholler, 2008, 3.

**104** Der Rücktritt gestattet es Vertragsparteien, sich **einseitig** (d.h. ohne Abschluss eines Aufhebungs*vertrags*) für die Zukunft vom Kaufvertrag zu lösen. Ein Vertretenmüssen des anderen Teils ist hierfür nicht erforderlich. **Ziel** des Rücktritts ist, den vor Vertragsschluss bestehenden Zustand – schuldrechtlich – wiederherzustellen. Anders als die Anfechtung wirkt er nicht *ex tunc* auf den Vertrag als solchen bzw. dessen Wirksamkeit ein, sondern gestaltet die als Rechtsgrund fortbestehenden Vertragsbeziehungen *ex nunc* in ein **Rückgewährschuldverhältnis** gem. §§ 346 ff. um. Bei Teilbarkeit der geschuldeten Leistung (*und* der Gegenleistung!) ist u.U. auch ein **Teilrücktritt** möglich. Bei Dauerschuldverhältnissen tritt an die Stelle des Rücktritts oft die Kündigung.

**105** Die **Ausübung** des Rücktritts als **Gestaltungsrecht** – und nicht als Anspruch (so aber Art. 3 II, V VerbrGKRL) – erfolgt gem. § 349 durch einseitige, empfangsbedürftige sowie grds. bedingungsfeindliche (Willens-)**Erklärung** (und ist damit ein eigenes Rechtsgeschäft). Da nach § 194 I nur Ansprüche, nicht aber Gestaltungsrechte der **Verjährung** unterliegen, ordnet § 218 I, auf den § 438 IV 1 deklaratorisch verweist, eine Unwirksamkeit des Rücktritts an, falls der (u.U. hypothetische) Nacherfüllungsanspruch verjährt ist und der Verkäufer sich darauf beruft. Anders als vor der Schuldrechtsmodernisierung schließt ein Rücktritt gem. **§ 325** nicht das Recht aus, Schadensersatz zu verlangen.

### 1. Überblick über die Rücktrittsgründe im Kaufrecht

**106** Im Kaufrecht gibt es – anders als für die Nacherfüllung – keine eigenständigen Regelungen des Rücktritts. Vielmehr verweist § 437 Nr. 2 (Alt. 1) – sieht man einmal von den zusätzlichen Fristsetzungsausnahmen in § 440 ab – auf das *allgemeine* Leistungsstörungsrecht (namentlich §§ 323 und 326 V) zurück. Dieses kennt, anders als beim Schadensersatz mit § 280 I, **keinen einheitlichen rücktrittsrechtlichen Grundtatbestand** (h.M.; umstr.). Lediglich die Rechtsfolgen aller Rücktrittsrechte sind einheitlich in §§ 346–354 geregelt.

**107** Den von § 437 Nr. 2 in Verweisung genommenen Vorschriften ist gemeinsam, dass sie grds. ein **Scheitern der Nacherfüllung** voraussetzen (daher: Rücktritt als *sekundäres* Mängelrecht). So kann ein Käufer gem. § 323 I (Alt. 2) iVm § 437 Nr. 2 erst nach erfolglosem Ablauf einer angemessenen **Frist** zur Nacherfüllung zurücktreten. In bestimmten Fällen ist eine Fristsetzung allerdings gem. §§ 323 II, 440 bzw. 445a II **entbehrlich**. Ist die Nacherfüllung hingegen **unmöglich**, beurteilt sich das Rücktrittsrecht des Käufers nach § 326 V iVm § 437 Nr. 2. Anders als beim SESL ist dabei gleichgültig, ob die Nacherfüllung bereits bei Vertragsschluss (anfänglich) unmöglich war oder erst nachträglich unmöglich wurde. Das Rücktrittsrecht wegen Unmöglichkeit der Nacherfüllung ist auch deshalb von besonderer Bedeutung, weil diese gem. **§ 326 I 2** – entgegen der Grundregel in § 326 I 1 – nicht zu einem automatischen Entfall der Gegenleistungspflicht führt.

Auf das neben § 323 und § 326 V *dritte* allgemeine gesetzliche **108** Rücktrittsrecht – **§ 324** – verweist § 437 Nr. 2 hingegen nicht. Grund dafür ist, dass § 324 nicht an einen Mangel, sondern an die Verletzung (nicht leistungsbezogener) Nebenpflichten i.S.v. § 241 II anknüpft. Daher findet § 324 unabhängig von § 437 Nr. 2 Anwendung; das Gleiche gilt übrigens für einen etwaigen Rücktritt des *Verkäufers* gem. § 323, etwa wegen Verzögerung der Kaufpreiszahlung durch den Käufer.

## 2. Rücktritt wegen Verzögerung der Nacherfüllung, § 323 I Alt. 2

Liegt ein – und sei es nur durch *eine* Art der Nacherfüllung – beheb- **109** barer Mangel vor, kann der Käufer gem. § 323 I Alt. 2 iVm § 437 Nr. 2 grds. erst nach **erfolglosem Ablauf** einer angemessenen, an sich vom Käufer zu setzenden **Frist** zur Nacherfüllung zurücktreten. § 323 II und § 440 statuieren jedoch jeweils drei (insgesamt sechs) Gründe, aus denen eine Fristsetzung ausnahmsweise entbehrlich sein und der Käufer daher *sofort* – d.h. bereits *vor* Fristablauf – zurücktreten kann.

### a) Grundsatz: Erfolgloser Fristablauf

§ 323 I Alt. 2 iVm § 437 Nr. 2 verlangt, dass der Käufer dem Ver- **110** käufer „erfolglos eine angemessene Frist […] zur Nacherfüllung bestimmt hat“. Das Gesetz geht dabei augenscheinlich von dem Erfordernis einer **Frist*setzung*** (als geschäftsähnlicher Handlung) aus. Entgegen der Gesetzesbegründung verstößt dies jedoch nach h.Lit. gegen die VerbrGKRL. Deren Art. 3 V setzt nämlich lediglich voraus, dass „nicht innerhalb einer angemessenen Frist Abhilfe geschaffen“ wird. Entsprechend soll nach h.Lit. § 323 (nur!) bei Vorliegen eines Verbrauchsgüterkaufs **richtlinienkonform** dahin ausgelegt werden, dass unabhängig von einer Frist*setzung* bereits der bloße *Ablauf* einer angemessenen Frist nach dem Nacherfüllungsverlangen für einen Rücktritt (und damit mittelbar auch eine Minderung, nicht jedoch für § 281) genügt. Rechtstechnisch kann dies durch entsprechende Anwendung von § 323 II Nr. 3 erreicht werden (a.A.: § 440 S. 1 Alt. 2). Bedauerlicherweise hat der **EuGH** (NJW 2017, 3215) eine entsprechende Vorlagefrage des LG Hannover inhaltlich nicht beantwortet, sondern sich lediglich für unzuständig erklärt. Liegt kein Verbrauchsgüterkauf vor, bleibt es hingegen beim Erfordernis der Frist*setzung*.

**111** Freilich stellt der **BGH** nurmehr **geringe Anforderungen** an eine **Fristsetzung** i.S.v. § 323 I (*und* § 281 I): Neben einer eindeutigen und bestimmten Aufforderung zur Leistung genüge die Verdeutlichung, dass nur ein begrenzter (bestimmbarer) Zeitraum zur Verfügung stehe (z.B.: „schnelle Behebung"; „unverzügliche Leistung"). Die Angabe eines bestimmten Zeitraums bzw. Endtermins sei nicht erforderlich. Eine zur **ursprünglichen** Leistung gesetzte Frist ersetzt jedoch nach h.M. *nicht* die Setzung einer Nacherfüllungsfrist (umstr.).

**111a** **Beachte:** Die für eine Fristsetzung erforderliche eindeutige und bestimmte **Aufforderung zur Leistung** (d.h. im Kaufrecht: zur Nacherfüllung) setzt (grds.) eine Mitteilung des Käufers voraus, welche Art der Nacherfüllung er begehrt (vgl. § 439 I); tut er dies nicht, ist ggf. davon auszugehen, dass er die Wahl dem Verkäufer überlassen möchte. Verlangt der Käufer dagegen eine ihm (z.B. gem. § 439 IV oder § 275 I) gar nicht zustehende Art der Nacherfüllung (oder gar *zu viel*), hängt die Wirksamkeit der Fristsetzung von den Umständen des Einzelfalls – insb. davon, ob sich der Verkäufer auch zu der anderen Art der Nacherfüllung aufgefordert fühlen muss – ab. Zu den weiteren Voraussetzungen eines **tauglichen Nacherfüllungsverlangens**, u.a. hinsichtlich der erforderlichen Mitteilung der Bereitschaft, dem Verkäufer eine Untersuchung am (richtigen!) Erfüllungsort des Nacherfüllungsanspruchs zu ermöglichen, s. Rn. 87 f.

**112** Die **Angemessenheit** einer Frist beurteilt sich in erster Linie nach etwaigen Vereinbarungen der Parteien (selbst wenn eine *objektiv* zu kurze Frist vereinbart wurde), hilfsweise nach den Umständen des Einzelfalls. Hierzu zählen insb. die Art der Kaufsache und des Mangels sowie der gewählten Nacherfüllung, und auch der Verwendungszweck des Käufers. Allgemein gesprochen muss die Frist so lang sein, dass eine Nacherfüllung unter normalen Umständen erfolgen kann. Eine **unangemessen** kurze Frist ist allerdings nicht etwa bedeutungslos, sondern setzt eine angemessene Frist in Gang.

**113** **Erfolglos abgelaufen** ist eine Frist zur Nacherfüllung nicht bereits dann, wenn der Leistungs*erfolg* bis Fristende ausbleibt. Fristwahrendes Ereignis ist vielmehr die Vornahme der letzten geschuldeten **Leis-**

**tungs*handlung***. Zwar fallen Leistungserfolg und letzte Leistungshandlung oft (etwa bei einer Bringschuld) zusammen; bei Schickschulden hingegen reicht zur Fristwahrung die *Absendung* der Ware. Zudem muss der Anspruch bis Fristablauf fällig und v.a. **durchsetzbar** sein.

### b) Ausnahme: Entbehrlichkeit der Fristsetzung

Gem. § 323 II und § 440 sowie (i.R.e. sog. Lieferkette) § 445a II ist ein Rücktritt in bestimmten Fällen – trotz *Möglichkeit* der Leistung – auch **ohne Fristsetzung möglich**. § 323 II betrifft dabei nur den Rücktritt (für den SESL enger: § 281 II); § 440 und § 445a II hingegen gelten für *alle* sekundären Kaufgewährleistungsrechte. **114**

#### *aa) Rücktrittsspezifische Ausnahmen vom Fristsetzungserfordernis*

Stellt ein Verkäufer unmissverständlich klar, er werde keine Nacherfüllung erbringen, wäre ein weiteres Zuwarten reine Förmelei. Entsprechend erklärt § 323 II **Nr. 1** (wie auch § 281 II Alt. 1) eine Fristsetzung für entbehrlich, wenn der Schuldner die Leistung ernsthaft und endgültig verweigert. An eine derartige (Nach-)**Erfüllungsverweigerung** sind strenge Anforderungen zu stellen. Das bloße Abstreiten eines Mangels bzw. einer Pflicht zur Gewährleistung genügt nicht, vielmehr muss eine entsprechende Erklärung als „letztes Wort" eines unter keinen Umständen mehr zur freiwilligen Erfüllung bereiten Verkäufers aufzufassen sein. Erfolgt eine derartige Erfüllungsverweigerung vor Fälligkeit des Nacherfüllungsanspruchs (antizipierte Erfüllungsverweigerung), kann ein Rücktritt gem. § 323 **IV** iVm § 437 Nr. 2 möglich sein. **115**

Gem. § 323 II **Nr. 2** iVm § 437 Nr. 2 ist eine Fristsetzung zudem entbehrlich, wenn der Verkäufer bei einem relativen Fixgeschäft nicht zum vereinbarten Termin bzw. innerhalb einer im Vertrag bestimmten Frist mangelfrei liefert. Ein **relatives Fixgeschäft** liegt vor, wenn der Käufer dem Verkäufer vor Vertragsschluss „mitgeteilt" hat, dass eine termin- oder fristgerechte Leistung für ihn „wesentlich" sei, oder sich dies aufgrund der den Vertragsabschluss begleitenden „Umstände" ergibt. M.a.W. muss die „Wesentlichkeit" zumindest konkludent vereinbart werden (umstr.; die früher geltende Fassung hatte noch eine – u.U. formbedürftige – Vereinbarung „im Vertrag" gefordert). Wesentlich ist eine rechtzeitige mangelfreie Leistung dann, wenn der Vertrag mit der Einhaltung des vereinbarten Termins „stehen und fallen" soll. Ob dies der Fall ist, muss durch Auslegung ermittelt werden; dafür sprechen z.B. Formulierungen wie „fix", „genau", „prompt" oder „spätestens". **116**

Abzugrenzen ist das relative stets vom **absoluten Fixgeschäft**, bei dem eine verspätete Leistung gar nicht mehr als geschuldet angesehen werden kann (z.B. verspätete Lieferung einer Hochzeitstorte). Bei **117** dieser führt eine Überschreitung des Liefertermins zur Unmöglichkeit der (mangelfreien) Leistung gem. § 275 I; der Rücktritt richtet sich dann nach § 326 V. Eine § 323 II Nr. 2 entsprechende Regelung enthält § 281 II für den SESL *nicht*. Zum Fixhandelskauf vgl. § 376 HGB.

**118** § 323 II **Nr. 3** schließlich erklärt als **Auffangtatbestand** eine Fristsetzung für entbehrlich, wenn bei „nicht vertragsgemäß erbrachter", d.h. (nur bei) mangelhafter Leistung **besondere Umstände** vorliegen, die unter Abwägung der beiderseitigen Interessen einen sofortigen Rücktritt rechtfertigen. Dies kann z.B. der Fall sein, wenn der Käufer infolge der Schlechtleistung sein Interesse an der Leistung – objektiv und nicht etwa rein subjektiv (wie ggf. bei der relativen Fixschuld) – verloren hat, oder der Verkäufer einen Mangel bei Abschluss des Vertrages arglistig verschweigt (und damit die Vertrauensgrundlage dauerhaft zerstört ist). Eine nahezu gleichlautende Regelung enthält § 281 II Alt. 2, wobei dort die 2014 in Umsetzung der – vollharmonisierenden – **VRRL** eingeführte Beschränkung auf Schlechtleistungen fehlt (dies wird in der Lit. z.T. heftig kritisiert). Der Anwendungsbereich *beider* Vorschriften überschneidet sich mit dem aus Käufersicht „großzügigeren" § 440 S. 1 Alt. 3. Schließlich kann unter § 323 II Nr. 3 (und § 281 II Alt. 2) u.U. auch eine erfolglose „Selbstfristsetzung" durch den Verkäufer fallen.

*bb) Kaufrechtsspezifische Ausnahmen vom Fristsetzungserfordernis*

**119** § 440 S. 1 enthält **drei weitere Ausnahmen** vom Erfordernis der Fristsetzung, die sich z.T. mit § 323 II überschneiden, jedoch nur im Kaufgewährleistungsrecht (für *alle* sekundären Mängelrechte) gelten. § 440 S. 2 stellt eine Vermutungsregel für § 440 S. 1 Alt. 2 auf.

**120** Gem. § 440 S. 1 **Alt. 1** ist eine Fristsetzung entbehrlich, wenn der Verkäufer *beide Arten* der Nacherfüllung nach **§ 439 IV** zu Recht verweigert (s. Rn. 101). Das Gleiche gilt, wenn (1.) *eine* Art der Nacherfüllung unmöglich ist und der Verkäufer die *andere* gem. § 439 IV verweigert, sowie (2.) gem. § 475 V auch dann, wenn der Verkäufer beim Verkaufsgüterkauf die Einrede aus § 475 IV 2 erhebt (s. Rn. 304).

**121** Nach § 440 S. 1 **Alt. 2** muss der Käufer keine Frist setzen, wenn die ihm *zustehende* – d.h. grds. die von ihm gewählte (und nicht auch die andere) – Art der Nacherfüllung **fehlgeschlagen** ist. (Nur) bezüglich der Nach*besserung* wird ein Fehlschlagen dabei gem. § 440 S. 2 nach dem erfolglosen zweiten Versuch (widerleglich) **vermutet** (s. Rn. 82; zur Nach*lieferung* Rn. 84 [z.B. Übergabe einer mit demselben Mangel behafteten Sache]). Allgemein liegt ein Fehlschlag vor, wenn mit ordnungsgemäßer Nacherfüllung innerhalb der angemessenen Frist nicht (mehr) zu rechnen ist – sei es mangels ausreichender Zeit, Bereitschaft oder günstiger Umstände – und weiteres Zuwarten sinnlos erscheint.

§ 440 S. 1 **Alt. 3** schließlich erklärt eine Fristsetzung auch dann für entbehrlich, wenn dem Käufer die ihm *zustehende* Art der Nacherfüllung **unzumutbar** ist, d.h. nicht ohne erhebliche (über die bloße Nacherfüllung hinausgehende) Unannehmlichkeiten erfolgen kann. Im Gegensatz zu § 323 II Nr. 3 sind dabei alleine die Interessen des Käufers maßgeblich (a.A. (Voraussetzungen identisch) BGH JuS 2019, 810, allerdings zu § 636 Alt. 3). Zu berücksichtigen sind u.a. die Art der Kaufsache und des Mangels, der konkrete Verwendungszweck sowie die (umstr.) Person, das Vorverhalten und die Zuverlässigkeit des Verkäufer(betrieb)s. Unter § 440 S. 1 Alt. 3 fällt z.B. der Kauf eines sog. **„Montagsautos"**, d.h. ein Geschehensablauf, der wegen des gehäuften Auftretens vieler (ggf. auch kleinerer) herstellungsbedingter Mängel „aus Sicht eines verständigen Käufers bei wertender und prognostischer Betrachtung die Befürchtung rechtfertigt, es handele sich um ein Fahrzeug, das wegen seiner auf herstellungsbedingten Qualitätsmängeln – namentlich auf schlechter Verarbeitung – beruhenden Fehleranfälligkeit insgesamt mangelhaft ist und das auch zukünftig nicht über längere Zeit frei von herstellungsbedingten Mängeln sein wird" (BGH NJW 2013, 1523). **122**

Eine letzte Fristsetzungsausnahme statuiert – seit 1.1.2018 – **§ 445a II** (≈ § 478 I a.F.) für Gewährleistungsansprüche i.R.v. **Liefer-** **123**
**ketten**, d.h. für Ansprüche eines selbst gewährleistungspflichtigen Verkäufers aus § 437 (als Käufer) gegen seinen **Lieferanten** (sog. „unselbstständiger Verkäuferregress"). Dieser wird in § 445a I [m.E. lückenhaft, dazu sogleich] definiert als „Verkäufer, der ihm [dem Letztverkäufer] die Sache verkauft hatte". Nach § 445a II kann der Verkäufer ohne Fristsetzung von dem Kaufvertrag mit *seinem* Lieferanten zurücktreten (etc.), wenn er (**1.**) vom Lieferanten eine neu hergestellte (= ungebrauchte) Sache ge- und anschließend weiterverkauft hat und (**2.**) diese wegen ihrer Mangelhaftigkeit (nicht: Widerruf oder Garantie) entweder (**a**) „zurück*nehmen* musste" [untechnisch; entscheidend ist, ob der *Käufer* die Sache infolge eines Mängelrechts zurück*geben* musste], oder (**b**) ihm gegenüber der Kaufpreis gemindert wurde [bzw. der Käufer – so die h.Lit. (Analogie) – kleinen SESL verlangt]. Außerdem muss (**3.**) der Mangel bereits bei Gefahrübergang auf den Verkäufer existiert haben. Gem. § 445a III gilt dies auch für Ansprüche des Lieferanten gegen Vorlieferanten (usw.), sofern diese Unternehmer sind. Daraus folgt, dass **auch § 445a II** (wie § 478 I a.F.) über den Wortlaut hinaus (**4.**) **nur ggü. Unternehmern** anwendbar sein sollte (**sehr** umstr.).

124 **Prüfungsschema 7:** Rücktrittsrecht gem. **§ 323 I** iVm § 437 Nr. 2

I. Bestehen eines Rücktrittsrechts

1. Voraussetzungen von § 437 (s. oben Prüfungsschema 5)

2. Erfolglose Fristsetzung zur Nacherfüllung

a) *Setzung* einer *angemessenen* Frist (**P**) Art. 3 V VerbrGKRL

b) Nichtvornahme der letzten geschuldeten Leistungs*handlung*

3. Entbehrlichkeit der Fristsetzung gem. §§ 323 II, 440 o. §445a II

4. Kein Ausschluss des Rücktrittsrechts:

a) Vertraglich (Grenze: §§ 444, 305 ff. und § 476 I)

b) Ausschluss d. Gewährleistung insgesamt: § 442; § 377 HGB

c) Ausschluss des Rücktrittsrechts: § 323 V 2 oder VI

II. Wirksame Rücktrittserklärung, § 349 (z.B.: §§ 218, 105 ff.)

III. **Rechtsfolge:** Rückgewährschuldverhältnis gem. §§ 346 ff.

### 3. Rücktritt wegen Unmöglichkeit der Nacherfüllung, § 326 V

125 Sind **beide** Arten der Nacherfüllung entweder kraft Gesetzes nach § 275 I oder durch Erhebung der (rechtsvernichtenden) Einrede des § 275 II oder III **unmöglich**, beurteilt sich das Rücktrittsrecht des Käufers nach **§ 326 V** iVm § 437 Nr. 2. Danach ist zum Rücktritt weder eine Fristsetzung noch ein Vertretenmüssen des Verkäufers erforderlich. Beweispflichtig für die die Unmöglichkeit begründenden Umstände ist der Käufer. Gelingt ihm der entsprechende Nachweis nicht (oder möchte er ihn dahinstehen lassen), kann er wahlweise auch eine Frist setzen und nach deren erfolglosem Ablauf gem. § 323 I zurücktreten.

126 **Prüfungsschema 8:** Rücktrittsrecht gem. **§ 326 V** iVm § 437 Nr. 2

I. **Bestehen** eines Rücktrittsrechts

1. Voraussetzungen von § 437 (s. oben Prüfungsschema 5)

2. Unmöglichkeit *beider* Arten der Nacherfüllung: § 275 I–III

3. Kein Ausschluss des Rücktrittsrechts:

a) Vertraglich (Grenze: §§ 444, 305 ff. und 476 I)

b) Ausschluss d. Gewährleistung insgesamt: § 442; § 377 HGB

c) Ausschluss Rücktritt: § 323 V 2/VI jeweils iVm § 326 V

II. Wirksame Rücktritts**erklärung,** § 349 (z.B. §§ 218, 105 ff.)

III. **Rechtsfolge:** Rückgewährschuldverhältnis gem. §§ 346 ff.

#### 4. Ausschluss des Rücktrittsrechts

Das Gesetz stellt in § 323 V und VI verschiedene rücktrittsspezifische Ausschlussgründe auf, die einem Rücktritt sowohl nach § 323 als auch § 326 V (über dessen 2. HS) entgegenstehen können. I.R.d. Kaufgewährleistungsrechts sind insb. die Ausschlussgründe in **§ 323 V 2** und **VI Alt. 1** relevant. Zusätzlich müssen stets die für *alle* Gewährleistungsrechte geltenden Ausschlussgründe beachtet werden (hierzu G.). **127**

##### a) Ausschluss wegen Unerheblichkeit, § 323 V 2

Ohne diesen Begriff näher zu erläutern, schließt § 323 V 2 einen Rücktritt aus, wenn die Pflichtverletzung bei einer *Schlecht*leistung **unerheblich** ist. Bezugspunkt dieser Regelung ist im Kaufrecht die Pflicht zur mangelfreien Leistung gem. § 433 I 2, d.h. (grds.) ein **Mangel**. **128**

Dessen etwaige (Un-)Erheblichkeit ist im Wege einer **umfassenden Interessenabwägung** auf der Grundlage der Umstände des Einzelfalls zu beurteilen. Maßgeblicher **Zeitpunkt** ist derjenige der Rücktrittserklärung. Entsprechend sind zwar bisherige Nacherfüllungserfolge oder ein vorheriges Weiterfressen des Mangels zu berücksichtigen, nicht jedoch nachträgliche Prognosekorrekturen. Die **Beweislast** für eine Unerheblichkeit trägt der Verkäufer. Ist sie erwiesen, muss sich der Käufer entweder mit einer Nacherfüllung oder Minderung (vgl. § 441 I 2) bzw. u.U. dem „kleinen" SESL (vgl. § 281 I 3) begnügen. **129**

Im Rahmen der Interessenabwägung sind nach dem BGH bei **behebbaren** Mängeln primär die zur Beseitigung eines Mangels erforderlichen **Kosten** ins Verhältnis zum **Kaufpreis** (nicht: Wert der Sache) zu setzen. Dabei erkennt die Rspr. zwar keine festen Grenzwerte an; als Faustregel soll jedoch ein Mangel dann nicht mehr unerheblich sein, wenn der Mangelbeseitigungsaufwand mehr als **5 % des Kaufpreises** beträgt. Nur, wenn die Ursache eines aufgetretenen Mangelsymptoms (und damit auch die Höhe etwaiger Beseitigungskosten) unklar sind, komme es auf die mangelbedingte **Funktionsbeeinträchtigung** an. Das Gleiche gelte bei **unbehebbaren** Mängeln. Diesbezüglich hält der BGH z.B. einen Kraftstoffmehrverbrauch von weniger als 10 % für grds. unerheblich. Einschränkungen der Verkehrssicherheit hingegen sind stets erheblich, selbst wenn deren Ursachen sporadisch auftreten. **130**

131 Daneben hält die Rspr. stellenweise auch das **sonstige Verkäuferverhalten** für relevant. Entsprechend soll etwa im Falle einer arglistigen Täuschung oder der Übernahme einer Garantie stets eine erhebliche Pflichtverletzung vorliegen (umstr.; a.A. die wohl h.Lit.). Umstritten ist zudem, ob § 323 V 2 (iVm § 437 Nr. 2) auch bei Lieferung einer zu geringen Menge gilt. Dafür könnte sprechen, dass § 434 III Alt. 2 die (**verdeckte**, vgl. Rn. 46) **Zuweniglieferung** einem Sachmangel gleichstellt (so die wohl h.M.); entscheidend **dagegen** spricht jedoch, dass die Problematik einer Teillieferung bereits – m.E. teleologisch abschließend – in § 323 V 1 adressiert wird.

**b) Ausschluss wegen Käuferverantwortlichkeit, § 323 VI Alt. 1**

132 Gem. § 323 VI Alt. 1 ist ein Rücktritt zudem ausgeschlossen, wenn der Käufer für den Rücktrittsgrund **allein oder weit überwiegend** (d.h. ≥ 90 %; umstr.) **verantwortlich** ist. Die Verantwortlichkeit des Käufers (in seiner Rolle als *Gläubiger*) ist gesetzlich nicht geregelt, beurteilt sich jedoch entsprechend der *Schuldner*verantwortlichkeit, d.h. analog §§ 276 ff. Zur gleichen Rechtsfolge führt beim SESL § 254.

133 Im Kaufgewährleistungsrecht greift § 323 VI Alt. 1 ein, wenn der Käufer entweder das **Auftreten** eines Mangels vor Gefahrübergang – dann ist analog § 323 VI Alt. 1 sogar die Nacherfüllung ausgeschlossen (s. Rn. 90) – oder aber (h.Lit.; umstr.) die **Nichtvornahme** der Nacherfüllung bzw. deren Unmöglichkeit oder rechtmäßige Verweigerung (§ 439 IV), jeweils vor Fristablauf, zu verantworten hat (etwa aufgrund Zerstörung oder Nichtherausgabe der Sache bzw. Selbstvornahme).

134 § 323 VI **Alt. 2** hingegen findet im Kaufrecht allenfalls in Bezug auf **Rechtsmängel** Anwendung, da ein Annahmeverzug des Käfers gem. § 446 S. 3 zum – vorläufigen bzw. hypothetischen – Übergang der Gegenleistungsgefahr führt und damit in den durch § 323 VI Alt. 2 adressierten Fällen in zeitlicher Hinsicht – d.h. bei (hypothetischem) Gefahrübergang – grds. gar kein *Sach*mangel i.S.v. § 434 I vorliegt.

**5. Rechtsfolgen des Rücktritts**

135 Mit der wirksamen, auch konkludent möglichen (dann: §§ 133, 157) Ausübung des Rücktrittsrechts (§ 349) verwandelt sich das ursprüngliche Austauschverhältnis in ein **Rückgewährschuldverhältnis** i.S.v. **§§ 346 ff.** Dies hat zur Folge, dass noch nicht erfüllte (Haupt)Leistungspflichten erlöschen und bereits erbrachte Leistungen gem. § 346 I Alt. 1 zurückzugewähren sind. Nach § 346 I Alt. 2 sind dabei auch Nutzungen (§ 100, d.h. „Früchte“ i.S.v. § 99 [etwa: Zinsen] und Gebrauchsvorteile) herauszugeben, und zwar selbst bei Vorliegen eines

Verbrauchsgüterkaufs. Anders als bei der Nachlieferung (s. Rn. 85) enthält die VerbrGKRL insofern keine Vorgaben. In bestimmten Fällen ordnet § 346 II statt der Herausgabepflicht eine Verpflichtung zu Wertersatz an, welche wiederum gem. § 346 III ausgeschlossen sein kann. Dabei ist insb. zu beachten, dass § 346 III 1 Nr. 3 nach wohl h.Lit. ab Kenntnis vom Rücktrittsgrund (a.A.: Rücktrittserklärung) teleologisch durch Veränderung des Haftungsmaßstabs von § 277 zu §§ 276, 278 (a.A.: vollständig) zu reduzieren ist (umstr.). Zur umstr. Frage der Anwendbarkeit von § 285 auf das Rückgewährschuldverhältnis (dafür die h.Lit.) s. BGH NJW 2015, 1748 (offengelassen, jedoch tendenziell ablehnend).

## V. Das Minderungsrecht des Käufers

Gem. § 441 I 1 iVm § 437 Nr. 2 (Alt. 2) kann der Käufer „statt zurückzutreten“ wahlweise auch **mindern**. Die Minderung erfolgt, wie das Gesetz ausdrücklich feststellt, nicht etwa kraft Gesetzes (vgl. § 326 I 2), sondern durch „Erklärung gegenüber dem Verkäufer“. Das Minderungsrecht ist folglich, ebenso wie das Rücktrittsrecht, ein **Gestaltungsrecht** und nicht etwa ein Anspruch (und die Minderungs**erklärung** damit ein Rechtsgeschäft). Eine wirksam ausgeübte Minderung wird mit Zugang der Minderungserklärung **bindend** (§ 130 I 1), so dass ein Käufer ab diesem Zeitpunkt grds. nicht mehr von der Minderung Abstand nehmen und stattdessen wegen desselben Mangels großen SESL oder Rückgängigmachung des Kaufvertrags verlangen kann (BGH NJW 2018, 2863). 136

Ebenso wie der Rücktritt schließt eine Minderung jedoch grds. nicht etwaige parallele Schadensersatzansprüche aus (vgl. § 325). Allerdings schließt eine wirksam ausgeübte Minderung nach dem eben Gesagten das Recht aus, wegen **desselben** Mangels zusätzlich Schadensersatz statt der ganzen Leistung [d.h. „**großen**“ **SESL**] zu verlangen; denn die dadurch bewirkte faktische Rückabwicklung des Kaufvertrags widerspricht den Rechtsfolgen der Minderung [u.a.: Festhalten am Vertrag]). Bei Vorliegen mehrerer Mängel sind mehrfache Minderungen möglich (zu sog. „Montagsautos“ s. Rn. 122). Als Gestaltungsrecht unterliegt das Minderungsrecht nicht der Verjährung; § 438 V iVm **§ 218** trifft daher für die Minderung eine **besondere Unwirksamkeitsregelung** (untechnisch: „Gestaltungsverjährung“). 136a

### 1. Voraussetzungen des Minderungsrechts

Aus der Bezugnahme auf den Rücktritt ersichtlich unterliegt das Minderungsrecht **denselben Voraussetzungen wie der** (gewährleis- 137 tungsrechtliche; umstr.) **Rücktritt**. Steht einem Käufer ein Rücktrittsrecht zu und hat er dieses noch nicht ausgeübt, kann er daher stets (alternativ) auch mindern. Dabei ist gleichgültig, ob sich das (zugleich eine Minderung ermöglichende) Rücktrittsrecht aus § 323 oder § 326 V ergibt. Lediglich der Rücktrittsausschlussgrund in § 323 V 2 (bei unerheblicher Pflichtverletzung) gilt nach **§ 441 I 2** nicht für die Minderung. Die sonstigen (allgemeinen/rücktrittsspezifischen) Ausschlussgründe hingegen schließen auch die Minderung aus. Bei Beteiligung **mehrerer** auf Käufer- oder Verkäuferseite ist § 441 II zu beachten.

138 **Prüfungsschema 9:** Minderungsrecht, § 441 I iVm § 437 Nr. 2

I. Bestehen des Minderungsrechts

1. Voraussetzungen von § 437 (s. oben Prüfungsschema 5)
2. *Bestehen* eines Rücktrittsrechts gem. § 323 *oder* § 326 V
3. Kein Ausschluss des Rücktrittsrechts:
   a) Vertraglich (Grenze: §§ 444, 305 ff. und § 476 I)
   b) Ausschluss d. Gewährleistung insgesamt: § 442; § 377 HGB
   c) Rücktrittsspezifischer Ausschlussgrund; beachte § 441 I 2 (!)
4. Keine *Erklärung* des Rücktritts

II. Wirksame Minderungserklärung, § 441 I 1 (z.B. §§ 218, 105)

III. **Rechtsfolge:** Teilerlöschen Kaufpreisanspruch/Teilrückgewähr

## 2. Berechnung des Minderungsbetrags

139 Für die Berechnung des Minderungsbetrags gilt § 441 III. Dessen Grundgedanke ist die Wahrung des vertraglichen **Äquivalenzverhältnisses**. Daher erfolgt die Minderung des Kaufpreises **proportional** zu dem Wertverlust der Kaufsache infolge des zugrunde liegenden Mangels (s. *Übersicht 4*). Hilfsweise ist – ebenfalls unter Berücksichtigung dieser Proportionalität – gem. § 441 III 2 zu schätzen (vgl. § 287 ZPO). Hat der Käufer den Mangel oder die fehlende Nacherfüllung mitverursacht, ist der Minderungsbetrag **analog § 254** zu kürzen (oder die Minderung gem. **§ 323 VI Alt. 1** ganz ausgeschlossen, vgl. Rn. 132 f.).

$$\textbf{geminderter Kaufpreis} = \frac{\text{mangelbedingter Wert}}{\text{Wert ohne Mangel}} \times \text{vereinbarter Kaufpreis}$$

**Minderungsbetrag** = vereinbarter – geminderter Kaufpreis

***Übersicht 4:*** *Berechnung des geminderten Kaufpreises bzw. Minderungsbetrags*

### 3. Rechtsfolgen der Minderung

140 Vergleichbar der Rechtslage beim Rücktritt führt die Erklärung der Minderung zu einer **Umgestaltung** des Kaufvertrags: Hat der Käufer den Kaufpreis noch nicht bezahlt, erlischt die Kaufpreisforderung anteilig; andernfalls steht dem Käufer mit § 441 IV 1 ein **eigenständiger Rückzahlungsanspruch** in Höhe des Minderungsbetrags zu. Die Verweisung in § 441 IV 2 auf § 346 I (sowie über den Wortlaut hinaus auch II–IV) und § 347 I betrifft lediglich Nutzungen. Der Anspruch aus § 441 IV unterliegt der Regelverjährung (§§ 195, 199 I) und nicht § 438. Außer in Bezug auf Kaufpreiszahlungen *nach* Erklärung der Minderung (umstr.) verdrängt er das Bereicherungsrecht (§§ 812 ff.).

## VI. Der Anspruch des Käufers auf Schadensersatz

**Literatur:** *Grigoleit/Bender*, ZfPW 2019, 1; *Grigoleit/Riehm*, AcP 203 (2003), 727; *dies.*, JuS 2004, 745; *Looschelders*, FS Canaris I, 2007, Bd. I, 737; *Lorenz*, FS Leenen, 2012, 147.

141 Gem. **§ 280 I** kann i.R.e. Schuldverhältnisses potentiell *jede* – zu vertretende – Pflichtverletzung zu einer Schadensersatzpflicht des jeweiligen Schuldners führen. Anders als vor der Schuldrechtsreform gilt dies auch im Kaufrecht: Nach **§ 437 Nr. 3 (Alt. 1)** finden nämlich die Schadensersatzvorschriften des allgemeinen Schuldrechts – d.h. die §§ 280 ff. sowie § 311a II – ausdrücklich auch i.R.d. Gewährleistungsrechts Anwendung (mit **besonderer Verjährungsregelung** in § 438). Bei Anwendung über § 437 Nr. 3 setzen die §§ 280 ff. allerdings stets (zumindest auch) die Verletzung einer (Haupt-)Leistungspflicht durch den Verkäufer – nämlich der Pflicht zur mangelfreien Lieferung gem. § 433 I 2 – voraus. Für Pflichtverletzungen ohne Bezug zu einer mangelhaften Leistung, auch solche des Käufers, gelten die §§ 280 ff. hingegen **direkt**; die Verjährung beurteilt sich dann nach §§ 195, 199.

### 1. Überblick über die Schadensersatzregelung im Schuldrecht AT

142 Ausgangspunkt und **„Grundtatbestand“** (fast) aller Schadensersatzansprüche aus einem (nicht notwendigerweise vertraglichen, vgl. § 311 II und III) Schuldverhältnis ist **§ 280 I**. Nach der Gesetzesbegründung und Ansicht vieler soll diese Vorschrift – sieht man einmal von § 311a II ab – sogar die **einzige Anspruchsgrundlage** für Schadensersatzansprüche im Leistungsstörungsrecht sein (umstr.).

143 Daran ist **jedenfalls richtig**, dass § 280 I mit dem Erfordernis einer vom Schuldner (**1.**) zu vertretenden (**2.**) Pflichtverletzung aus (**3.**) einem Schuldverhältnis **drei Grundvoraussetzungen** *aller* Schadenser-

satzansprüche im Leistungsstörungsrecht aufstellt; lediglich der Haftung gem. § 311a II soll nach Ansicht vieler keine Pflichtverletzung zugrunde liegen (auch dies ist umstr.). Das Vorliegen eines Schadens als vermeintlich (**4.**) Voraussetzung ist hingegen rechtstechnisch nicht der Haftungsbegründung, sondern dem Bereich der Haftungsausfüllung – d.h. dem *Schadens*recht (§§ 249 ff.) – zuzurechnen.

**144** Zwei dieser Voraussetzungen von § 280 I – das Vorliegen eines Schuldverhältnisses (Kaufvertrag) sowie einer Pflichtverletzung (Mangel) – **decken sich** i.d.R. **mit denjenigen von § 437**. Sie müssen daher, wenn § 280 I über diese Brückennorm Anwendung findet und deren Voraussetzungen bereits bejaht wurden, nicht erneut geprüft werden; zur Ausnahme bei bestimmten Fällen der Unmöglichkeit s. Rn. 198 f.

**145** Potentiell **missverständlich** ist der „Ritterschlag" von § 280 I zum (neben § 311a II) einzigen Haftungstatbestand des Leistungsstörungsrechts insofern, als das allgemeine Schuldrecht mit **§§ 281, 282, 283** und **§ 286** eine Vielzahl *weiterer* Schadensersatzvorschriften enthält, die eine Schadensersatzpflicht in bestimmten Fällen an **zusätzliche Voraussetzungen** knüpfen; **§ 280 II** und **III** stellen dies ausdrücklich klar. Die z.T. überraschend diffizile und umstrittene Abgrenzung der verschiedenen Anspruchsgrundlagen (oder: Wirknormen) erfolgt dabei zum einen nach der Art der verletzten *Pflicht*, v.a. aber anhand des jeweils zu ersetzenden **Schadens** und der Art der Pflicht*verletzung*.

**146** Allgemein lässt sich die Schadensersatzhaftung entsprechend der Unterscheidung in § 280 I–III in **zwei** bzw. **drei Kategorien** einteilen:

| **Grundtatbestand** (außer für § 311a II) = § 280 I | | | |
|---|---|---|---|
| Schadensersatz (SE) **neben** der Leistung | | Schadensersatz (SE) **statt** der Leistung | |
| **„einfacher"** SE § 280 **I** | **Verzögerung**sschaden **§ 280 I, II** iVm **§ 286 I** | **§§ 281/282/283** iVm § 280 **III** | **[§ 311a II]** |

***Übersicht 5:*** *Systematik des SE im allgemeinen Leistungsstörungsrecht*

## 2. Systematik der Schadensersatztatbestände im Kaufrecht

**147** Die Suche nach der richtigen Anspruchsgrundlage für Schadensersatz beginnt zweckmäßigerweise zunächst mit der Identifizierung der jeweils verletzten **Pflicht**. Zum Überblick über die i.R.e. Schuldverhältnisses bestehenden Pflichten i.S.v. **§ 241** vgl. Rn. 9 ff.

**a) Verletzung von Nebenpflichten i.S.v. § 241 II**

Verletzt der Verkäufer eine **Nebenpflicht** i.S.v. **§ 241 II**, etwa wenn er zwar ordnungsgemäß (nach-)erfüllt, bei Anlieferung der Kaufsache jedoch z.B. dem Dackel des Käufers auf den Schwanz tritt und diesen verletzt, kommt **grds.** nur ein (**„einfacher"**) Schadensersatz i.S.v. § 280 I – und zwar ohne § 437 – in Betracht. Das Gleiche gilt, wenn umgekehrt z.B. der *Käufer* das Ladenlokal des Verkäufers beschädigt. Schadensersatz wegen *(Leistungs-)*Verzögerung oder *statt der Leistung* hingegen kommen i.d.R. nur bei Verletzung von *Leistungs*pflichten in Betracht. Zur umstr. Konstruktion bei Mangelfolgeschäden s. Rn. 195. **148**

In Ausnahmefällen jedoch kann selbst eine bloße Nebenpflichtverletzung des Verkäufers (oder auch Käufers) dazu führen, dass der jeweils andere Teil die Erfüllung ablehnen und stattdessen gem. **§§ 282**, 280 I, **III**, 241 II Schadensersatz **statt der Leistung** verlangen kann. Hierfür muss allerdings die betreffende Nebenpflichtverletzung so schwerwiegend sein, dass dem Gläubiger eine Vertragserfüllung **unzumutbar** ist (etwa: sexuelle Belästigung des Ehepartners oder übelste Beleidigung). Dies gilt unabhängig von einer etwaigen Verletzung von *Leistungs*pflichten; daher verweist § 437 Nr. 3 nicht – ebensowenig wie § 437 Nr. 2 auf § 324 – auf § 282; diese Norm findet vielmehr losgelöst von § 437 (umstr.) – nicht jedoch § 438 (umstr.) – Anwendung. **149**

**b) Verletzung von Leistungspflichten i.S.v. § 241 I**

Bei Verletzung von (Haupt- oder Neben-)**Leistungspflichten** i.S.v. **§ 241 I** kommt – je nach Art des zu liquidierenden Schadens und der Pflichtverletzung – die Gewährung sowohl von Schadensersatz **neben** als auch **statt der Leistung** in Betracht. Die Abgrenzung zwischen den verschiedenen Schadensarten ist dabei nicht immer einfach, wie insb. die Diskussion um die Einordnung verfrühter Deckungsgeschäfte (vgl. hierzu Rn. 161 f.) oder des sog. (mangelbedingten) Nutzungsausfallschadens (Rn. 160, 165) zeigt. **150**

Handelt es sich bei der konkret verletzten Pflicht (zumindest auch) um diejenige zur *mangelfreien* Leistung gem. **§ 433 I 2**, finden die entsprechenden – insgesamt **fünf verschiedenen** – Anspruchsgrundlagen bzw. Tatbestände über die Verweisung in § 437 Nr. 3 Anwendung; andernfalls, etwa wenn der Verkäufer gar nicht leistet, gelten die §§ 280 ff. und 311a II unmittelbar, d.h. ohne die Modifikationen des Kaufgewährleistungsrechts (insb. in §§ 438, 440 und § 442). **151**

*aa) Schadensersatz statt der Leistung*

Ein etwaiger Anspruch auf Schadensersatz **statt der Leistung** (SESL) tritt – wie sein Name sagt – spätestens bei Geltendmachung als **152**

Sekundäranspruch an die Stelle des ursprünglichen (bei § 311a II: hypothetischen) Primäranspruchs (vgl. § 281 IV). Im Kaufgewährleistungsrecht, d.h. bei Anwendung von §§ 281, 283 oder § 311a II jeweils iVm § 437 Nr. 3, ist substituierter Anspruch entweder der Hauptleistungsanspruch *insgesamt* oder – beim „kleinen" SESL – *alleine der Nacherfüllungsanspruch.* Entsprechend kommt die Gewährung von SESL im Gewährleistungsrecht in Betracht, wenn die Nacherfüllung unmöglich (§ 275) oder sonst gescheitert ist (insb. der Verkäufer trotz Setzung einer angemessenen Nachfrist nicht fristgemäß nacherfüllt hat) und der Käufer **vermögensmäßig** so gestellt werden will, wie er bei ordnungsgemäßer Erfüllung stehen würde (sog. **positives Interesse**).

153 Je nach **Art der Pflichtverletzung** folgt der Anspruch dabei entweder aus **§§ 281 I 1**, 280 I, **III** (Verzögerung der möglichen Nacherfüllung), **§§ 283 S. 1**, 280 I, **III** (nachträgliche Unmöglichkeit der Nacherfüllung) oder **§ 311a II** (anfängliche Unmöglichkeit i.B.a. § 433 I 2; Einstufung als Pflichtverletzung umstr.), jeweils iVm § 437 Nr. 3.

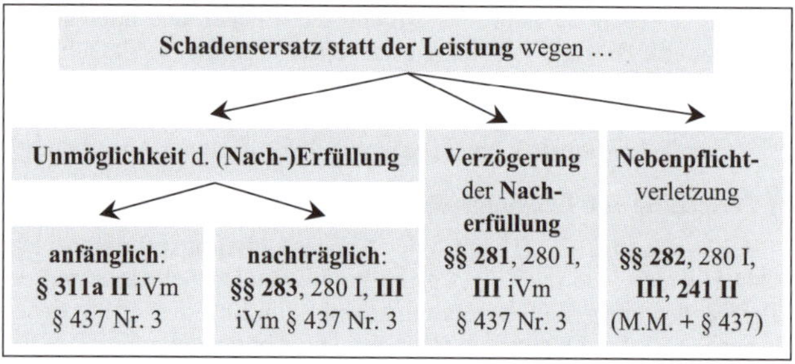


***Übersicht 6:*** *Anspruchsgrundlagen für SESL im Kaufgewährleistungsrecht*

*bb) Schadensersatz neben der Leistung*

154 Schadensersatz **neben der Leistung** (SENL) tritt – anders als der SESL – nicht an die Stelle, sondern (zumindest potentiell) *neben* etwaige Leistungsansprüche. Der SENL kennt **zwei Erscheinungsformen**:

– Derjenige Schaden, der ausschließlich aufgrund **Verzögerung** einer fälligen und durchsetzbaren **Leistungspflicht** (bei Anwendung über § 437 Nr. 3: zur Nacherfüllung) entsteht, kann als Verzögerungsschaden unter den Voraussetzungen von **§§ 280 I, II, 286** I (iVm § 437 Nr. 3) und grds. erst nach Mahnung liquidiert werden. Zwar verweist § 437 Nr. 3 nicht ausdrücklich auf § 286; nach der Gesetzesbegründung umfasst jedoch die Verweisung auf § 280 über dessen 2. Absatz auch § 286 mit.

– Alle **sonstigen Schäden**, die nicht „Mangelschäden“ i.S.d. SE-SL sind, können dagegen nach § 280 I im Wege des **„einfachen“** (d.h. nicht von zusätzlichen Voraussetzungen i.S.v. § 280 II oder III abhängigen) Schadensersatzes geltend gemacht werden. § 280 I fungiert dabei gleichsam als **Auffangtatbestand**. Darunter fallen bei Verletzung von Leistungspflichten insbesondere Schäden, die außerhalb des reinen Leistungsinteresses eines Gläubigers an dessen **sonstigen Rechtsgütern** und Interessen entstehen. Im Kaufgewährleistungsrecht fällt unter § 280 I **iVm § 437 Nr. 3** insb. der Ersatz von Schäden, die aufgrund eines Mangels an sonstigen Rechtsgütern (i.d.R. nicht: der Kaufsache selbst) entstehen (sog. **„Mangelfolgeschäden“**; Terminologie umstr.), etwa wenn durch die Explosion eines defekten Wasserkochers die Küche des Käufers zerstört wird oder der Käufer an verdorbener Milch erkrankt. Zur Einschränkung der Anwendung von § 280 I neben § 311a II durch den BGH vgl. Rn. 181.

#### c) Keine Vorgaben für Schadensersatz in der VerbrGKRL

Anders als bei den sonstigen Mängelrechten trifft die **VerbrGKRL** **155**
keinerlei Vorgaben für etwaige Schadensersatzansprüche. Das Gleiche gilt für deren Nachfolgerin, die ab dem 1.1.2022 geltende **Warenkauf-RL** (s. dazu Rn. 7). Daher sind z.B. (nur) Schadensersatzansprüche selbst i.R.e. Verbrauchsgüterkaufs **abdingbar** (vgl. § 476 III).

### 3. Abgrenzung der verschiedenen Schadensarten

Um die im Einzelfall richtige Anspruchsgrundlage zu ermitteln, ist **156**
primär (rechtsfolgenorientiert) auf den **betroffenen Schaden**, sekundär auf die zugrunde liegende **Pflichtverletzung** abzustellen. Aus demselben Sachverhalt können daher durchaus – nebeneinander – verschiedene Schadensersatzansprüche resultieren. Je nach Schadensart bzw. verletzter Pflicht variieren deren Voraussetzungen – z.B. eine Fristsetzung bei § 281 I 1 oder der Bezugspunkt des Vertretenmüssens – z.T. erheblich. Dabei ist u.a. zu bedenken, dass ein Verkäufer, der nicht zugleich Hersteller der Kaufsache ist, in vielen Fällen zwar das nicht (rechtzeitige) Erbringen der Nacherfüllung zu vertreten haben wird, mangels genereller Verantwortung für Fehler des Herstellers *nicht* aber das Vorliegen eines Mangels *per se*. Entsprechend ist stets eine **genaue Abgrenzung** zwischen den einzelnen Schadenspositionen und den für sie passenden Anspruchsgrundlagen erforderlich.

Eine **M.M.** möchte zwar bei Verletzung von Leistungspflichten **157**
stets von einem einheitlichen Pflichtverletzungstatbestand ausgehen

und alle daraus resultierenden Schäden nur über eine *einzige* Anspruchsgrundlage (entweder § 280 I oder insgesamt als SESL) liquidieren (**„Gesamtabrechnung“**); dies hat sich jedoch nicht durchsetzen können.

**a) Abgrenzung Schadensersatz neben und statt der Leistung**

**158** Der Gesetzgeber der Schuldrechtsreform von 2001 war noch der Ansicht, im Leistungsstörungsrecht eine „klare und übersichtliche Schadensersatzregelung“ getroffen zu haben (BT-Drs. 14/6040, 93). Entgegen diesem Programmsatz ist gerade die Abgrenzung zwischen Schadensersatz neben und statt der Leistung hochumstritten. Aus der diffusen Diskussion ragen **zwei Meinungen** als **maßgeblich** hervor:

– Die **schadensphänomenologische Lehre** knüpft an die Terminologie des Gesetzes und die Gesetzesbegründung an, wonach SESL derjenige Schadensersatz sein soll, der „an die Stelle des Anspruchs auf die [Primär-]Leistung tritt“ (BT-Drs. 14/6040, 137). Entsprechend sollen dem SESL all diejenigen Schadenspositionen unterfallen, die aus Sicht des Käufers (und seiner Verwendungsabsicht) **wirtschaftlich an die Stelle** der endgültig ausgebliebenen (Nach-)Erfüllung treten – d.h. das **Äquivalenzinteresse** betreffen. Letztlich findet dabei eine wertende Abgrenzung anhand des Kriteriums der Leistungsäquivalenz statt.
– Die **h.Lit.** hingegen stellt zwar ebenfalls auf das Äquivalenzinteresse ab; auch sie bemisst die Reichweite des SESL – mittelbar – anhand der Reichweite des Nacherfüllungsanspruchs. Sie möchte jedoch zusätzlich die mit Wertungsfragen verbundene Unsicherheit durch eine passgenaue(re) Unterscheidung – die sog **„Zauberformel„** – vermeiden: Nach dieser **zeitabhängigen** Abgrenzungsformel umfasst der SESL nur denjenigen Schaden, der **hätte vermieden oder beseitigt werden können, wenn der Verkäufer im *spätestmöglichen* Zeitpunkt (nach-)erfüllt hätte** (umstr.; u.a. *Looschelders* (SchR AT, Rn. 531) hingegen will nicht auf den spätestmöglichen Zeitpunkt, sondern grds. bereits auf den jeweiligen Frist*ablauf* abstellen). Spätestmöglicher Zeitpunkt soll dabei i.R.v. § 281 entweder das Schadensersatzverlangen oder eine etwaige (frühere) Rücktrittserklärung sein. Beruft sich der Verkäufer hingegen zu Recht auf § 439 IV, kommt es auf die Einrede*entstehung* an (ebenso im Falle von § 275 II oder III). I.R.v. § 283 ist der Zeitpunkt des Unmöglichkeitseintritts entscheidend, und bei § 311a II derjenige der Lieferung.

**M.a.W.** hält die h.Lit. das Begriffspaar SENL und SESL für eine „zeitlich wandelbare Kategorie“: Der SESL umfasse nur denjenigen Schaden, der alleine **durch das *endgültige* Ausbleiben** der (Nach-)Erfüllung verursacht werde; das endgültige Ausbleiben stehe aber – wenn die Nacherfüllung möglich ist – erst mit dem Schadensersatzverlangen i.S.v. § 281 IV (oder einem zuvor erklärten Rücktritt) fest. Erst dann tritt nämlich der Schadensersatzanspruch nicht nur als verhaltener Anspruch *neben*, sondern endgültig *an die Stelle* des Erfüllungsanspruchs. **159**

Die zeitliche Angrenzung der h.Lit. hat zur Konsequenz, dass im Einzelfall neben (Mangel-)Schäden in Bezug auf die Kaufsache selbst **auch** bestimmte aus der Mangelhaftigkeit resultierenden **Folgeschäden** unter den SESL fallen können. Folglich kann dieselbe Schadensposition in Abhängigkeit vom Zeitpunkt ihres Entstehens unterschiedlichen Anspruchsarten zuzurechnen sein. Dies gilt insbesondere für den (Betriebs- bzw.) **Nutzungsausfallschaden**, d.h. denjenigen Schaden, der eintritt, weil der Käufer die Kaufsache mangelbedingt nicht (grds. gewinnbringend) *nutzen* kann. Dieser unterfällt nur insoweit dem SESL, als er *nach* dem Schadensersatzverlangen (etc.) entstanden ist; davor eingetretener Nutzungsausfall wird hingegen nicht durch das *endgültige* Ausbleiben der (Nach-)Erfüllung verursacht und ist daher allenfalls als SENL ersatzfähig (h.Lit.; so auch BGH NJW 2009, 2674; s. dazu näher Rn. 165). **160**

Im Falle eines **Nutzungsausfalls** können Schadensersatzgläubiger unabhängig vom Rechtsgrund der Ersatzpflicht (Vertrag oder Delikt) und sogar der Art der verletzten Verschaffungspflicht (Erstverschaffung oder Rückgabe) ggf. eine **abstrakte pauschalierte Nutzungsausfallentschädigung** verlangen. Möglich ist dies nach dem BGH (GrS, NJW 1987, 50) allerdings nur i.B.a. ***privat*** und ***eigenwirtschaftlich*** zu nutzende Gegenstände, deren ständige Verfügbarkeit von zentraler Bedeutung für die eigenwirtschaftliche Lebensführung ist (insb. Kfz und Wohnraum). Bei Gegenständen, die ausschließlich **gewerblich** genutzt werden (sollen), muss der Geschädigte dagegen über die bloße Gebrauchsentbehrung hinaus einen **konkreten** Vermögensschaden darlegen (BGH NJW 2019, 1064). **160a**

Das Gleiche – nämlich eine Zuordnung zu unterschiedlichen Anspruchsgrundlagen je nach Zeitpunkt des Schadenseintritts – gilt bei konsequenter Anwendung der „Zauberformel“ für **Weiterveräußerungsschäden** (als neben dem Nutzungsausfallschaden andere Art der sog. Ertragsausfallschäden), d.h. Schäden, die dadurch entstehen, dass der Käufer die Kaufsache wegen eines Mangels nicht gewinnbringend *weiterveräußern* kann: Scheitert die Weiterveräußerung ausnahmswei- **161** se bereits *vor* dem oben Rn. 158 definierten spätestmöglichen Zeitpunkt endgültig (z.B. bei Saisonware), ist der entgangene Gewinn nach h.Lit. bloßer Verzögerungsschaden. Und abhängig vom Zeitpunkt seiner Vornahme sollen sogar die Kosten eines **Deckungskaufs** unter den SENL fallen können (**sehr** umstr.).

**162** Jedenfalls in den beiden letztgenannten Fällen – d.h. in Bezug auf Weiterveräußerungsschäden und die Kosten eines Deckungskaufs – begegnet die rein zeitliche Abgrenzung der h.Lit. m.E. **teleologischen Bedenken** (umstr.): Denn die Einordnung dieser Schadenspositionen als SENL könnte theoretisch – insb. wenn der Käufer die Leistung letztlich noch erhält – zu einer (schadensrechtlichen Grundprinzipien widersprechenden) **doppelten (Über-)Kompensation** führen. Entsprechend hat auch der **BGH** (NJW 2013, 2959) entschieden, dass die Kosten eines Deckungskaufs **stets dem SESL** (und nicht § 286) unterfallen. Nach dieser Rspr. sind derartige Kosten daher – außer bei Entbehrlichkeit der Fristsetzung – nur dann ersatzfähig, wenn der Deckungskauf *nach* Fristablauf vorgenommen wird (andernfalls: **verfrühter Deckungskauf**). Nach **wiederum a.A.** ist auch ein verfrühter Deckungskauf (nur) im Falle späteren erfolglosen Fristablaufs ersatzfähig.

**162a** Ein **Deckungskauf** liegt vor, wenn sich ein Käufer, anstelle auf die (verspätete) (ggf. Nach-)Erfüllung durch den Verkäufer zu warten, ersatzweise anderweitig eine gleichwertige Kaufsache beschafft (außerhalb des Kaufrechts: „Deckungsgeschäft"). Während der BGH – m.E. vorzugswürdig – die Kosten eines Deckungskaufs **immer als SESL** wertet, können sie nach a.A. (etwa *Lorenz*, FS Leenen, 2012, S. 147 ff.; *Faust*, FS Huber, 2006, S. 239; *Gsell*, FS Canaris II, 2017, S. 451) in Abhängigkeit vom Zeitpunkt der Vornahme des Deckungskaufs und unter Anwendung der „Zauberformel" ggf. **auch als Verzögerungsschaden** – und damit SENL – einzustufen sein (falls nämlich der Deckungskauf *vor* Erklärung des Rücktritts (§ 349) oder einem Schadensersatzverlangen i.S.v. § 281 IV bzw. – allgemein gesprochen – dem oben Rn. 158 definierten *spätestmöglichen* Zeitpunkt vorgenommen wird; a.A. *Looschelders*, SchR AT, Rn. 531: Abstellen auf den Frist*ablauf*, vgl. Rn. 158). **Gegen** die(se) Anwendung der „Zauberformel" auf den Deckungskauf spricht indes, dass der Anspruch aus §§ 280 I, II, 286 I weniger strengen Voraussetzungen unterliegt als derjenige aus §§ 281 I, 280 I, III. Diese Unstimmigkeit wiederum will *Lorenz* (aaO, S. 160 f.) dadurch überwinden, dass er, wenn die Kosten eines Deckungsgeschäfts im Einzelfall nach der „Zauberformel" unter § 286 zu subsumieren sind, diese nur dann als ersatzfähigen Verzögerungsschaden ansieht, wenn sich der Käufer zu dem Deckungskauf

**„herausgefordert"** fühlen durfte (i.S.e. psychisch vermittelten Kausalität). Hierfür sollen zusätzlich zu denjenigen von §§ 280 I, II, 286 I die Voraussetzungen eines Rücktrittsrechts bzw. Anspruchs auf SESL (insb.: Fristablauf) vorliegen müssen (oder: § 254).

#### b) Abgrenzung zwischen § 280 I und §§ 280 I, II, 286 I

Steht nach Maßgabe der Rn. 158 ff. fest, dass eine Schadensposition unter den **SENL** fällt, ist in einem **2. Schritt** zu klären, ob §§ 280 I, II, 286 I oder § 280 I (im Gewährleistungsrecht jeweils iVm § 437 Nr. 3) die richtige Anspruchsgrundlage ist. Der einfache Schadensersatzanspruch (§ 280 I) fungiert dabei als **Auffangtatbestand**. Entsprechend ist vorrangig zu prüfen, ob eine Schadensposition im Einzelfall einen Verzögerungsschaden darstellt (dann: §§ 280 I, II, 286) oder nicht (dann: § 280 I). Im Vergleich zu § 280 I setzen §§ 280 I, II, 286 I zusätzlich einen Verzug (d.h. neben Vertretenmüssen grds. eine vorherige **Mahnung**) des Schuldners voraus. **163**

**Verzögerungsschaden** ist derjenige Schaden, der ausschließlich aus der Verzögerung einer fälligen und durchsetzbaren Leistungspflicht resultiert. Im Kaufgewährleistungsrecht – d.h. über die Rechtsgrundverweisung in § 437 Nr. 3 – findet § 286 nur bei Verzögerung gerade der Pflicht zur **Nacherfüllung** aus § 439 I (iVm § 437 Nr. 1) Anwendung (vgl. oben Rn. 154). Ein derartiges Nichterbringen der Nacherfüllung stellt im Verhältnis zur ursprünglichen Schlechtleistung eine **eigenständige, weitere Pflichtverletzung** dar; (nur) diese ist i.R.v. §§ 280 I, II, 286 I iVm § 437 Nr. 3 sowohl Haftungsgrund als auch Bezugspunkt des Vertretenmüssens. Entsprechend sind als Verzögerungsschaden nur diejenigen Vorteile aus der Verwendung der Kaufsache ersatzfähig, die wegen deren Mangelhaftigkeit **vorübergehend** – d.h. ab Mahnung (oder dem dieser gleichgestellten Zeitpunkt) bis zur Nacherfüllung oder zum endgültigen Wegfall des Nacherfüllungsanspruches – nicht gezogen werden können. Schäden, welche durch die Nacherfüllung behoben werden können, fallen genauso wenig darunter wie Schäden, die aus dem endgültigen Ausbleiben der Nacherfüllung resultieren. M.a.W. deckt der Verzögerungsschaden nur das **zeitbezogene**, nicht jedoch das endgültige **Erfüllungsinteresse** ab. **164**

Seit langem umstr. ist die Einordnung des mangelbedingten **Nutzungsausfallschadens** innerhalb des SENL (vgl. dazu auch bereits Rn. 160). Die nunmehr h.M. **differenziert** in Anschluss an BGH NJW 2009, 2674 anhand der im Einzelfall verletzten Pflicht: Danach stellt nur der durch eine (vollständige) Nichtleistung verursachte Nutzungsausfall einen Verzögerungsschaden i.S.v. §§ 280 I, II, 286 dar. Resultiert der Nutzungsausfall hingegen aus einer Schlechtleistung, ist er – **165** ohne Mahnungserfordernis – nach **§ 280 I** iVm § 437 Nr. 3 (bzw. im Werkvertragsrecht § 634 Nr. 4) zu ersetzen. **M.a.W.** ist ein Nutzungsausfall nur dann ein Verzögerungsschaden, wenn das allgemeine Leistungsstörungsrecht anwendbar ist. Dafür spricht neben der Gesetzesbegründung (BT-Drs. 14/6040, 225) auch die im Falle einer Schlechtleistung höhere Schutzwürdigkeit des Käufers: Denn eine Mangelhaftigkeit wird meist, anders als die Nichtleistung, nicht unmittelbar offenbar. Zudem wird der Nacherfüllungsanspruch als verhaltener Anspruch erst mit dem Nacherfüllungsverlangen fällig (vgl. Rn. 86).

### 4. Schadensersatz statt der Leistung (SESL)

166 Der SESL führt von allen Schadensersatzansprüchen im Leistungsstörungsrecht zur **potentiell weitreichendsten Haftung**: Zum einen zeitigt der SESL nämlich im Regelfall ähnliche Rechtsfolgen wie ein Rücktritt (vgl. nur § 281 IV und V [auf den § 283 S. 2 sowie § 311a II 3 verweisen]); zum anderen kann die Haftung auf das **positive Interesse** das ursprüngliche Primärleistungsvolumen ggf. weit übersteigen. Aus diesem Grund ist der Anspruch auf SESL im Vergleich zum einfachen Schadensersatz an **weitere Voraussetzungen** geknüpft. Diese variieren je nach Art der Pflichtverletzung (s. Übersicht 6, Rn. 153).

#### a) SESL bei behebbaren Mängeln

167 Ist ein **Mangel behebbar**, bilden §**§ 281 I 1**, 280 I, III iVm § 437 Nr. 3 die richtige Anspruchsgrundlage. Danach kann ein Käufer grds. erst nach dem erfolglosen Ablauf einer zur Nacherfüllung gesetzten **Frist** SESL verlangen. Denn solange eine Nacherfüllung möglich ist, gebietet es deren grundsätzlicher Vorrang (vgl. Rn. 69), dem Verkäufer eine zweite Chance zu geben, sich die versprochene Gegenleistung zu verdienen. Nur in bestimmten Ausnahmefällen ist eine Fristsetzung gem. **§§ 281 II, 440** oder **§ 445a II entbehrlich** (zu den in diesen Vorschriften enthaltenen insgesamt 6 Ausnahmetatbeständen: Rn. 114 ff.).

*aa) Fristsetzungserfordernis*

168 Die **Fristsetzung** i.S.v. § 281 I 1 ist eine geschäftsähnliche Handlung. Sie setzt eine eindeutige und bestimmte Aufforderung zur Leistung voraus; i.R.d. Kaufgewährleistungsrechts muss zudem der zu behebende Mangel genau bezeichnet werden. Anders als bei § 323 I iVm § 437 Nr. 2 muss die Frist*setzung* i.R.v. § 281 I stets (selbst bei Vorliegen eines Verbrauchsgüterkaufs) tatsächlich **erfolgen**. Denn die Vorgaben der VerbrGKRL gelten nicht für Schadensersatzansprüche (Rn. 155). Eine zur *ursprünglichen* Leistung gesetzte Frist genügt für

§§ 281 I 1, 280 I, III iVm § 437 Nr. 3 nicht (umstr.); vielmehr muss eine *eigene*, u.U. erneute Frist (zur Nacherfüllung) gesetzt werden.

Die Androhung von Rechtsfolgen hingegen ist für § 281 I 1 nicht erforderlich. Auch die Angabe eines bestimmten Zeitraums oder Endtermins ist nach der großzügigen Rspr. des BGH entbehrlich (umstr.). Danach genügt die (u.U. konkludente) **Verdeutlichung**, dass nur ein begrenzter Zeitraum zur Verfügung steht (etwa: Aufforderung zu umgehender oder sofortiger Mangelbeseitigung). Die Beurteilung der tatsächlichen Länge der Frist obliegt dann (im Streitfall) den Gerichten. **169**

Das Gleiche gilt, wenn der Käufer zwar eine Frist beziffert, diese jedoch – auf Grundlage der objektiven Umstände des Einzelfalls – **unangemessen** kurz ist. Dies macht die Fristsetzung – die Redlichkeit des Käufers unterstellt – nicht etwa bedeutungslos, sondern setzt eine angemessene Frist in Gang. Da die Anforderungen einer Fristsetzung strenger sind als die Voraussetzungen einer Mahnung i.S.v. § 286 I (Rn. 205), stellt die Fristsetzung i.d.R. **gleichzeitig eine Mahnung** dar. **170**

**Beachte:** Die für eine Fristsetzung erforderliche eindeutige und bestimmte **Aufforderung zur Nacherfüllung** setzt an sich die gleichzeitige Mitteilung voraus, welche *Art* der Nacherfüllung der Käufer begehrt; andernfalls ist ggf. davon auszugehen, dass der Käufer die Wahl dem Verkäufer überlassen möchte. Verlangt er hingegen eine ihm gar nicht zustehende Art der Nacherfüllung (oder: *zu viel*), so hängt die Wirksamkeit der Fristsetzung von den Umständen des Einzelfalls ab; dazu Rn. 111a. Zu den weiteren Voraussetzungen eines **tauglichen Nacherfüllungsverlangens**, u.a. hinsichtlich der erforderlichen Mitteilung der Bereitschaft des Käufers, dem Verkäufer eine Untersuchung des Kaufgegenstands am (richtigen!) Erfüllungsort des Nacherfüllungsanspruchs zu ermöglichen, s. Rn. 87 f. **170a**

**Erfolglos** abgelaufen ist eine Frist zur Nacherfüllung nicht bereits dann, wenn der Leistungs*erfolg* bis Fristende ausbleibt. Fristwahrendes Ereignis ist vielmehr – wie bei § 323 I und ähnlich § 286 (dort: verzugsbeendigendes Ereignis) – die Vornahme der jeweils letzten geschuldeten **Leistungs*handlung*** (h.M.; umstr.). **171**

*bb) Relevante Pflichtverletzung; Bezugspunkt des Vertretenmüssens*

Zweite besondere Voraussetzung des Anspruchs auf SESL gem. §§ 281 I 1, 280 I, III ist, dass der Schuldner (bei Anwendung über § 437 Nr. 3: der Verkäufer) die haftungsbegründende Pflichtverletzung **zu vertreten** hat (zum Vertretenmüssen allgemein s. Rn. 208 ff.). **172**

Diese vermeintlich eindeutige Haftungsvoraussetzung wird bei Anwendung von § 281 im Kaufgewährleistungsrecht dadurch verkompli- **173** ziert, dass die Nichtvornahme der (erfolgreichen) Nacherfüllung im Verhältnis zur ursprünglichen Schlechtleistung i.d.R. – außer vielleicht in manchen Fällen der Entbehrlichkeit der Fristsetzung – eine eigenständige, weitere Pflichtverletzung darstellt (h.M.; eine M.M. geht von einer einheitlichen, gestreckten Pflichtverletzung aus). In den von §§ 281 I 1, 280 I, III iVm § 437 Nr. 3 erfassten Sachverhalten stehen daher **i.d.R.** mindestens **zwei verschiedene Pflichtverletzungen** im Raum (umstr.), nämlich: (**1.**) die ursprüngliche Schlechtleistung sowie (**2.**) die Nichtvornahme der Nacherfüllung bis Fristablauf. Beide kommen theoretisch als **Bezugspunkt des Vertretenmüssens** in Betracht.

174 Die **h.M.** geht insofern von einer **Alternativität** aus und bejaht einen Anspruch auf SESL bereits dann, wenn der Verkäufer *entweder* die nicht mangelfreie Leistung (§ 281 I 1 Alt. 2) *oder* die Nichtvornahme der Nacherfüllung (§ 281 I 1 Alt. 1) zu vertreten hat. Auch der BGH (NJW 2015, 2244) folgt dieser Ansicht (wohl). Die beachtliche **Gegenmeinung** in der Lit. hingegen erblickt den Haftungsgrund und damit Bezugspunkt des Vertretenmüssens alleine in der Nichtvornahme der Nacherfüllung innerhalb der Nacherfüllungsfrist. Bei deren Entbehrlichkeit muss dann aber doch entweder auf die ursprüngliche Schlechtleistung oder die Verursachung der Umstände, derentwegen die Fristsetzung entbehrlich ist, abgestellt werden (im Einzelnen **sehr** umstr.).

175 **Prüfungsschema 10:** SESL, §§ 281, 280 I, III iVm § 437 Nr. 3

1. Voraussetzungen von § 437 (s. oben Prüfungsschema 5)
2. Erfolglose Fristsetzung zur Nacherfüllung, § 281 I 1
   a) *Setzung* einer *angemessenen* „Frist“ (beachte BGH-Rspr.)
   b) Nichtvornahme der letzten geschuldeten Leistungs*handlung*
3. Entbehrlichkeit der Fristsetzung gem. §§ 281 II, 440 oder § 445a II
4. Vertretenmüssen, §§ 280 I 2, 276–278
   (**P**) Bezugspunkt (nur Nichtvornahme § 439 I o. auch § 433 I 2?)
5. Kein Ausschluss des Schadensersatzanspruchs:
   a) Vertraglich (Grenze: § 444 und §§ 305 ff.)
   b) Ausschluss der Gewährleistung insgesamt: § 442; § 377 HGB
6. **Rechtsfolge:** Schadensersatz nach Maßgabe der §§ 249 ff. = Haftungsausfüllung, d.h. Schadensrecht
   (**P1**) Abgrenzung SESL und SENL (h.Lit.: „Zauberformel“)
   (**P2**) „kleiner“ oder „großer“ SESL (§ 281 I 3)
7. Verjährung des Schadensersatzanspruchs: § 214 I iVm § 438

### b) SESL bei unbehebbaren Mängeln

Ist ein Mangel (nachweislich) nicht behebbar, ist die richtige Anspruchsgrundlage für SESL entweder § 311a II oder §§ 283, 280 I, III (jeweils iVm § 437 Nr. 3). Beide Normen setzen die Unmöglichkeit (§ 275) *beider* Arten der Nacherfüllung (§ 283) bzw., bei § 311a II, der Erfüllung der Pflicht aus § 433 I 2 voraus. Maßgebliches Unterscheidungskriterium ist, ob die (Nach-)Erfüllung bereits bei Vertragsschluss – d.h. **anfänglich** – unmöglich war oder erst **nachträglich** wurde; der Zeitpunkt der Entstehung des Mangels selbst ist hingegen irrelevant. **176**

**Hintergrund** für diese Differenzierung ist der Wunsch des Gesetzgebers, auch bei anfänglicher Unmöglichkeit eine verschuldensabhängige Haftung auf das **positive Interesse** zu ermöglichen (BT-Drs. 14/6040, 165). Da in den Fällen des § 311a I überhaupt keine Leistungspflicht entsteht, die verletzt werden könnte, ist Bezugspunkt des Vertretenmüssens bei § 311a II „lediglich" die Verletzung einer vorvertraglichen Informationspflicht. Derartiges führt nach allgemeinen Regeln aber nur zu einer Haftung auf das negative und nicht das positive Interesse. Dass § 311a II dies dennoch ausdrücklich anders regelt, liegt daran, dass Haftungsgrund dieser Vorschrift nach h.M. die Nichterfüllung des Leistungsversprechens sein soll (BT-Drs. 14/6040, 165; umstr.). Damit fallen bei § 311a II – in dogmatischer Hinsicht fragwürdig – Haftungsgrund und Bezugspunkt des Vertretenmüssens auseinander. **177**

#### *aa) SESL wegen anfänglicher Unmöglichkeit*

Lag ein Mangel bereits bei Vertragsschluss vor und war er bereits zu diesem Zeitpunkt i.S.v. § 275 **I** vollständig unbehebbar, entsteht erst gar kein Nacherfüllungsanspruch. SESL kann ein Käufer in einem derartigen Fall nur gem. **§ 311a II** iVm § 437 Nr. 3 verlangen. Dies gilt auch, wenn bereits bei Vertragsschluss Umstände vorliegen, aufgrund derer der Verkäufer später die Nacherfüllung gem. § 275 **II** oder **III** verweigert (nicht jedoch – auch nicht analog – in den Fällen berechtigter Leistungsverweigerung nach § 439 IV). **178**

Der Anspruch aus § 311a II iVm § 437 Nr. 3 knüpft (dogmatisch unsauber, s.o.) für das Vertretenmüssen an die – bei Vertragsschluss bestehende – positive **Kenntnis bzw. zu vertretende Unkenntnis** des Verkäufers (**1.**) von dem Mangel *und* (**2.**) dessen Unbehebbarkeit an. Das Vertretenmüssen wird dabei wie bei § 280 I 2 **vermutet**, § 311a II 2. Seine Unkenntnis zu vertreten hat ein Verkäufer entweder aufgrund (**1.**) von Fahrlässigkeit (d.h. wenn er die Unmöglichkeit bei gehöriger Aufmerksamkeit hätte erkennen müssen, etwa wegen Beste- **179** hens von Verdachtsmomenten), § 122 II, oder (**2.**) der Übernahme einer Garantie (Rn. 216). Die h.Lit. geht davon aus, dass ein Verkäufer, der einen Mangel bei Vertragsschluss kennt/kennen muss, i.d.R. auch dessen Unbehebbarkeit jdf. kennen musste; denn Erkundigungspflichten i.B.a. einen Mangel umfassen grds. auch dessen Behebbarkeit.

**180** Im Übrigen kommt nach ganz h.M. bei anfänglicher Unmöglichkeit neben § 311a II **keine** verschuldensunabhängige Haftung auf das negative Interesse **analog § 122** in Betracht (a.A. *Canaris*, JZ 2001, 499; offengelassen in der Gesetzesbegründung, BT-Drs. 14/6040, 166).

**181** Nach dem BGH soll zudem (nur) der Anspruch aus § 311a II auch sämtliche (ansonsten unter den SENL fallende) **Folgeschäden** umfassen; denn § 311a II verdränge § 280 vollständig (sehr umstr.; so – allerdings zu § 634 Nr. 4 – BGHZ 201, 148). Zum gleichen Ergebnis dürfte auch die Anwendung der „Zauberformel„ der h.Lit. führen.

**182** **Prüfungsschema 11:** SESL gem. § 311a II iVm § 437 Nr. 3

1. Voraussetzungen von § 437 (s. oben Prüfungsschema 5)
2. Unmöglichkeit der mangelfreien Lieferung, § 433 I 2: § 275 I–III
3. Anfänglichkeit der Unmöglichkeit, d.h. *bei* Vertragsschluss
4. Vertretenmüssen, § 311a II 2: Kenntnis/Kennenmüssen v. § 275
5. Kein Ausschluss des Schadensersatzanspruchs:
   a) Vertraglich (Grenze: § 444 und §§ 305 ff.)
   b) Ausschluss der Gewährleistung insgesamt: § 442; § 377 HGB
6. **Rechtsfolge:** Schadensersatz nach Maßgabe der §§ 249 ff.
   = Haftungsausfüllung, d.h. Schadensrecht
   (**P1**) Abgrenzung SESL und SENL (h.Lit.: „Zauberformel“)
   (**P2**) „kleiner“ o. „großer“ Schadensersatz (§§ 281 I 3, 311a II 3)
7. Verjährung des Schadensersatzanspruchs: § 214 I iVm § 438

*bb) SESL wegen nachträglicher Unmöglichkeit*

**183** In Fällen, in denen entweder ein Mangel insgesamt erst **nach Vertragsschluss** entsteht oder ein bei Vertragsschluss behebbarer Mangel erst danach unbehebbar wird, sind §§ **283**, 280 I, III iVm § 437 Nr. 3 die richtige Anspruchsgrundlage für SESL. Dies gilt selbst dann, wenn ein noch bei Lieferung, d.h. Annahme der Kaufsache als Erfüllung (h.M.: Gefahrübergang, s. Rn. 74), behebbarer Mangel erst danach – zu einem Zeitpunkt, zu dem sich die Kaufsache bereits beim Käufer befindet – unbehebbar wird. Nur in einem solchen Fall entsteht im Übrigen überhaupt ein Nacherfüllungsanspruch; eine davor eintretende

Unmöglichkeit betrifft hingegen nicht den Anspruch aus § 439 I, sondern die – diesem vorgeschaltete – Pflicht zur mangelfreien Lieferung (§ 433 I 2). In keinem dieser Fälle setzt § 283 eine Fristsetzung voraus.

Finden §§ 283, 280 I, III direkt (d.h. *ohne* § 437 Nr. 3) Anwendung, **184**
sind einzig plausibler **Bezugspunkt des Vertretenmüssens** die zur Unmöglichkeit (bzw.: Entstehung eines Leistungsverweigerungsrechts i.S.v. § 275 II, III) führenden Umstände. Dem folgend stellt die **h.M.** auch im Kaufgewährleistungsrecht, d.h. bei Anwendung von §§ 283, 280 I, III über die Brückennorm des § 437 Nr. 3, **alleine** darauf ab, ob der Verkäufer die zur Unmöglichkeit führenden Umstände zu vertreten hat. Dafür spreche u.a., dass im Wortlaut von § 283 S. 1 – im Vergleich zu § 281 I 1 – der Passus „oder nicht wie geschuldet" fehlt.

Tritt die Unbehebbarkeit eines Mangels ***vor*** **Lieferung** der Kaufsa- **185**
che (a.A.: Gefahrübergang) ein, sind die zur Unmöglichkeit führenden Umstände ohnehin – auch im Kaufgewährleistungsrecht – der einzig dogmatisch korrekte Bezugspunkt des Vertretenmüssens: Wird nämlich die Erfüllung der Pflicht aus § 433 I 2 bereits vor Annahme der Kaufsache unmöglich, kann die Lieferung einer *mangelhaften* Kaufsache denklogisch an sich keine (erneute) Verletzung der zu diesem Zeitpunkt bereits gem. § 275 **erloschenen Pflicht** aus § 433 I 2 darstellen (umstr.; die **a.A.** geht trotz § 275 von einer Pflichtverletzung aus).

Anders verhält es sich aber, wenn die (dann: Nach-)Erfüllung erst **186**
***nach*** **Lieferung** (a.A.: Gefahrübergang) unmöglich wird. (Nur) dann stellt nämlich die Lieferung einer mangelhaften Sache im Verhältnis zur späteren (endgültigen) Nichterfüllung aufgrund Unmöglichwerdung der Nacherfüllung eine eigenständige Pflichtverletzung (i.S.v. § 433 I 2) dar; nur dann stehen auch i.R.v. § 283 – wie bei § 281 I 1 (vgl. Rn. 173) – **zwei verschiedene Pflichtverletzungen** im Raum (umstr.), nämlich: (**1.**) die ursprüngliche Schlechtleistung sowie (**2.**) die Nichterfüllung der Pflicht zur Nacherfüllung aus § 439 I aufgrund Unmöglichwerdung. Beide Pflichtverletzungen kommen theoretisch als Bezugspunkt des Vertretenmüssens in Betracht. Anders als die oben Rn. 184 geschilderte h.M. *i.R.v. § 283* will eine beachtliche **Gegenmeinung** das Vertretenmüssen auch für den Anspruch aus §§ 283, 280 I, III iVm § 437 Nr. 3 – in Anlehnung an die h.M. *i.R.v. § 281* (Rn. 174) – alternativ das Vertretenmüssen *irgendeiner* dieser Pflichtverletzungen genügen lassen; vgl. hierzu näher sogleich **Rn. 188**.

187 **Prüfungsschema 12:** SESL, §§ 283, 280 I, III iVm § 437 Nr. 3

1. Voraussetzungen von § 437 (s. oben Prüfungsschema 5)
2. Unmöglichkeit (§ 275 I–III) i.B.a. § 433 I 2 *oder* Nacherfüllung
3. Nachträglichkeit: Unmöglichkeitseintritt *nach* Vertragsschluss
4. Vertretenmüssen (§§ 280 I 2, 276 ff.) des Unmöglichkeitseintritts
   (**P**) Bezugspunkt bei Unmöglichkeitseintritt *nach* Lieferung?
5. Kein Ausschluss des Schadensersatzanspruchs:
   a) Vertraglich (Grenze: § 444 und §§ 305 ff.)
   b) Ausschluss der Gewährleistung insgesamt: § 442; § 377 HGB
6. **Rechtsfolge**: Schadensersatz nach Maßgabe der §§ 249 ff.
   (**P1**) Abgrenzung SESL und SENL (h.Lit.: „Zauberformel")
   (**P2**) „kleiner" o. „großer" Schadensersatz (§§ 281 I 3, 283 S. 2)
7. Verjährung des Schadensersatzanspruchs: § 214 I iVm § 438

*cc) Zeitliche Abgrenzung i.R.d. SESL aufgrund Unmöglichkeit*

188 Je nachdem, wann die Pflicht entweder zur mangelfreien Lieferung (§ 433 I 2) oder zur Nacherfüllung (§ 439 I) im Einzelfall unmöglich wird, können für den SESL i.R.d. Kaufgewährleistungsrechts – d.h. bei Geltendmachung des Anspruchs *nach* Lieferung – **drei verschiedene Phasen** unterschieden werden. Jedenfalls potentiell unterliegt der Anspruch auf SESL dabei jeweils anderen Voraussetzungen v.a. im Hinblick auf den jeweiligen Bezugspunkt des Vertretenmüssens (**BP**):

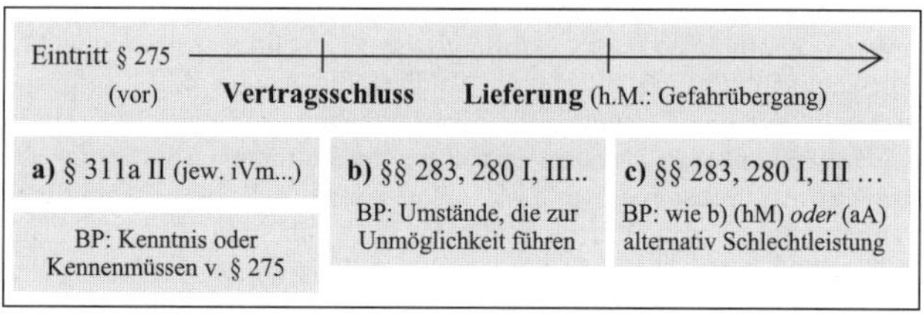


***Übersicht 7:*** *Zeitliche Systematik des SESL wg. Unmöglichkeit im Kaufrecht*

**c) Großer oder kleiner Schadensersatz statt der Leistung?**

189 Für sämtliche „Anspruchsgrundlagen" gilt, dass der Käufer Schadensersatz statt der **ganzen** Leistung („großer" SESL gegen Rückgabe der mangelhaften Sache, § 281 V) nur verlangen kann, wenn die „Pflichtverletzung" **nicht „unerheblich"** ist, § 281 I 3 (u.U. iVm § 283 S. 2 oder § 311a II 3). Relevante „Pflichtverletzung" ist dabei nicht die Nicht-

vornahme der Nacherfüllung, sondern stets die ursprüngliche Schlechtleistung, d.h. der jeweilige Mangel; bei Anwendung über § 311a II 3 bzw. z.T. auch § 283 S. 2 ist der Begriff „Pflichtverletzung" daher untechnisch zu verstehen (vgl. Rn. 198 f.). Zur „Erheblichkeit" vgl. die Ausführungen zu § 323 V 2 (d.h. Rn. 128 ff.).

Andernfalls – d.h. bei Vorliegen eines unerheblichen bzw., nach Wahl des Käufers, auch eines erheblichen Mangels – kann ein Käufer nur den **„kleinen" SESL** verlangen. Dieser ersetzt nicht die *ganze* vom Verkäufer geschuldete Leistung, sondern lediglich die Nacherfüllung, d.h. der Käufer behält die mangelhafte Kaufsache und wird nur für die unterbliebene (erfolgreiche) Nacherfüllung entschädigt. Der kleine SESL kann grds. entweder in Gestalt des (**1.**) mangelbedingten Minder*werts* (bzw. – im Falle einer Weiterveräußerung – des konkreten Minder*erlöses*) oder (**2.**) der (nach jdf. bisheriger Rspr. ggf. sogar fiktiver) Nachbesserungskosten verlangt werden. Letzteres kommt jedoch nicht in Betracht, wenn die Nacherfüllung unmöglich ist oder der Verkäufer sie zu Recht gem. § 439 IV verweigert. 190

Zudem ist zu beachten, dass der u.a. für das Werkvertragsrecht zuständige **VII. Zivilsenat** des BGH neuerdings in einer Rechtsprechungsänderung – allerdings explizit nur für den **Werkvertrag** – den **Ersatz fiktiver Mängelbeseitigungskosten** ablehnt (NJW 2018, 1463). M.a.W. sind Nachbesserungskosten i.R.d. kleinen SESL beim Werkvertrag nur ersatzfähig, wenn sie *tatsächlich angefallen* sind. Ob diese Grundsätze **auch auf Kaufverträge** zu übertragen sind, ist **umstr.** (m.E. ja). Eine entsprechende Entscheidung des (VIII.) Kaufrechtssenats wird für den 13.3.2020 erwartet (**V ZR 33/19 – lesen!**). 190a

### 5. Schadensersatz neben der Leistung (SENL)

Im Kaufgewährleistungsrecht gibt es zwei verschiedene Anspruchsgrundlagen für SENL: Der (**1.**) „einfache" Schadensersatz (§ 280 I iVm § 437 Nr. 3) ist auf Ersatz von **Mangelfolgeschäden** gerichtet (wozu auch der mangelbedingte Nutzungsausfallschaden zählen kann [umstr.], Rn. 165), wohingegen (**2.**) §§ 280 I, II, 286 I iVm § 437 Nr. 3 bei Verzug des Verkäufers mit der Nacherfüllungspflicht den Verzögerungsschaden abdecken; zur **Abgrenzung** Rn. 163 ff. Nach dem BGH verdrängt jedoch § 311a II den SENL nach § 280 I vollständig (umstr.; dazu näher Rn. 181). 191

### a) Einfacher Schadensersatz (§ 280 I iVm § 437 Nr. 3)

**192** Der einfache Schadensersatz ist von allen Schadensersatzarten im Leistungsstörungsrecht derjenige mit den **geringsten Anforderungen**: § 280 I setzt (**1.**) ein Schuldverhältnis, (**2.**) eine Pflichtverletzung daraus sowie (**3.**) das Vertretenmüssen der Pflichtverletzung durch den Schuldner voraus. Das Vorliegen eines Schadens hingegen ist erst auf Rechtsfolgenseite zu prüfen (sog. Haftungsausfüllung).

**193** Findet § 280 I im Kaufgewährleistungsrecht, d.h. über die Brückennorm des **§ 437** (Nr. 3), Anwendung, ist in der Fallprüfung daher neben den Voraussetzungen von § 437 (Rn. 72 ff.) meist nur noch das **Vertretenmüssen** des Verkäufers zu untersuchen (sowie ggf. etwaige Ausschlussgründe). Denn das für eine Haftung nach § 280 I erforderliche Schuldverhältnis wird i.R.v. § 437 bereits in Gestalt eines Kaufvertrags geprüft. Auch die erforderliche Pflichtverletzung steht in vielen Fällen mit Bejahung eines Mangels fest; mit Lieferung einer mangelhaften Sache verstößt der Verkäufer nämlich i.d.R. – nicht jedoch immer (umstr.) – gegen seine Pflicht zur mangelfreien Lieferung aus § 433 I 2. Problematisch sind lediglich diejenigen Fälle, in denen ein Mangel bereits vor Lieferung unbehebbar wird (hierzu Rn. 198 f.).

**194** In dem **Normalfall**, dass ein Verkäufer durch die Lieferung einer mangelhaften Sache tatsächlich gegen seine Leistungspflicht aus § 433 I 2 verstößt (d.h. wenn die Mangelbehebung bei Lieferung noch möglich ist), bildet diese Pflichtverletzung i.R.v. § 280 I iVm § 437 Nr. 3 unstreitig den **Bezugspunkt des Vertretenmüssens**. Erleidet daher ein Käufer in einer derartigen Fallgestaltung Mangelfolgeschäden (zu Begriff und Umfang s. Rn. 154), schuldet der Verkäufer im Normalfall *dann* deren Ersatz, wenn er entweder (**1.**) die Herbeiführung des Mangels oder (**2.**) dessen Nichtbeseitigung gem. §§ 276 ff. zu vertreten hat.

**195** Zusätzlich geht die h.Lit. davon aus, dass die Lieferung einer mangelhaften Sache meist (a.A.: stets) zugleich die Verletzung einer **Schutzpflicht i.S.v. 241 II** (hierzu oben Rn. 11) begründet: Ein Verkäufer dürfe nämlich auch aus Rücksicht auf die sonstigen Rechtsgüter oder Interessen des Käufers (i.S.v. § 241 II) nicht mangelhaft leisten bzw. müsse zumindest (insb. wenn eine mangelfreie Leistung unmöglich ist) den Käufer auf die Mangelhaftigkeit hinweisen (Aufklärungspflicht). Tue er dies doch bzw. kläre er den Käufer nicht über den Mangel auf, hafte er – wenn er dies zu vertreten hat – auch unter dem Gesichtspunkt der Schutzplichtverletzung auf Ersatz von **Mangelfolgeschäden**. An ihre Grenzen stößt diese Konstruktion jedoch m.E. [i.R.d. der haftungsausfüllenden Kausalität] beim Nutzungsausfallschaden.

Folgt man dieser wohl h.Lit., kommen in den meisten Fällen auch i.R.v. § 280 I iVm § 437 Nr. 3 zwei verschiedene Pflichtverletzungen und damit **zwei unterschiedliche Bezugspunkte** des Vertretenmüssens in Betracht (zur entsprechenden Rechtslage bei § 281 I 1 s. Rn. 173 f. und (z.T.) bei § 283 s. Rn. 186). Nach h.Lit. steht der Anspruch aus §§ 280 I, [433 I 2] iVm § 437 Nr. 3 dabei zu demjenigen aus §§ 280 I, 241 II iVm (M.M.: ohne) § 437 Nr. 3 in Anspruchskonkurrenz. **196**

M.E. ist eine derartige Konstruktion im Regelfall **nicht erforderlich**: Stellt bereits die mangelhafte Lieferung eine (Leistungs-)Pflichtverletzung i.S.v. § 433 I 2 dar, ist eine dadurch etwaig zugleich mittelbar begangene Schutzpflichtverletzung i.S.v. § 241 II gleichsam nur das „Echo" der Schlechtleistung. Jedenfalls im Wege der Spezialität sollte daher die Schutzpflichtverletzung im Regelfall hinter der Verletzung der Pflicht zur mangelfreien Leistung § 433 I 2 zurücktreten. **197**

**Sonderfall 1 (anfängliche Unmöglichkeit):** Etwas **anderes** muss notwendigerweise in denjenigen Fällen gelten, in denen die Pflicht zur mangelfreien Lieferung aus § 433 I 2 wegen **anfänglicher Unmöglichkeit** i.S.v. §§ 311a, 275 erst gar nicht entsteht. In derartigen Fallgestaltungen stellt die Lieferung einer mangelhaften Kaufsache nämlich *rechtstechnisch* – mangels Existenz einer Pflicht zur mangelfreien Lieferung – gar keine Pflichtverletzung dar (umstr.; ausführlich Rn. 177). Dann aber muss auch i.R.v. § 280 I iVm § 437 Nr. 3 **ausnahmsweise** auf die Verletzung einer **Schutzpflicht** i.S.v. § 241 II abgestellt werden (umstr.); der BGH hingegen will (nur) bei anfänglicher Unmöglichkeit auch Folgeschäden unter den SESL subsumieren, da (und sodass) § 311a II den § 280 vollständig verdrängt (vgl. – zu § 634 Nr. 4 – BGHZ 201, 148 sowie Rn. 181). 198

**Sonderfall 2 (nachträgliche Unmöglichkeit vor Lieferung):** Ein ähnliches Problem tritt auf, wenn die Pflicht aus § 433 I 2 zwar nach Vertragsschluss, aber noch *vor Lieferung* unmöglich wird. In einem derartigen Fall wird zwar, anders als in den Fällen des § 311a, durchaus die Leistungspflicht des Verkäufers aus § 433 I 2 verletzt; dies geschieht jedoch – rechtstechnisch gesehen – nicht durch Lieferung einer mangelhaften Sache, sondern – alleine – durch Nichterfüllung des Leistungsversprechens aufgrund Unmöglichwerdung (vgl. Rn. 185). Insofern wäre für das Vertretenmüssen an sich auch i.R.v. § 280 I iVm § 437 Nr. 3 – wie bei §§ 283, 280 I, III iVm § 437 Nr. 3 – auf die Verursachung der zur Unmöglichkeit führenden Umstände abzustellen. Dies führt jedoch bei Mangelfol- 199 geschäden unweigerlich zu Kausalitätsproblemen i.R.d. Haftungsausfüllung, es sei denn, der Verkäufer hat auch den Mangel selbst (nach Vertragsschluss) verursacht. Daher sollte m.E. **auch in diesen Fällen** auf die Verletzung einer **Schutzpflicht** i.S.v. § 241 II abgestellt werden (umstr.). Nach a.A. folge hingegen aus der Gesetzessystematik, dass die Lieferung einer mangelhaften Kaufsache selbst bei Eintritt der Unbehebbarkeit vor Lieferung – trotz vorheriger Unmöglichkeit – eine Pflichtverletzung darstelle.

200 **Prüfungsschema 13:** Einfacher SE gem. § 280 I iVm § 437 Nr. 3

1. Voraussetzungen von § 437 (s. oben Prüfungsschema 5)
2. (**u.U.** weitere) Pflichtverletzung iSv § 241 II oder § 275? (umstr.)
3. Vertretenmüssen (§§ 280 I 2, 276–278)
   (**P**) Bezugspunkt des Vertretenmüssens (§ 433 I 2 o. § 241 II?)
4. Kein Ausschluss des Schadensersatzanspruchs:
   a) Vertraglich (Grenze: § 444 und §§ 305 ff.)
   b) Ausschluss der Gewährleistung insgesamt: § 442; § 377 HGB
5. **Rechtsfolge**: Schadensersatz nach Maßgabe der §§ 249 ff.
   = Haftungsausfüllung, d.h. Schadensrecht
   (**P1**) Abgrenzung SESL und SENL (h.Lit.: „Zauberformel")
   (**P2**) Abgrenzung zu § 286 (insb.: Nutzungsausfallschaden)
6. Verjährung des Schadensersatzanspruchs: § 214 I iVm § 438

### b) Schadensersatz wegen Verzögerung der Nacherfüllung (§ 286)

201 Der Anspruch aus **§§ 280 I, II, 286 I** iVm § 437 Nr. 3 auf Ersatz des Verzögerungsschadens hat (im Gewährleistungsrecht) nur einen **engen Anwendungsbereich**. Denn zum einen scheidet der Anspruch naturgemäß immer dann aus, wenn die Nacherfüllung unmöglich ist; zum anderen fällt der mangelbedingte Nutzungsausfallschaden nach h.M. (nur) im Gewährleistungsrecht bereits unter den einfachen Schadensersatz (vgl. Rn. 165). Schließlich sind nach §§ 286, 280 I, II bei Anwendung über § 437 Nr. 3 nur diejenigen Schäden ersatzfähig, die aus der Verzögerung **gerade der Nacherfüllung** resultieren. Schäden, die aus der Verzögerung anderer kaufvertraglicher Pflichten folgen, sind hingegen allenfalls nach §§ 280 I, II, 286 I (*direkt*) zu liquidieren.

202 Als eigenständiger Anwendungsbereich verbleibt §§ 280 I, II, 286 I iVm § 437 Nr. 3 daher (nur) insb. der Ersatz etwaiger Anmietungs- (etwa **Mietwagen-**) oder von **Rechtsverfolgungskosten** des Käufers. Überdies soll ein mangelbedingter Nutzungsausfall neben § 280 I iVm

§ 437 Nr. 3 **zusätzlich** (gleichsam hilfsweise) auch als Verzögerungsschaden liquidierbar sein. Von praktischer Bedeutung ist dies jedoch nur, wenn der Verkäufer im Einzelfall zwar die Nichtvornahme der Nacherfüllung (vgl. Rn. 204), nicht aber die Schlechtleistung zu vertreten hat (und daher kein Anspruch auf einfachen Schadensersatz besteht). Denn der Anspruch aus § 280 I greift im Regelfall früher ein als derjenige aus §§ 280 I, II, 286 I (jeweils iVm § 437 Nr. 3).

Entscheidender Unterschied zwischen beiden Arten des SENL ist, dass §§ 280 I, II, 286 I iVm § 437 Nr. 3 zusätzlich den **Verzug des Verkäufers** mit seiner fälligen und (über den Wortlaut von § 286 I hinaus auch) durchsetzbaren Pflicht zur **Nacherfüllung** voraussetzt. Die Voraussetzungen des **Verzugs** sind in § 286 geregelt. Danach ist neben der Verzugsbegründung durch (in Ausnahmefällen gem. § 286 II entbehrliche) Mahnung insb. erforderlich, dass der Schuldner die Nichtleistung, d.h. Nichtvornahme der letzten geschuldeten Leistungshandlung, zu vertreten hat, § 286 IV; ohne **Vertretenmüssen** kein Verzug! **203**

**Bezugspunkt** des Vertretenmüssens ist i.R.v. § 286 IV (a.A.: § 280 I 2) die Nichtvornahme der Nacherfüllung trotz Vorliegens der objektiven Voraussetzungen des Verzugs (insb. einer Mahnung oder der Voraussetzungen von § 286 II). Tritt ein Entschuldigungsgrund allerdings erst *nach* Verzugseintritt auf, ist dies nach dem Rechtsgedanken von § 287 unbeachtlich. Der Verzug **endet** vielmehr (*ex nunc*) entweder mit (Nach-)Erfüllung, Annahmeverzug (§ 293) des Käufers, Eintritt der Unmöglichkeit (der Nacherfüllung) oder – unter bestimmten Voraussetzungen – dem nachträglichen Entstehen einer Einrede. **204**

**Mahnung** i.S.v. § 286 I 1 ist eine (zumindest konkludente) bestimmte, dringende Leistungsaufforderung (und: geschäftsähnliche Handlung). Wegen nahezu identischer Anforderungen stellt eine Fristsetzung i.S.v. § 281 oder § 323 i.d.R. auch eine Mahnung dar (und umgekehrt). Eine i.B.a. die ursprüngliche Leistung erfolgte Mahnung genügt jedoch i.R.v. §§ 280 I, II, 286 I iVm § 437 Nr. 3 nicht. **205**

Speziell für den Nacherfüllungsanspruch ist zu beachten, dass er als **verhaltener Anspruch** erst mit Verlangen der Nacherfüllung **fällig** wird (ganz h.M., vgl. Rn. 86; umstr.). Je nach Formulierung kann das fälligkeitsbegründende Nacherfüllungsverlangen (hierzu Rn. 87) dabei sogar zugleich als Mahnung fungieren (= Regelfall). Dann aber muss dem Schuldner grds. noch Gelegenheit gegeben werden, überhaupt auf die Mahnung zu reagieren: Daher tritt der Verzug in einem derartigen Fall ausnahmsweise nicht sofort, sondern erst nach Ablauf einer angemessenen Frist (i.d.R. kürzer als bei § 281 I 1) ein (umstr.). **206**

207 **Prüfungsschema 14:** SE gem. §§ 280 I, II, 286 I iVm § 437 Nr. 3

1. Voraussetzungen von § 437 (s. oben Prüfungsschema 5)
2. **Verzug** des Verkäufers mit der Nacherfüllungspflicht aus § 439 I
   a) Fälliger und durchsetzbarer Anspruch auf Nacherfüllung, § 439 I
   (**P1**) verhaltener Anspruch, d.h. Fälligkeit erst mit Verlangen
   (**P2**) Nacherfüllung oder Gewährleistung insges. ausgeschlossen?
   b) Mahnung, § 286 I: best. und dringende Leistungsaufforderung
   c) Entbehrlichkeit der Mahnung, § 286 II
   d) Nichtleistung = Nichtvornahme letzte gesch. Leistungshandl.
   e) Vertretenmüssen, §§ 286 IV (umstr.), 280 I 2, 276–278
   (Bezugspunkt = nur die „Nichtleistung" (d) der Nacherfüllung)
3. Kein vertraglicher Ausschluss des SE (Grenze: §§ 444, 305 ff.)
4. **Rechtsfolge:** Ersatz des Verzögerungsschadens gem. §§ 249 ff. = Haftungsausfüllung, d.h. Schadensrecht
   (**P1**) Abgrenzung SESL und SENL (h.Lit.: „Zauberformel")
   (**P2**) Abgrenzung zu § 280 I (insb.: Nutzungsausfallschaden)
5. Verjährung des Schadensersatzanspruchs: § 214 I iVm § 438

### 6. Die Verantwortlichkeit des Verkäufers

208 Sämtliche (fünf) unter Ziff. 4 und 5 dargestellten Schadensersatzansprüche setzen ein – i.R.e. Sonderverbindung gesetzlich vermutetes, § 280 I 2 bzw. § 311a II 2 – **Vertretenmüssen** des Schuldners voraus. Was ein Schuldner im Einzelnen zu vertreten hat, regeln **§§ 276 ff.** Danach hat ein Schuldner im Regelfall (nur) Vorsatz und (jegliche) Fahrlässigkeit (d.h. **Verschulden**) zu vertreten, es sei denn, das Gesetz ordnet eine mildere (z.B. erst ab grober Fahrlässigkeit) oder strengere Haftung (auch ohne – u.U.: eigenes – Verschulden) an bzw. dies wurde vereinbart. Eine Haftung ohne Verschulden kann im Kaufgewährleistungsrecht insbesondere aus der Übernahme einer Garantie oder eines Beschaffungsrisikos folgen. **Bezugspunkt** des Vertretenmüssens ist dabei – außer bei § 311a II (s. Rn. 177) – stets *die* bzw. jedenfalls *eine der* jeweils haftungsbegründenden Pflichtverletzungen.

209 **Hintergrund:** Nach der deutschen Rechtsordnung hat im Grundsatz jeder seinen eigenen Schaden selbst zu tragen. Damit – ausnahmsweise – ein anderer als der Betroffene einen Schaden erset-

zen muss, bedarf es daher besonderer **Zurechnungsgründe** (hierzu immer noch instruktiv: *Larenz*, JuS 1965, 373). Wichtigster – aber nicht einziger – Zurechnungsgrund ist das sog. **Verschuldensprinzip**.

### a) Verschuldenshaftung und Haftung für Erfüllungsgehilfen, § 278

Zum Verschulden allgemein s. § 276 und SchR AT, Kap. 8 Rn. 6 ff. **210** Zusätzlich haftet ein Schuldner i.R.v. Sonderverbindungen nicht nur für eigenes Verschulden (z.B. wenn der Verkäufer die Kaufsache durch Unachtsamkeit beschädigt oder aus Trägheit die Nacherfüllung nicht erbringt), sondern gem. **§ 278** auch für dasjenige von Erfüllungsgehilfen.

**Erfüllungsgehilfe** ist, wer mit Wissen und Wollen des Geschäftsherrn bei der Erfüllung einer diesem i.R.e. Sonderverbindung obliegenden Verbindlichkeit tätig wird. Er muss weder weisungsgebunden sein noch Kenntnis von der Pflichterfüllung haben. **211**

**Beachte:** Der Begriff des Erfüllungsgehilfen ist weiter als derjenige des Verrichtungsgehilfen iSv § 831 (keine Weisungsgebundenheit). **212**

Speziell für das Kaufgewährleistungsrecht ist zu beachten, dass der **213** Verkäufer, der nicht zugleich **Hersteller** der Kaufsache ist, nach h.M. nicht ohne besondere Vereinbarung gem. § 278 für ein etwaiges Verschulden bei der Herstellung der Kaufsache einzustehen hat; das Gleiche gilt für Vorlieferanten (umstr.). Zwar können auch selbständige Unternehmer durchaus Erfüllungsgehilfen sein; der Verkäufer schuldet jedoch aus § 433 I nur Übergabe und Übereignung, nicht jedoch Herstellung der Kaufsache. Folglich ist der Hersteller im Regelfall **nicht Erfüllungsgehilfe** des Verkäufers (so auch der BGH; umstr.). Etwas anderes gilt allenfalls i.R.v. § 650 S. 1 bzw. eben wenn der Verkäufer zugleich Hersteller ist. Eine **Mindermeinung** hingegen sieht Hersteller und Lieferanten i.B.a. die Erfüllung der Pflicht zur mangelfreien Lieferung aus § 433 I **2** stets als Erfüllungsgehilfen des Verkäufers an.

Eine weitere Besonderheit i.R.d. Kaufrechts betrifft diejenigen Fäl- **214** le, in denen sich das Vertretenmüssen auf die **Kenntnis** (bzw. das **Kennenmüssen**, § 122 II) eines Mangels bezieht. Darauf kommt es z.B. bei § 311a II 2 sowie ggf. i.R.v. § 280 I und § 281 (als Vorbedingung des Vertretenmüssens der Lieferung einer mangelhaften Sache aufgrund Nichtbeseitigung des Mangels vor Lieferung; vgl. Rn. 194) an. Diesbezüglich trifft einen bloßen Weiterverkäufer **i.d.R. keine Pflicht**, die Kaufsache auf Mängel zu untersuchen (h.M.). Etwas anderes kann im Einzelfall bei ausgesprochen großer Sachkunde des Verkäufers (nicht: bloßer Gebrauchtwagenhändler), bei offensichtlichen Mängeln („Sichtprüfung"), bei Luxusware und beim Kauf vom Hersteller gelten.

215 **Beachte:** In der Falllösung sind die Begriffe Verschulden (Unterfall) und Vertretenmüssen (Oberbegriff) **streng** auseinander zu halten; **keinesfalls** dürfen beide Begriffe synonym verwandt werden.

**b) Übernahme einer Garantie oder eines Beschaffungsrisikos**

216 Eine Schadensersatzhaftung ohne Verschulden ist zwar international betrachtet die Regel (vgl. nur Art. 79 CISG), nach deutschem Recht jedoch die Ausnahme. Eine verschuldensunabhängige Einstandspflicht kann sich entweder aus dem **Gesetz** (etwa: Gefährdungshaftung) oder einer **Vereinbarung** ergeben. Paradebeispiel einer derartigen Abrede (umstr.; vgl. § 276 I 1: „aus dem sonstigen Inhalt des Schuldverhältnisses") ist die Übernahme einer Garantie oder eines Beschaffungsrisikos.

217 Eine **Garantie** i.S.v. § 276 I 1 setzt die Vereinbarung voraus, dass der Schuldner (hier: der Verkäufer) verschuldensunabhängig für den Bestand einer bestimmten – garantierten – Eigenschaft (d.h. die Folgen deren etwaigen Fehlens) einstehen soll. Ob und wofür eine derartige Garantie – ggf. **konkludent** – übernommen wurde, ist durch Auslegung (§§ 133, 157) zu ermitteln; abzugrenzen ist die Garantie dabei insb. von einer „bloßen" Beschaffenheitsvereinbarung i.S.v. § 434 I 1.

218 **Beachte:** Der in § 276 I 1 sowie gleichbedeutend (umstr.) in §§ 442 I 2, 444 und 445 verwendete Garantiebegriff ist von dem Begriff der Garantie i.S.v. § 443 sowie der (außerhalb des Gewährleistungsrechts stehenden) selbständigen Garantie (§ 311 I) zu unterscheiden.

219 Je nach Art des Geschäfts stellt die Rspr. unterschiedlich strenge Anforderungen an die stillschweigende Vereinbarung einer Garantie. Insbesondere beim **Gebrauchtfahrzeugkauf** war der BGH früher – vor der Schuldrechtsmodernisierung – sehr garantiefreundlich. So soll(te?) z.B. die Erklärung eines Gebrauchtwagenhändlers, ein Fahrzeug befinde sich in technisch einwandfreiem Zustand, als Garantie der Betriebsbereitschaft und -sicherheit auszulegen sein, und die Angabe eines Tachostands i.d.R. eine Garantie der entsprechenden tatsächlichen Laufleistung beinhalten. Neuerdings mahnt der BGH insofern zunehmend Zurückhaltung an: *Jedenfalls* beim Privatverkauf begründe die Angabe der Laufleistung alleine noch keine Garantie, sondern stelle i.d.R. lediglich eine Beschaffenheitsvereinbarung i.S.v. § 434 I 1 dar.

220 Sowohl hinsichtlich Voraussetzungen als auch Reichweite hochumstritten ist das ebenfalls in § 276 I 1 angesprochene **Beschaffungsrisiko**. Dieses betrifft i.d.R. **Gattungsschulden**, wobei alleine aus der Vereinbarung einer Gattungsschuld nach h.Lit. noch nicht *per se* (umstr.) die Übernahme eines Beschaffungsrisikos folgen soll (aber: Vermutung der Übernahme). Hat ein Verkäufer ein Beschaffungsrisiko übernommen, kann er sich nicht gem. § 280 I 2 entlasten, wenn ihm die Lieferung *einer* (bzw. im Kaufgewährleistungsrecht, und zwar dann (erst) i.R.d. Ersatzlieferung: einer *mangelfreien*) Gattungssache misslingt, es sei denn, die ganze Gattung ist untergegangen bzw. mangelhaft oder es liegen atypische Hinderungsgründe (etwa: Krieg) vor. Eine verschuldensunabhängige Einstandspflicht des Verkäufers für Mängel folgt aus der Beschaffungsrisikoübernahme hingegen nicht (umstr.).

## VII. Der Anspruch des Käufers auf Aufwendungsersatz, § 284

**Literatur:** *Gsell*, NJW 2006, 125.

221 Gem. **§ 284** iVm § 437 Nr. 3 (Alt. 2) kann ein Käufer „anstelle des Schadensersatzes statt der Leistung“ auch Ersatz vergeblicher Aufwendungen verlangen. **Aufwendungen** sind freiwillige Vermögensopfer. Darunter fällt ggf. auch eigene Arbeitsleistung (umstr.), nicht jedoch der bloße Verzicht auf günstige Alternativgeschäfte. Im Gegensatz dazu sind **Schäden** unfreiwillige Vermögenseinbußen. Schäden und Aufwendungen verhalten sich zueinander komplementär. Daher sind Aufwendungen *an sich* nicht im Wege des Schadensersatzes ersatzfähig.

222 **Hintergrund:** Um dies – d.h. die oftmals fehlende Ersatzfähigkeit von Aufwendungen – innerhalb von Schuldverhältnissen auszugleichen, wurde i.R.d. Schuldrechtsreform § 284 neu geschaffen. Zuvor hatte sich die Rspr. (bereits seit 1878) mit der – nach ganz h.M. weiterhin anwendbaren – sog. **Rentabilitätsvermutung** beholfen (hierzu näher SchR AT, Kap. 9 Rn. 35). Allerdings greift diese nur bei erwerbswirtschaftlicher Zielsetzung ein, erfasst nach h.M. nur *un*mittelbare Vertragskosten, und ist zudem widerleglich. Die damit verbundenen Unsicherheiten soll § 284 vermeiden helfen; zusätzlich bezweckt diese Norm, Schutzlücken bei Verträgen mit ideeller oder konsumtiver Zwecksetzung zu schließen.

223 Der Anspruch aus § 284 besitzt **fünf Voraussetzungen**: Zunächst müssen (**1.**) die Voraussetzungen (irgend-)eines Anspruchs auf SESL erfüllt sein; zusätzlich muss der Käufer (**2.**) Aufwendungen im Ver-

trauen auf den Erhalt der Leistung getätigt haben, die er (**3.**) billigerweise machen durfte und die (**5.**) gerade aufgrund der zugrunde liegenden Pflichtverletzung des Verkäufers (vgl. § 284 HS 2) (**4.**) fehlgeschlagen sind. Zum Ganzen s. SchR AT, Kap. 9 Rn. 34 ff.

**224** Zu den im Kaufrecht potentiell nach § 284 iVm § 437 Nr. 3 **ersatzfähigen Aufwendungen** zählen insb. die sog. Vertragskosten (etwa Notarkosten, *nicht* (!) jedoch der Kaufpreis) sowie Verwendungen auf die Kaufsache (z.B. Einbau eines Navigationssystems). Auch zum Erwerb selbst (etwa: Makler- oder Darlehensgebühren) sowie zum späteren Einsatz der Kaufsache (Kauf einer Hundeleine) aufgewendete Kosten fallen grds. darunter. Aus dem Wortlaut und Normzweck von § 284 folgt dabei eine **strikte Alternativität** von § 284 und SESL; andernfalls würde der Käufer – schadensrechtlich unzulässig – doppelt kompensiert. SENL hingegen kann der Käufer auch neben § 284 verlangen; das Gleiche gilt gem. § 325 für einen etwaigen Rücktritt.

**225** **Prüfungsschema 15:** Aufwendungsersatz, § 284 I iVm § 437 Nr. 3

1. Voraussetzungen von § 437 (s. oben Prüfungsschema 5)
2. Voraussetzungen (irgend-)eines Anspruchs auf SESL
   Vorliegen eines *Schadens* (Haftungsausfüllung) nicht erforderlich
3. Billige Aufwendungen im Vertrauen auf den Erhalt der Leistung
4. Zweckverfehlung der Aufwendungen
5. Kausalität Pflichtverletzung – Zweckverfehlung, § 284 HS 2
6. Kein Ausschluss des Aufwendungsersatzanspruchs:
   a) Vertraglich (Grenze: § 444 und §§ 305 ff.)
   b) Ausschluss der Gewährleistung insgesamt: § 442; § 377 HGB
7. **Rechtsfolge:** Aufwendungsersatz
   grds. gegen Herausgabe des durch die Aufwendungen Erlangten
8. Verjährung des Aufwendungsersatzanspr.: § 214 I iVm § 438

## VIII. Der Anspruch des *Verkäufers* auf Aufwendungsersatz

**Literatur:** *Paulus/Zwirlein*, NJW 2018, 1841.

**226** Die Nacherfüllung setzt bekanntlich kein Vertretenmüssen voraus (s. Rn. 90). Daher muss der Verkäufer einer mangelhaften Sache (stets) auch dann nacherfüllen, wenn er *selbst* die Kaufsache bereits in mangelhaftem Zustand von *seinem* Verkäufer (dem **Lieferanten**) erhalten hat. Dann allerdings gewährt ihm – seit 1.1.2018 – **§ 445a I** einen eigenen (**Regress-**)**Anspruch** gegen den Lieferanten auf Ersatz der ihm i.R.d. Nacherfüllung gegenüber dem Letztkäufer entstandenen Kosten (i.S.v. § 439 II, **III**; *nicht*: Kulanz), und zwar auch, wenn diese erfolglos war (= „selbstständiger Verkäuferregress"). Konstituiert der „letzte" Kaufvertrag einen Verbrauchsgüterkauf, sind zusätzlich die Vorgaben von **§ 478** zu beachten (Rn. 322 ff.). Eine analoge Anwendung von § 445a I (und II) zugunsten von Werkunternehmern scheidet demgegenüber nach den Gesetzesmaterialien (BT-Drs. 18/8486, 96) aus.

**Hintergrund** ist, dass die Nacherfüllungskosten i.V.z. Lieferanten als Aufwendungen und nicht als Schaden anzusehen sind (Rn. 221). 227

Ebenso wie § 439 I setzt auch § 445a I kein Vertretenmüssen voraus. Kaufgegenstand muss jedoch eine „neu hergestellte [= nicht gebrauchte] Sache" sein. M.E. sollte § 445a I zudem – entgegen seinem Wortlaut und ebenso wie seine Vorgängerregelung in § 478 II a.F. – **nur gegenüber Unternehmern** (§ 14) Anwendung finden (a.A. *Lorenz*, JuS 2018, 10, 12). Dafür sprechen historische, teleologische (BT-Drs. 18/8486, 33; § 478!) und systematische Erwägungen. Denn gem. § 445a III findet § 445a I zwar auch in hinteren Gliedern der **Lieferkette** Anwendung, jedoch nur, wenn der jeweilige Schuldner Unternehmer ist. § 445a IV schließlich stellt klar, dass ein etwaiger Haftungsausschluss gem. § 377 HGB (Rn. 248 ff.) auch § 445a I erfasst. 228

Die **Verjährung** des Anspruchs aus § 445a I ist eigens in § 445b geregelt. Danach verjährt der Anspruch an sich – entsprechend § 438 I Nr. 3 – „in zwei Jahren ab Ablieferung [dazu Rn. 262] der Sache" an den Verkäufer, § 445b I. Nach § 445b II 1 ist der Ablauf jedoch bis frühestens „zwei Monate nach dem Zeitpunkt [**gehemmt**], in dem der Verkäufer die Ansprüche des Käufers erfüllt hat". Obergrenze sind gem. § 445b II 2 fünf Jahre nach Ablieferung beim Verkäufer. 229

§ 445b II gilt **auch für konkurrierende Ansprüche** des Verkäufers aus **§ 437**; die Erfüllung des Anspruchs aus § 445a I sperrt jedoch (falls die Nacherfüllung erfolgreich war!) die Mängelrechte aus § 437. 230

**Prüfungsschema 16:** Aufwendungsersatz des Verkäufers, § 445a I 231

1. Kaufvertrag Verkäufer – Lieferant über „neu hergestellte Sache"
   **(P)** Muss der Lieferant Unternehmer (§ 14) sein (+/- § 445a III)
2. Kaufvertrag Verkäufer – Letztkäufer über diese Sache
   **(P)** Verbrauchsgüterkauf? Dann gilt zusätzlich § 478
3. Der Verkäufer musste Aufwendungen i.S.v. § 439 II, III tätigen
   **(P1)** Anspruch d. Käufers a. Nacherfüllung? (Prüfungsschema 6)
   **(P2)** Welche Kosten? nicht Vergütung, Kulanz; Grenze § 439 IV

4. Mangel der Kaufsache bereits bei Gefahrübergang auf Verkäufer
5. Kein Ausschluss des Aufwendungsersatzanspruchs:
   a) Vertraglich (Grenze: §§ 444, 305 ff. sowie u.U. § 478 II n.F.)
   b) Ausschluss der Gewährleistung insgesamt: § 442; § 377 HGB
6. **Rechtsfolge:** Aufwendungsersatzanspruch gegen den Lieferanten
7. Verjährung d. Aufwendungsersatzanspruchs: § 214 I iVm § 445b

## IX. Anspruch auf Herausgabe des Surrogats (§ 285)

**232** Wird ein Schuldner infolge **Unmöglichkeit** (§ 275) von einer Leistungspflicht befreit *und* erlangt er dadurch einen Ersatz(anspruch) für den geschuldeten Gegenstand, kann sein Gläubiger unter den Voraussetzungen von § 285 Herausgabe (oder: Abtretung) des als Ersatz Empfangenen (sog. **stellvertretendes commodum**) verlangen. Derartige Fallkonstellationen sind auch im Kaufrecht denkbar, etwa wenn ein Verkäufer aufgrund eines unbehebbaren Mangels Ansprüche gegen seinen Lieferanten innehat. Anders als dessen Nichterwähnung in § 437 vermuten lässt, kann § 285 in einem derartigen Fall auch *neben* (nicht: iVm) § 437 angewandt werden (h.M.). Die Verjährung beurteilt sich dann jedoch – der Einheitlichkeit halber – analog § 438 (umstr.).

**233** Zusätzlich ist **§ 285** im Kaufrecht sogar **analog** anzuwenden, wenn eine Kaufsache nach Gefahrübergang beschädigt wird und der Verkäufer infolgedessen einen Ersatzanspruch erhält. Das Gleiche gilt, wenn der Verkäufer gem. § 439 IV aus Gründen, die ihm zugleich einen Ersatz(anspruch) verschafft haben, die Nacherfüllung verweigert.

## X. „Allgemeine Mängeleinrede“ und § 320 I

**234** Im Falle der Lieferung einer mangelhaften Sache kann ein Käufer, wenn er den Kaufpreis noch nicht bezahlt hat *und* der Mangel **behebbar** ist, gem. **§ 320 I** – gestützt auf den Nacherfüllungsanspruch aus § 439 I – die Zahlung (grds.) des gesamten Kaufpreises verweigern; zur Ausnahme bei unerheblichen Mängeln s. § 320 II. Denn auch der Nacherfüllungsanspruch steht mit dem Zahlungsanspruch des Verkäufers aus § 433 II im synallagmatischen Gegenseitigkeitsverhältnis.

**235** Ist oder wird ein Mangel hingegen **unbehebbar**, scheidet ein Zurückbehalten des Kaufpreises jedenfalls nach § 320 I oftmals aus; denn dann existiert wegen § 275 I gar kein Nacherfüllungsanspruch (mehr), auf den der Käufer ein Zurückbehaltungsrecht stützen könnte. In einem derartigen Fall kann der Käufer ein Zurückbehaltungsrecht allenfalls noch auf einen etwaigen Anspruch aus § 285 bzw. auf SESL stützen, die beide ebenfalls (grds.) im Synallagma stehen. In allen anderen Fällen aber muss der Käufer eine unbehebbar mangelhafte Kaufsache zunächst – d.h. vorbehaltlich der Geltendmachung sekundärer Mängelrechte sowie von § 438 IV 2 und V – vollständig bezahlen.

Um dies zu vermeiden, will eine **M.M.** dem Käufer bei mangelhaf- 236
ter Lieferung gem. § 242 eine **allgemeine Mängeleinrede** gewähren. Danach soll der Käufer berechtigt sein, die Kaufpreiszahlung unter Berufung auf die Mangelhaftigkeit der Kaufsache bis zur endgültigen Entscheidung über die Geltendmachung etwaiger Mängelrechte zu verweigern. Die **h.M. lehnt dies** jedoch – u.a. wegen der Gefahr einer Verschleppung der entsprechenden Entscheidung des Käufers – zu Recht **ab**.

## XI. Konkurrenzen

### 1. Innerhalb des Kaufgewährleistungsrechts

**Innerhalb** des Systems von § 437 geht ein etwaiger Nacherfül- 237
lungsanspruch bis zum erfolglosen Fristablauf (fast) allen anderen Mängelrechten vor. Nach Fristablauf bzw. bei Entbehrlichkeit der Nachfristsetzung kann ein Käufer grds. in elektiver Konkurrenz frei wählen, ob er weiter Nacherfüllung verlangt *oder* zurücktritt und/oder SESL verlangt. SENL hingegen kann der Käufer stets auch neben der Nacherfüllung verlangen; ebensowenig schließen sich – aus § 325 ersichtlich – Rücktritt und Schadensersatz gegenseitig aus. Das Gleiche gilt (grds.) für die an die Stelle des Rücktritts tretende Minderung (§ 441) bzw. den an die Stelle des SESL tretenden Aufwendungsersatz (§ 284); allerdings schließen sich (**1.**) Minderung und Rücktritt, (**2.**) Minderung und großer SESL (so nun auch BGH NJW 2018, 2863), (**3.**) SESL und Aufwendungsersatz sowie (**4.**) Rücktritt bzw. Minderung und § 285 jeweils gegenseitig aus.

### 2. Zu anderen Rechten außerhalb des Kaufgewährleistungsrechts

**Außerhalb** des Kaufgewährleistungsrechts stehen die §§ 437 ff. 238
iVm § 242 jedenfalls insoweit einer **Anfechtung** des Verkäufers gem. § 119 II entgegen, als der Eigenschaftsirrtum eine mangelbegründende Eigenschaft betrifft; andernfalls könnte sich der Verkäufer durch bloße Anfechtung der Gewährleistung entziehen. Das Gleiche gilt (zum Schutz des „Rechts" des Verkäufers zur zweiten Andienung sowie von § 438 und § 442 I 2) für eine entsprechende Anfechtung durch den Käufer (h.M.; umstr.); allerdings greift die letztgenannte Anfechtungs-

sperre nach h.M. erst ab Lieferung (d.h. zeitlicher Anwendbarkeit von § 437) ein (umstr.). Eine Anfechtung gem. § 119 I hingegen ist neben § 437 uneingeschränkt möglich, genauso wie eine Anfechtung wegen arglistiger Täuschung (oder Drohung) nach § 123.

**239** Die Mangelfreiheit einer Kaufsache ist gem. § 433 I 2 Inhalt der (vertraglichen) Leistungspflicht des Verkäufers; daher können mangelbegründende Umstände bzw. deren Fehlen i.d.R. nicht **Geschäftsgrundlage** sein; jedenfalls wird § 313 insoweit von § 437 verdrängt. Auch Ansprüche aus **cic** (§§ 280 I, 311 II, 241 II) treten – außer im Falle von Arglist des Verkäufers (ganz h.M.; umstr.) – hinter dem Kaufgewährleistungsrecht zurück, soweit sich die jeweils haftungsbegründende vorvertragliche (meist: Informations-)Pflichtverletzung auf mängelbegründende Umstände bezieht (umstr.).

**240** Konkurrierende **deliktische** Ansprüche sind insb. bei Auftreten von Mangelfolgeschäden denkbar. Sie werden weder durch das Kaufgewährleistungsrecht verdrängt noch von der Verjährungsregel in § 438 erfasst. Insofern besteht eine reine **Anspruchskonkurrenz**. Von besonderer Bedeutung ist dabei die Rspr. des BGH zu sog. **Weiterfresserschäden**. Danach begründet zwar die Lieferung einer mangelhaften Sache *per se* keine Eigentumsverletzung; ausnahmsweise kann jedoch eine Eigentumsverletzung i.S.v. § 823 I zu bejahen sein, wenn sich ein Mangel nach Gefahrübergang (z.B. durch Explosion des mangelhaften Motors) auf ursprünglich unversehrte Teile der Kaufsache ausweitet; hierzu und zur Frage der **Stoffgleichheit** s. SchR BT/II, Kap. 4 Rn. 22.

## G. Ausschluss, Grenzen und Erweiterung der Mängelrechte

**241** Das Kaufgewährleistungsrecht ist – sieht man von Besonderheiten beim Verbrauchsgüterkauf (vgl. § 476) sowie §§ 138, 242 und §§ 305 ff. ab – **kein zwingendes Recht**. Die oben unter F. dargestellten Mängelrechte des Käufers können daher (grds.) vertraglich sowohl erweitert (etwa durch Garantie i.S.v. § 443) als auch beschränkt bzw. ausgeschlossen werden; daneben gibt es bestimmte gesetzliche Ausschlusstatbestände für die Gewährleistung. Überdies unterliegen (nur) die Mängelrechte des § 437 gem. § 438 einer besonderen Verjährung.

### I. Ausschluss der Gewährleistung

**242** Das Gesetz sieht in §§ 442 I, 445 sowie – bei Vorliegen eines beiderseitigen Handelsgeschäfts (§ 343 I HGB) – § 377 HGB unter bestimmten Voraussetzungen einen Ausschluss der Gewährleistung vor. Werden die Mängelrechte des Käufers hingegen vertraglich ausgeschlossen, sind die von §§ 444, 305 ff. sowie – außer in Bezug auf Schadensersatz – § 476 I, II gesetzten Grenzen zu beachten.

| **gesetzlich** | | | **vertraglich** | | | **zeitliche Grenze:** |
|---|---|---|---|---|---|---|
| nur **ausnahmsweise** gem. | | | grds. möglich mit **Grenze:** | | | **Ansprüche:** § 438 I–III |
| § 442 I | § 445 | § 377 HGB | § 444 | § 476 I | §§ 305 ff. | **Gestaltungsrechte**: § 438 IV, V |

***Übersicht 8:*** *Haftungsausschluss und zeitliche Grenze im Gewährleistungsrecht*

### 1. Gesetzlicher Haftungssausschluss gem. §§ 442 I 1, 2 und 445

Nach **§ 442 I 1** sind die Mängelrechte des Käufers aus § 437 ausge- 243
schlossen, wenn dieser den haftungsbegründenden (Sach- oder Rechts-) Mangel bei „Vertragsschluss" **positiv kannte**. Hauptanwendungsfall dieser Norm dürfte die Vereinbarung einer Stückschuld sein; denn bei Gattungsschulden ist für § 442 I (grds.) erforderlich, dass die gesamte Gattung mangelhaft ist. „Vertragsschluss" i.S.v. § 442 I ist der **Zeitpunkt** der Abgabe bzw. etwaigen Beurkundung der vertragskonstituierenden Willenserklärung des Käufers (s. BGH NJW 2012, 2793). Wird er dabei vertreten, kommt es gem. § 166 I auf seinen Vertreter an.

Das Gleiche gilt gem. **§ 442 I 2**, wenn ein Mangel dem Käufer – 244
ebenfalls zum Zeitpunkt der Abgabe oder Beurkundung seiner Willenserklärung – „infolge **grober Fahrlässigkeit** unbekannt" bleibt, es sei denn, der Verkäufer hat „den Mangel arglistig verschwiegen oder eine Garantie für die Beschaffenheit der Sache übernommen". Grobe Fahrlässigkeit wird dem Käufer freilich nur selten zu attestieren sein; denn ihn trifft – außer bei verdächtigen Umständen (zu billig?) oder im Einzelfall besonders (insb. im Vergleich zum Verkäufer) großer Sachkunde – keine generelle Untersuchungs*obliegenheit* (h.M.; umstr. v.a. beim Kauf von Grundstücken und Gebrauchtfahrzeugen).

**Arglist** des Verkäufers i.S.v. § 442 I 2 setzt – genauso wie bei 245
§§ 438 III 1, 444 f. und § 123 I Alt. 1 – *irgendeine* Form des Vorsatzes voraus, so dass selbst bedingter Vorsatz (z.B.: Angaben „ins Blaue hinein") genügt. Das **Verschweigen** eines Mangels ist jedoch nur dann relevant, wenn den Verkäufer eine Aufklärungspflicht trifft. Dies ist nur ausnahmsweise der Fall und kann u.a. aus (**1.**) expliziten **Nachfragen** des Käufers oder (**2.**) der für den Entschluss eines verständigen Käufers wesentlichen Bedeutung eines – z.B. den Vertragszweck gefährdenden – Mangels folgen. Hat der Verkäufer einen Mangel arglistig verschwiegen, kann der Käufer den Kaufvertrag zusätzlich gem. § 123 I Alt. 1 anfechten; damit schneidet er sich jedoch die i.d.R. gün-

stigeren Mängelrechte ab. Mit **„Garantie„** ist die Übernahme einer verschuldensunabhängigen Haftung i.S.v. § 276 I 1 (Rn. 217) gemeint (umstr.).

**246** § 442 I findet gem. **§ 442 II** keine Anwendung, wenn ein Mangel durch ein im Grundbuch eingetragenes „Recht“ konstituiert wird (z.B. eine Grundschuld, aber auch eine – hinsichtlich ihrer Rechtsnatur umstrittene – Vormerkung i.S.v. § 883). Beachte auch § 439 III 2 (Rn. 95).

**247** **§ 445** dagegen schließt die Gewährleistung für [bewegliche] Sachen aus, die aufgrund eines Pfandrechts (§ 1235 I) in öffentlicher **Versteigerung** (§ 383 III 1) verkauft werden (§ 156), es sei denn, der Verkäufer hat – wie bei § 442 I 2 – „den Mangel arglistig verschwiegen oder eine Garantie“ i.S.v. § 276 I 1 übernommen. Zur etwaigen Ausnahme beim Verbrauchsgüterkauf s. § 475 III 2 (beachte aber § 474 II 2).

### 2. Gesetzlicher Haftungssausschluss gem. § 377 II, III HGB

**248** Einen weiteren bedeutsamen Haftungsausschluss beinhaltet **§ 377 HGB**. Allerdings findet diese Norm nicht etwa immer Anwendung, sondern nur auf Kaufverträge (**1.**) über Waren (d.h. bewegliche Sachen i.S.v. § 90), die (**2.**) bei Vertragsschluss für *beide* Parteien ein Handelsgeschäft (§ 343 I HGB) darstellen. M.a.W. müssen sowohl Käufer als auch Verkäufer **Kaufleute** i.S.v. §§ 1 ff. HGB sein *und* den betreffenden Kaufvertrag jeweils i.R.d. Betriebs ihres Handelsgewerbes abgeschlossen haben. Nur dann trifft einen Käufer gem. § 377 I HGB die Obliegenheit, die „Ware“ nach Ablieferung (**1.**) unverzüglich zu **untersuchen** und dem Verkäufer etwaige dabei erkannte bzw. erkennbare (**offene**) Mängel (**2.**) unverzüglich **anzuzeigen**. Tut er dies nicht, gilt die Ware gem. § 377 II HGB als genehmigt.

**249** Die nach § 377 II HGB fingierte Genehmigung erstreckt sich dabei nicht auch auf Mängel, die bei ordnungsgemäßer Untersuchung gar nicht erkennbar sind. Derartige **verdeckte** Mängel gelten gem. § 377 III HGB erst dann als genehmigt, wenn der Käufer es unterlässt, sie unverzüglich nach ihrer jeweiligen Entdeckung zu rügen.

**250** Gem. § 377 IV HGB genügt zur Verhinderung der Genehmigungsfiktion sowohl nach § 377 II als auch III HGB jeweils die **rechtzeitige Absendung** der Anzeige; folglich trägt der Verkäufer das *Verzögerungsrisiko*. Kommt die Rügeanzeige hingegen gar nicht an, so geht dies – d.h. das *Verlustrisiko* – zu Lasten des Käufers (h.M.; umstr.).

**251** Welche Untersuchung im Einzelfall erforderlich ist und welcher Zeitraum noch als **unverzüglich** (§ 121 I 1) gilt, hängt jeweils von der Art des Mangels, der Branche sowie der betreffenden Ware ab (a.A: auch Betriebsgröße); bei schnell verderbender Ware etwa kann bereits eine Rüge nach zwei Tagen verspätet sein. Zusätzlich ist zu bedenken, dass das sog. „Eilgebot" grds. zweimal gilt, d.h. *sowohl* für die Untersuchung *als auch* die Rüge. Im Übrigen tritt die Genehmigungsfiktion nicht ein, wenn der Verkäufer den Mangel arglistig verschwiegen hat, § 377 V HGB (hierzu Rn. 245). Eine dem § 377 HGB vergleichbare Regelung enthält für internationale Warenkaufverträge Art. 39 CISG.

**Prüfungsschema 17:** Haftungsausschluss gem. **§ 377 II, III HGB** 252

1. **Bestand** der Rügeobliegenheit
   a) Beiderseitiges Handelsgeschäft, §§ 377 I, 343 I HGB
   b) Ablieferung der „Ware" (= bewegliche Sache)
   c) Mangelhaftigkeit der Ware (i.S.v. §§ 434, 435)
   d) Kein Ausschluss (durch Vereinbarung oder § 377 V HGB)
2. **Verletzung** der Rügeobliegenheit
   a) offener (§ 377 II HGB) o. verdeckter (§ 377 III HGB) Mangel?
   b) keine rechtzeitig abgesendete Rüge; Zugang beim Verkäufer
3. **Rechtsfolge:** Fiktion der Genehmigung gem. § 377 II o. III HGB

### 3. Vertraglicher Haftungsausschluss

Vereinbaren die Parteien eines Kaufvertrags, dass der Verkäufer 253
nicht oder nur eingeschränkt bzw. kürzer als nach § 438 vorgesehen für etwaige Mängel haften soll, muss sich diese Vereinbarung (neben § 138 und § 242) an **§§ 444, 476** sowie – falls der (partielle) Haftungsausschluss eine AGB darstellt – **§§ 305 ff.** (v.a. § 309 Nr. 7 und 8; s. SchR AT, Kap. 2) messen lassen. Zusätzlich ist zu beachten, dass ein vertraglicher Ausschluss der *Sach*mängelhaftung grds. nur Mängel i.S.v. § 434 I 2 (und 3), nicht jedoch § 434 I 1 erfasst (vgl. Rn. 34; s. auch Rn. 52).

Gem. **§ 444** kann sich ein Verkäufer **nicht** auf einen (u.U. partiel- 254
len) Haftungsausschluss **berufen** (≠ Nichtigkeit – d.h. § 139 findet keine Anwendung), wenn er den haftungsbegründenden Mangel entweder **arglistig verschwiegen** hat (hierzu Rn. 245) oder eine **Garantie** i.S.v. (umstr.) § 276 I 1 (Rn. 217) übernommen hat. Dies gilt selbst dann, wenn der Käufer den Vertrag in Kenntnis des Mangels ebenfalls geschlossen hätte, der arglistig verschwiegene Sachmangel also nicht für den Willensentschluss des Käufers ursächlich (kausal) war.

Eine weitere Einschränkung folgt – bei Vorliegen eines **Ver-** 255
**brauchsgüterkaufs** – aus **§ 476 I.** Danach können die meisten Kaufrechtsvorschriften nicht zu Ungunsten des Käufers abbedungen werden. Dies gilt nach § 476 I 2 auch, wenn die betreffenden Normen

„durch anderweitige Gestaltungen [etwa i.R.v. sog. Agenturgeschäften, s. hierzu Rn. 309] umgangen werden“. Gem. **§ 476 II** kann auch die (Gestaltungs-)Verjährung der Mängelrechte gem. § 438 nur sehr eingeschränkt verkürzt werden. § 476 I und II setzt dabei die Vorgaben der VerbrGKRL um; da diese keinerlei Vorgaben für etwaige Schadensersatzansprüche enthält, gilt das Gesagte gem. **§ 476 III nicht** für etwaige Schadensersatzansprüche (sowie den Aufwendungsersatzanspruch) des Käufers. Für den Verkäuferregress vgl. § 478 II 1.

## II. Zeitliche Grenzen der Mängelrechte

**256** Die Verjährung von Ansprüchen (nicht: Rechten) ist im BGB in allgemeiner Form in §§ 194 ff. geregelt; die dort – in § 195 – normierte **regelmäßige Verjährungsfrist** beträgt drei Jahre, und zwar gerechnet ab dem Schluss des Jahres der Anspruchsentstehung *und* (grds.) Kenntniserlangung des Gläubigers von den anspruchsbegründenden Umständen sowie der Person des Schuldners, § 199 I. Im Kaufrecht unterfallen z.B. die Ansprüche aus § 433 I 1 und II der regelmäßigen Verjährung.

**257** Die Mängelrechte eines Käufers aus § 437 hingegen unterliegen gem. § 438 einer **besonderen Verjährung** bzw. – im Falle von Gestaltungsrechten – sog. „Gestaltungsverjährung“. Unter § 438 fallen auch Ansprüche auf Ersatz von Mangel*folge*schäden und aus § 285 (s. Rn. 232), nicht jedoch § 282 (jeweils umstr.). I.R.v. Lieferketten, d.h. beim Regress gegen Lieferanten (etc.), ist zusätzlich die Ablaufhemmung gem. § 445b II zu beachten, s. Rn. 229 f. **Abweichende Vereinbarungen** sind aus § 202 ersichtlich möglich (mit Grenze dort und in § 476 II).

### 1. Verjährungsfristen für Ansprüche, § 438 I und III

**258** Gem. § 438 I **Nr. 3** verjähren die Ansprüche aus § 437 – grds. – in **zwei Jahren**. Hauptanwendungsfall dieser **kaufrechtlichen Regelverjährung** ist der Kauf **beweglicher** Sachen sowie – iVm § 453 I – von Rechten bzw. sonstigen Gegenständen (z.B. Unternehmen); auch der Kauf unbebauter (etwa: kontaminierter) Grundstücke fällt darunter. Hat der Verkäufer allerdings einen Mangel arglistig verschwiegen (dazu Rn. 245), findet die regelmäßige Verjährung Anwendung, § 438 III 1.

**259** Beim Kauf von **Bauwerken** beträgt die Verjährungsfrist hingegen gem. § 438 I **Nr. 2** lit. a **fünf Jahre**. „Bauwerke“ sind nach der Rspr. „unbewegliche, durch Verwendung von Arbeit und Material in Verbindung mit dem Erdboden [dauerhaft] hergestellte Sachen„, d.h. neben Gebäuden z.B. auch Tunnel oder Antennentürme, i.d.R. nicht jedoch Photovoltaikanlagen auf Häuserdächern. U.a. wegen des

Gleichlaufs mit § 634a I Nr. 2 ist auch der Kauf **zuvor** neu errichteter (nicht: zu errichtender, vgl. § 650u) Häuser oder Eigentumswohnungen m.E. nicht mehr – anders als vor der SchuldRMod – als **Werkvertrag** (§§ 631 ff.) einzustufen (umstr.; dazu Kap. 6 Rn. 6). Beachte zudem § 438 III 2.

Ebenfalls einer fünfjährigen Verjährungsfrist unterliegt nach § 438 I Nr. 2 lit. b der Kauf von Sachen, die (**1.**) entweder (objektiv) **üblicherweise für ein Bauwerk verwendet** werden oder (umstr.) deren Verwendung für ein Bauwerk zumindest vertraglich vorausgesetzt ist und die jeweils (**2.**) auch tatsächlich für ein Bauwerk verwendet wurden sowie (**3.**) dessen Mangelhaftigkeit verursacht haben. Darunter fallen z.B. Baumaterialien (Zement etc.), Stahlträger oder Heizkörper. Auch dies dient dem Gleichlauf mit § 634a I Nr. 2, wonach derjenige, der ein Bauwerk für einen anderen erstellt, fünf Jahre lang haftet und daher fünf Jahre Rückgriff bei seinen Zulieferern soll nehmen können. **260**

Nach § 438 I **Nr. 1** schließlich verjähren Ansprüche aus § 437 ausnahmsweise sogar erst nach **30 Jahren**, wenn der haftungsbegründende (Rechts-)Mangel entweder durch ein Herausgabeansprüche „ermöglichendes" **dingliches Recht** eines Dritten (**lit. a**) oder ein im Grundbuch eingetragenes sonstiges Recht (**lit. b**) konstituiert wird. Dies dient dem Gleichlauf mit § 197 I Nr. 2 und § 902. Da bei einem Scheitern der Eigentumsverschaffung wegen § 433 I 1 nach h.M. richtigerweise keine Schlecht-, sondern eine Nichtleistung vorliegt (umstr., s. Rn. 50), fallen hierunter v.a. der Nießbrauch sowie Erbbau- und Pfandrechte. **261**

## 2. Beginn der Verjährungsfristen, § 438 II

Sämtliche Verjährungsfristen des § 438 I **beginnen** gem. **§ 438 II** – entgegen der Grundregel in § 199 I – bereits entweder mit der Ablieferung (Alt. 2) oder aber, bei Grundstücken, der Übergabe der Kaufsache (Alt. 1) zu laufen. **„Abgeliefert"** i.S.v. § 438 II Alt. 2 ist eine Sache dann, wenn sie der Verkäufer endgültig aus seiner Verfügungsgewalt entlassen *und* der Käufer erstmals volle Zugriffs*möglichkeit* (nicht unbedingt Besitz) hat, z.B. durch Übergabe, Hausbriefkasteneinwurf oder Bereithaltung zur Abholung in der Post. Ein etwaiger Annahmeverzug ist unbeachtlich. Abzustellen ist zudem grds. nur auf die **erstmalige** Ablieferung, so dass im Falle mangelhafter Nacherfüllung die Verjährung nicht (erneut) beginnt. Eine **Übergabe** i.S.v. § 438 II Alt. 1 setzt demgegenüber eine einverständliche Besitzübertragung voraus. **262**

### 3. Zeitliche Grenze der Gestaltungsrechte, § 438 IV 1 und V

263 Gem. § 194 I unterliegen nur Ansprüche der Verjährung, nicht jedoch sonstige (z.B. Gestaltungs-)Rechte. Würde man es dabei belassen, könnte ein Käufer (nur) den Rücktritt bzw. die Minderung grds. zeitlich unbegrenzt erklären. Das wäre unbillig! Folglich verknüpft **§ 218 I 1** die **Wirksamkeit** einer Rücktrittserklärung mit dem zugrundeliegenden Haupt*anspruch*: Ist dieser verjährt *und* beruft sich der Schuldner darauf, wird ein zunächst wirksamer Rücktritt ***ex tunc*** (umstr.) unwirksam („Gestaltungsverjährung"). Ist die Erfüllung des Hauptanspruchs hingegen **unmöglich** oder beruft sich der Verkäufer auf § 439 IV, kommt es gem. § 218 I 2 darauf an, ob der Anspruch verjährt wäre, wenn man die Unmöglichkeit bzw. Einrede hinwegdenkt.

264 Im Kaufrecht verweisen **§ 438 IV 1** für den Rücktritt (nur gem. § 437 Nr. 2 Alt. 1) und **§ 438 V** für die Minderung (entsprechend) auf § 218. Hinsichtlich der Verjährungsfrist ist dabei jeweils auf § 438 I–III abzustellen; denn der als Bezugspunkt dienende Hauptanspruch ist für die Mängelrechte des Käufers aus § 437 stets der (im Falle der Unmöglichkeit bzw. Einredeerhebung: hypothetische) Nacherfüllungsanspruch aus § 439 I iVm § 437 Nr. 1.

### 4. „Besondere" Mängeleinrede und Rücktrittsrecht des Verkäufers

265 Hat der Käufer den Kaufpreis im Falle mangelhafter Lieferung noch nicht (vollständig) gezahlt und kann er wegen § 218 I nicht wirksam zurücktreten, so gibt ihm **§ 438 IV 2** das Recht, die Zahlung des (restlichen) Kaufpreises insofern endgültig zu verweigern, als er dazu auf Grund des Rücktritts berechtigt sein würde (sog. – **besondere**, vgl. Rn. 236 – **Mängeleinrede**). Dies kann erforderlich sein, da der Kaufpreisanspruch aus § 433 II – anders als die Mängelrechte aus § 437 – der (längeren) regelmäßigen Verjährungsfrist unterliegt (s. Rn. 256).

266 Beruft sich der Käufer auf dieses Leistungsverweigerungsrecht, kann wiederum der Verkäufer gem. **§ 438 IV 3** vom Vertrag **zurücktreten** (mit Folge §§ 346 ff., d.h. vollständige Rückabwicklung). Für die Minderung verweist § 438 V (nur) auf § 438 IV 2.

## III. Erweiterung der Käuferrechte durch Garantie

267 Kraft Privatautonomie können die Rechte eines Käufers nicht nur beschränkt, sondern auch vertraglich **erweitert** werden. Dies geschieht i.d.R. durch die „Übernahme" – d.h. vertragliche Vereinbarung (u.U. gem. § 151 S. 1) – einer **Garantie**, und zwar entweder durch den Verkäufer selbst oder Dritte (z.B. den Hersteller). Sowohl Begriff als auch

Umfang der kaufrechtlichen Garantie sind gesetzlich (nur) lückenhaft in **§ 443** geregelt. Zusätzlich wird die umstr. Rechtslage dadurch verkompliziert, dass § 443 verschiedene EU-Rechtsakte – sowohl die **VerbrGKRL** als auch die **VRRL** – umsetzt. Für Garantien gegenüber Verbrauchern sind zudem die Vorgaben in **§ 479** zu beachten.

### 1. Vereinbarung einer kaufrechtlichen Garantie

Die Übernahme einer Garantie bedarf einer **vertraglichen Einigung** 268
der Parteien und erfolgt i.d.R. direkt bei bzw. zumindest i.R.d. Kaufvertragsschlusses in Gestalt einer Nebenabrede; stattdessen kann eine Garantie aber auch – insb. bei Drittgarantien – durch einen **eigenen Garantievertrag** i.S.v. § 311 I übernommen werden. Zusätzlich kann der Inhalt einer Garantie gem. §§ 133, 157 durch die „einschlägige" **Werbung** konkretisiert werden (vgl. Art. 6 I VerbrGKRL).

### 2. Arten der kaufrechtlichen Garantie

Durch eine kaufrechtliche Garantie können (**1.**) die Rechte des Käu- 269
fers wegen eines Mangels **inhaltlich** (oder: zeitlich) erweitert oder dem Käufer (**2.**) Rechte auch **ohne** bzw. unabhängig von einem Mangel versprochen sowie (**3.**) zusätzlich auch Ansprüche **gegen Dritte** eingeräumt werden. Die Aufzählung in § 443 I ist dabei nicht abschließend:

#### a) Inhaltliche Erweiterung der Käuferrechte

Übernimmt ein Verkäufer (oder ein Dritter, dazu lit. b) eine Haftung 270
auch für Mängel, die erst nach Gefahrübergang auftreten (und daher nicht unter § 437 fallen), spricht das Gesetz von einer **Haltbarkeitsgarantie** (vgl. § 443 **II**). Nicht legaldefiniert ist demgegenüber die sog. **Beschaffenheitsgarantie**. M.E. fallen darunter die in § 443 I **Alt. 1** angesprochenen Garantien, d.h. diejenigen Fälle, in denen der Verkäufer (oder ein Dritter) dem Käufer für den Fall der Mangelhaftigkeit der Kaufsache (bei Gefahrübergang) Rechtsfolgen verspricht, die über diejenigen von § 437 hinausgehen, z.B. den Austausch der mangelhaften gegen eine bessere Sache. Nach verbreiteter a.A. fällt unter den Begriff der „Beschaffenheitsgarantie" zusätzlich die (oben Rn. 217 dargestellte) **Garantie i.S.v. § 276 I 1**. Als **(Außen-)Anforderungsgarantie** schließlich könnte man die in § 443 I **Alt. 2** genannten Fälle bezeichnen, in denen dem Käufer die Einhaltung „andere[r] als die Mängelfreiheit betreffende Anforderungen" an die Kaufsache (etwa: Erlass eines Bebauungsplans für das verkaufte Grundstück) garantiert werden.

271 Die früher übliche Unterscheidung zwischen **selbständigen** und – wenn lediglich die Voraussetzungen bzw. Rechtsfolgen der Gewährleistungsrechte aus § 437 erweitert werden – **unselbständigen Garantien** wird demgegenüber zu Recht immer häufiger als überflüssig kritisiert.

**b) Personelle Erweiterung der Käuferrechte**

272 Auch **Dritte** (etwa der Hersteller oder Importeur einer Kaufsache) können (**1.**) – neben dem Verkäufer – eine § 437 entsprechende Haftung und/oder (**2.**) die oben Rn. 270 dargestellten Garantien „übernehmen". Rechtstechnisch erfolgt dies nicht durch eine Nebenabrede zum Kaufvertrag, vielmehr kommt mit dem Dritten (u.U. gem. § 151) ein eigener, kraft Vertragsfreiheit möglicher **Garantievertrag** zustande. Im Übrigen kann das Bestehen einer Herstellergarantie i.V.z. Verkäufer ein Beschaffenheitsmerkmal der Kaufsache i.S.v. § 434 I darstellen.

273

| **wo?** | § 443 I [≈Alt. 2] | § 443 I [≈Alt. 1] | ≈ § 443 II | § 276 I 1 (aA: § 443 I) |
|---|---|---|---|---|
| **was?** | Anforderungsgarantie | Beschaffenheitsg. | Haltbarkeitsgar. | Garantie iSv § 276 I |
| **wie?** | andere *Anforderungen* als Mängelfreiheit | andere *Rechtsfolgen* als § 437 | Mängel *nach* Gefahrübergang | lediglich *Verschuldenssurrogat* |
| **wer?** | Verkäufer+Dritte (alle) | alle | alle | idR nur Verkäufer |
| **AGL?** | ja | ja | ja | nein |

***Übersicht 9:*** *Arten der Garantie im Kaufrecht* [AGL = Anspruchsgrundlage]

**3. Voraussetzungen und Rechtsfolgen**

274 (In einer Klausur zu zitierende) **Anspruchsgrundlage** für die Geltendmachung von Rechten aus einer etwaigen Garantie ist die Garantievereinbarung selbst (iVm § 443 I Alt. 1 oder 2 bzw. II). Die Garantie i.S.v. § 276 I 1 (die nach a.A. ebenfalls eine „Beschaffenheitsgarantie" i.S.v. § 443 I darstellt) ist als Wirknorm und Verschuldenssurrogat hingegen erst beim etwaigen Vertretenmüssen zu prüfen.

275 **Welche Rechte** im Einzelfall aus einer Garantie erwachsen, ist durch Auslegung der jeweiligen Garantievereinbarung zu ermitteln; das gilt auch für die **Voraussetzungen** des Garantiefalls sowie die Bemessung der **Verjährungsfrist** (§ 195 [h.M.] oder § 438?; umstr.).

275a V.a. bei der Haltbarkeitsgarantie ist die Verjährungs- zudem von der **Garantiefrist** zu unterscheiden, innerhalb derer auftretende Mängel eine etwaige Haftung des Garantiegebers auslösen. Im Zweifel wird der Garantiegeber zudem bei Verursachung des Mangels durch den

Käufer oder Dritte nicht haften wollen. Diesbezüglich ist die Beweislastregel in § 443 II zu beachten, wonach bei einer Haltbarkeitsgarantie vermutet wird, dass ein während der Geltungsdauer [=Garantiefrist] „auftretender Sachmangel die Rechte aus der Garantie begründet".

Wird eine Beschaffenheits- oder Haltbarkeitsgarantie vereinbart, ist bei fehlender Präzisierung des Garantiefalls **im Zweifel** anzunehmen, dass für die Rechte aus der Garantie grds. – von den Besonderheiten der jeweiligen Garantie abgesehen – die Voraussetzungen der entsprechenden **gesetzlichen** Gewährleistungsrechte – z.B. das Vorliegen eines Mangels, u.U. auch eine Nachfristsetzung – erfüllt sein müssen. 276

**Prüfungsschema 18:** Rechte aus einer Garantie i.S.v. **§ 443 I, II** 277

1. „Übernahme" (=Vereinbarung) einer Garantie
   a) Vorliegen eines wirksamen Kaufvertrags
   b) Garantievereinbarung (als Nebenpunkt o. eig. Garantievertrag)
      **(P1)** Welche Art von Garantie?
      **(P2)** Vereinbarung, u.U. iVm § 151; „einschlägige" Werbung
      **(P3)** Abgrenzung zu Beschaffenheitsvereinbarung iSv § 434 I 1
2. Eintritt des Garantiefalls
   **(P1)** Voraussetzungen? z.B. Nachfristsetzung? – §§ 133, 157
   **(P2)** Garantiefrist? Verjährungsfrist?
3. **Rechtsfolge:** Dem Käufer stehen die Rechte aus der Garantie zu

## H. Besondere Arten des Kaufs

Die vorstehend besprochenen, „allgemeinen Vorschriften" in §§ 433–452 betreffen den kaufrechtlichen „Normalfall", d.h. den Erwerb (**1.**) einer Sache (**2.**) ohne besonders vereinbarte Folgeverpflichtungen o.Ä. Diese Regeln werden in **§§ 453–479** für bestimmte Vertragsgegenstände, -situationen oder -parteien **ergänzt** bzw. z.T. **modifiziert**. 278

### I. Der Kauf von Rechten bzw. sonstigen Gegenständen

**Literatur:** *Eidenmüller*, ZGS 2002, 290; *Gomille*, JA 2012, 487.

Gem. **§ 453 I** finden die Vorschriften „über den Kauf von Sachen [auch] auf den Kauf von Rechten [**Alt. 1**] und sonstigen Gegenständen [**Alt. 2**] *entsprechende* Anwendung". Da die Vorgaben der VerbrGK- 279

RL lediglich den Kauf (beweglicher) Sachen betreffen, besteht dabei grds. kein Gebot richtlinienkonformer Auslegung.

### 1. Rechtskauf, § 453 I Alt. 1

**280** Gegenstand eines Rechtskaufs können insb. **Forderungen** sein. Zur Erfüllung des Anspruchs aus §§ 433 I 1, 453 I Alt. 1 ist dann statt Übergabe und Übereignung eine Abtretung (§§ 398 ff.) erforderlich. Die **Kosten** der Rechtsübertragung (und u.U. -begründung) muss dabei gem. § 453 II (grds.) der Verkäufer tragen. Daneben unterfallen § 453 I Alt. 1 auch u.a. – vgl. § 413 (etc.) – Anwartschaftsrechte, Gesellschaftsanteile und bestimmte beschränkte dingliche Rechte (etwa Grundschulden oder Erbbaurechte) sowie Immaterialgüterrechte (z.B. Patent- oder Markenrechte, wegen § 29 I UrhG nicht jedoch das Urheberrecht). **Kein** Recht ist demgegenüber der bloße Besitz (vgl. § 857).

**281** Die Übertragung des **Eigentums(rechts)** unterfällt hingegen nicht § 453 I, sondern – als Sachkauf – § 433 I 1 direkt; denn Eigentum kann nur an Sachen bestehen. Das Gegenteil folgt auch nicht aus § 453 III, wonach der Verkäufer verpflichtet ist, dem Käufer eine Sache frei von Sach- und Rechtsmängeln zu **übergeben**, wenn er ein Recht verkauft, das zum Besitz einer Sache berechtigt. Darunter fallen in Abgrenzung zum Sachkauf nur z.B. Erbbau- oder Wohnungsrechte i.S.v. § 1093, nicht jedoch das Eigentum sowie (umstr.) der Kauf von Ansprüchen auf Verschaffung einer Sache (v.a.) aus § 433 I 1.

**282** Die bloß **entsprechende** Anwendung der §§ 433 ff. auf den Rechtskauf hat u.a. zur Folge, dass ein verkauftes Recht neben Rechtsmängeln durchaus **auch „*Sach*"mängel** i.S.v. §§ 434 I, 453 I Alt. 1 aufweisen kann (umstr.; a.A.: cic). Dies ist insb. dann der Fall, wenn das verkaufte Recht nicht die vereinbarte (etc.) Beschaffenheit hat, z.B. weil es nicht im vereinbarten Umfang besteht; zur Beschaffenheit zählen dabei alle strukturprägende Eigenschaften des jeweiligen Rechts. Ein **Rechtsmangel** liegt hingegen u.a. vor, wenn das verkaufte Recht seinerseits mit Rechten Dritter belastet oder bereits verjährt ist bzw. beim Rechtserwerb eine Aufrechnungslage bestand (vgl. § 406).

**283** Existiert ein verkauftes Recht hingegen gar nicht bzw. steht es einem Dritten zu oder ist es nicht übertragbar (sog. **Verität**) und kann es auch nicht (gutgläubig) erworben werden, stellt dies eine nach allgemeinem Leistungsstörungsrecht zu behandelnde reine Nichtleistung dar (parallel zum Sachkauf, s. Rn. 50). Ebenfalls nicht zur Beschaffenheit zählt die Einbringlichkeit einer Forderung (umstr.), d.h. v.a. die **Bonität** des Drittschuldners. Diese kann daher allenfalls zum Gegenstand einer (Anforderungs-)Garantie i.S.v. § 443 I (Alt. 2) gemacht werden.

## 2. Der Kauf von sonstigen Gegenständen, § 453 I Alt. 2

Unter § 453 I Alt. 2 fallen – als „sonstige Gegenstände" – insb. **Vermögensgesamtheiten** (z.B. Unternehmen – dazu Rn. 285 ff. – oder Arztpraxen), übertragbare **unkörperliche Gegenstände** ohne „Rechtsqualität" wie Elektrizität oder Fernwärme, **Software**, die nicht auf einem Datenträger verkörpert ist (umstr.; a.A.: stets Sachkauf, außer die Software wird individuell hergestellt, dann: §§ 631 ff. [a.A.: § 650]), E-Books, Audiodateien sowie sonstige **übertragbare Vermögenswerte** (Know-How, Kundenstamm, Domainname etc.) und [m.E.] Kryptowährungen wie Bitcoins oder Token, die dezentralisiert in verteilten Systemen unter Verwendung einer Blockchain (o.Ä.) erzeugt werden. 284

## 3. Insbesondere: Der Unternehmenskauf

Von besonderer Bedeutung i.R.v. § 453 I ist der Unternehmenskauf. Der Begriff des **Unternehmens** ist im BGB nicht näher definiert; die Rspr. versteht darunter einen „Inbegriff von Rechts- und Sachgesamtheiten", die mit einer einheitlichen Zweckbestimmung zu einer organisatorischen Einheit verbunden sind. M.a.W. ist ein Unternehmen kein Rechts*subjekt*, sondern bloß Rechts*objekt*. Hinter jedem Unternehmen steht daher notwendigerweise eine (natürliche oder juristische) Person bzw. rechtsfähige Personengesellschaft als **Unternehmens*träger***. 285

### a) *Asset deal*, § 453 I Alt. 2

Ein Unternehmen ist als Vermögensgesamtheit ein „sonstiger Gegenstand" i.S.v. § 453 I Alt. 2. Entsprechend kann ein Träger sein Unternehmen ohne weiteres durch einheitlichen Kaufvertrag verkaufen (sog. ***asset deal***). Auf dinglicher Ebene – i.R.d. Erfüllung – müssen die unternehmenskonstituierenden Vermögenswerte allerdings, wegen des sachenrechtlichen Spezialitätsgrundsatzes, einzeln übertragen werden. 286

Besonders komplex und **umstr.** ist beim Unternehmenskauf die Frage der **Haftung** des Verkäufers für etwaige Mängel des verkauften Unternehmens insgesamt und/oder der dazugehörigen Einzelgegenstände. **Drei Fragen** sind dabei von besonderer Relevanz (zur dritten Frage s. Rn. 291): 287

1. Haftet der Verkäufer neben den Mängeln des Gesamtunternehmens (etwa wenn der Unternehmensgegenstand eine behördliche Genehmigung voraussetzt, diese jedoch fehlt, oder wenn ein behördliches Verbot besteht) überhaupt gem. §§ 437, 453 I Alt. 2 **auch für Mängel der Einzelgegenstände**, z.B. einen kaputten Lkw im Fuhrpark eines Postunternehmens? Die wohl h.M. **verneint** 288

dies; allerdings können schwerwiegende „Einzelmängel" im Einzelfall auf das Gesamtunternehmen durchschlagen.

2. Zählen die (gegenwärtigen) **Ertrags- und Umsatzzahlen** zur Beschaffenheit eines Unternehmens, mit der Folge, dass der Verkäufer für deren Unrichtigkeit gem. §§ 437, 453 I Alt. 2 haftet? M.E. ist dies mit der wohl h.M. zu **bejahen**: Denn zur Beschaffenheit gehören auch gegenwärtige Umweltbeziehungen, die Einfluss auf die Wertschätzung des Kaufgegenstands haben können (s. Rn. 23); und nach BGH NJW 2016, 2874 ist kein konkreter Zusammenhang zu dessen physischen Eigenschaften erforderlich. Die **Gegenmeinung** rekurriert auf die BGH-Rspr. vor der SchRMod, wonach ein Verkäufer für falsche Unternehmenskennzahlen allenfalls aus *cic*, d.h. gem. §§ 280 I, 311 II, 241 II, haftet. Dafür spricht zwar die längere Verjährung (§§ 195, 199 I), dagegen jedoch, dass Beschaffenheitsmerkmale einem Kaufgegenstand (nur) nach neuem Schuldrecht nicht unbedingt für eine gewisse Dauer anhängen müssen (Rn. 25). Daneben, z.B. in Bezug auf **frühere** Kennzahlen (etwa im Jahresabschluss [§ 242 III HGB], insb. der Bilanz), ist aber weiterhin eine *cic*-Haftung des Verkäufers möglich (zur Konkurrenz s. Rn. 239).

#### b) ***Share deal*, § 453 I Alt. 1**

**289** Ist Träger eines Unternehmens eine (v.a.: Kapital-)Gesellschaft (meist: GmbH), kann anstelle des Unternehmens selbst **auch der Unternehmens*träger*** (und damit *mittelbar* das Unternehmen) verkauft werden. Technisch geschieht dies durch Kauf der Gesellschaftsanteile (§ 15 I Alt. 1 GmbHG), d.h. einen Rechtskauf i.S.v. § 453 I Alt. 1.

**290** Wählen die Parteien diesen Weg, **haftet** der Verkäufer gem. §§ 434 ff. grds. nur für die Beschaffenheit oder Belastung (s. Rn. 282) der jeweils gekauften Gesellschaftsanteile selbst, an sich *nicht* jedoch für Mängel des (mittelbar verkauften) Unternehmens. Denn die Beschaffenheit des Unternehmens prägt nicht die Struktur der Gesellschaftsanteile. Auch § 453 III ist beim Kauf von Gesellschaftsanteilen nicht (direkt) einschlägig. Dennoch besteht weitgehend Einigkeit, dass der Verkäufer eines Unternehmens*trägers* dann (analog?) §§ 437, 453 I Alt. 1 – m.E. zusätzlich iVm **§ 453 III analog** – auch für Mängel des *Unternehmens* zu haften hat, wenn der Anteilskauf wertungsmäßig als Unternehmenskauf anzusehen ist (sog. ***share deal***; daneben kommt eine Haftung nach § 313 wegen – ggü. §§ 434 ff. subsidiärer – Störung der **Geschäftsgrundlage** in Betracht. Diese Haftung wird nach BGH NJW 2019, 145 nicht von einem etwaigen vertraglichen Gewährleistungsausschluss miterfasst).

3. **Umstr.** ist nur, **wann** ein *share deal* und nicht „bloß" ein Anteilskaufvertrag vorliegt. Nach dem BGH ist hierfür ein Erwerb sämtlicher oder nahezu sämtlicher Anteile an dem Unternehmen erforderlich. Einigkeit besteht daher darüber, dass jedenfalls der Kauf sämtlicher Gesellschaftsanteile (d.h. 100 % bzw. 99,5 %) eine Gleichstellung auslöst. Auch der Erwerb von über **90 %** der Anteile soll nach überwiegender Auffassung ausreichen, da der Erwerber dann z.B. bei der GmbH keine Minderheitsrechte i.S.v. § 50 GmbHG gewärtigen muss. Der Kauf von „nur" 51 % genügt hingegen nicht, da der Erwerber dann trotz einfacher Mehrheit (§ 47 I GmbHG) nicht alle Unternehmensentscheidungen alleine treffen kann; zur Satzungsänderung etwa ist eine Mehrheit von ≥ 75 % erforderlich, § 53 II GmbHG. Dies gilt nach dem BGH (NJW 2019, 145) auch dann, wenn ein Käufer, der bereits 50 % der Mitgliedschaftsrechte an einer GmbH hält, die restlichen 50 % der Geschäftsanteile hinzuerwirbt. M.E. liegt die Grenze bei > 90 %. **291**

## II. Der Verbrauchsgüterkauf

**Literatur:** *Looschelders*, JR 2008, 45; *Lorenz*, JuS 2016, 398 und 2018, 10.

Die zum 1.1.2018 neu gefassten **§§ 474–479** modifizieren die **292**
§§ 433 ff. bei Vorliegen eines Verbrauchsgüterkaufs. Diesen definiert § 474 I 1 als Vertrag, durch den „ein Verbraucher von einem Unternehmer eine bewegliche Sache kauft" [zu eng daher die Bezeichnung als Verbrauchsgüter]. Die §§ 474 ff. sind großteils **zwingendes Recht**; sie setzten die **VerbrGKRL** sowie z.T. die (vollharmonisierende) **VR-RL** in deutsches Recht um und sind richtlinienkonform auszulegen.

### 1. Anwendungsbereich, § 474

#### a) Persönlicher Anwendungsbereich

Personell setzt ein Verbrauchsgüterkauf voraus, dass ein **Verbrau-** **293**
**cher** Käufer und Verkäufer ein **Unternehmer** ist („B2C", §§ 13, 14); für die umgekehrte Konstellation – oder reine „C2C"-Geschäfte – gelten die §§ 474 ff. hingegen nicht. Sowohl Verbraucher- als auch Unternehmereigenschaft sind nach **objektiven Maßstäben** festzustellen (h.M.) und **rollenbezogen**; ein Gewerbetreibender, der privat seine Briefmarkensammlung verkauft, ist daher Verbraucher. Die Vornahme eines bloß **branchenunüblichen** Verkaufs hingegen schließt die Unternehmereigenschaft nicht aus; entscheidend ist vielmehr, ob ein Zu-

sammenhang zur unternehmerischen Tätigkeit besteht (z.B. Verkauf des Dienstwagens). § 14 setzt keine Gewinnerzielungsabsicht voraus.

294 Beabsichtigt ein Käufer, eine Kaufsache sowohl privat als auch gewerblich zu nutzen (sog. ***dual use***; etwa bei einem Kfz), gilt er gem. § 13 dennoch als Verbraucher, solange die private Zwecksetzung überwiegt. **Täuscht** der Verbraucher eine Unternehmereigenschaft **vor** (etwa: Privateinkauf bei einem Großhandelsmarkt für Gewerbetreibende), ist es ihm gem. § 242 verwehrt, sich auf seine Verbrauchereigenschaft zu berufen (a.A.: Abstellen auf Empfängerhorizont des Verkäufers).

**b) Sachlicher Anwendungsbereich**

295 Sachlich erfassen die Vorschriften zum Verbrauchsgüterkauf gem. § 474 I 1 nur den Kauf **beweglicher Sachen** (nebst Tieren, § 90a S. 3). Ein Grundstücks- oder Wohnungskauf unterfällt somit nicht den §§ 474 ff. Anders als i.R.v. § 445a (≈ § 478 a.F.) ist für § 474 I 1 unerheblich, ob eine Sache als neu oder gebraucht verkauft wird. Denn aus § 476 II a.E. ersichtlich unterfallen auch **gebrauchte** Sachen den §§ 474 ff., es sei denn, sie werden in einer öffentlich und persönlich (d.h. nicht nur per Internet) zugänglichen Versteigerung (i.S.v. § 312g II [1] Nr. 10; a.A.: i.S.v. § 383 III 1) verkauft, § 474 II 2; auch Tiere können dabei „gebraucht" sein, sind es jedoch nach der Rspr. des BGH (NJW 2007, 674) – entgegen bedeutenden Stimmen in der Lit. – nicht *per se* immer. Der Kauf beweglicher Sachen i.R.e. unternehmerischen **Existenzgründung** stellt jedoch – im Umkehrschluss aus § 513 ersichtlich – keinen Verbrauchsgüterkauf dar.

296 Nach § 474 I 2 können – in Umsetzung der VRRL – auch solche Verträge den §§ 474 ff. unterfallen, die neben dem Verkauf einer beweglichen Sache die Erbringung einer **Dienstleistung** (z.B. Montage) durch den Unternehmer zum Gegenstand haben. Anders als im Normalfall (vgl. § 434 II) muss die Dienstleistung dabei keine untergeordnete Bedeutung haben; nur vertragscharakteristisch darf sie nicht sein.

297 Über die Verweisung in § 650 unterfallen schließlich auch **Werklieferungsverträge** sowie gem. § 480 ggf. Tauschverträge den §§ 474 ff.

**2. Rechtsfolgen des Vorliegens eines Verbrauchsgüterkaufs**

298 Auch auf einen Verbrauchsgüterkauf sind grds. die §§ 433–473 anwendbar, es sei denn, aus §§ 475–479 folgt etwas anderes.

**a) Nicht oder nur modifiziert anwendbare Vorschriften, § 475**

299 § 475 **I** modifiziert beim Verbrauchsgüterkauf (in Umsetzung von Art. 18 I VRRL) den **Fälligkeitszeitpunkt** der Leistungspflichten sowohl von Käufer als auch Verkäufer (nur!) aus **§ 433**. Bei Fehlen einer

abweichenden Vereinbarung bzw. besonderer Umstände wären diese an sich gem. § 271 I sofort – d.h. bei Vertragsschluss – fällig (und erfüllbar). Abweichend hiervon ordnet § 475 I 1 an, dass die Leistungen erst später, nämlich lediglich **unverzüglich** (d.h. ohne *schuldhaftes* Zögern, § 121 I 1), verlangt werden können; das danach erforderliche Verschulden ist nach h.Lit. zu vermuten (≈ 280 I 2). (Nur) für den Unternehmer statuiert § 475 I 2 zusätzlich eine Höchstfrist von 30 Tagen (beachte: § 286 II Nr. 2). Die sofortige Erfüllbarkeit bleibt von alldem unberührt, § 475 I 3. Überdies ist die – systemwidrige – Regelung disponibel.

Sowohl in Praxis als auch Ausbildung von überragender Bedeutung **300** ist § 475 **II**; danach findet **§ 447 I** (d.h. die besondere Gefahrtragungsregel für Versendungskäufe, s. Rn. 61 ff.) beim Verbrauchsgüterkauf **i.d.R. keine Anwendung**. Etwas anderes gilt nur, wenn der Käufer den Transporteur selbst beauftragt *und* ausgewählt hat („nicht zuvor [vom Unternehmer] benannt"). Entsprechend geht die **Gegenleistungsgefahr** bei einem Verbrauchsgüterkauf i.d.R. selbst bei Vorliegen einer Schickschuld gem. § 446 S. 1 (erst) mit Übergabe der verkauften Sache auf den Käufer über. Der zufällige Verlust bzw. die Beschädigung einer Sache beim Transport fallen daher beim Verbrauchsgüterkauf i.d.R. dem Verkäufer zur Last. Auch § 447 II findet – ebenso wie § 445 – gem. § 475 **III 2** beim Verbrauchsgüterkauf keine Anwendung.

§ 475 **III 1** schließt beim Verbrauchsgüterkauf aus, dass ein Nach- **301** *lieferung* (§ 439 I Alt. 2) begehrender Käufer neben der Rückgabe der mangelhaften Kaufsache (§ 346 I **Alt. 1** iVm § 439 V) auch deren etwaig gezogene **Nutzungen** (§ 100) herauszugeben bzw. hierfür Wertersatz zu leisten hat. Denn eine – an sich gem. § 346 I **Alt. 2** iVm § 439 V (Rn. 85) bestehende – Pflicht des Käufers zur Nutzungsherausgabe verstößt gegen Art. 3 VerbrGKRL, wonach eine Ersatzlieferung unentgeltlich zu erfolgen hat (so der EuGH 2008 in der Rs. *Quelle*).

Wie bereits oben Rn. 100 dargestellt, verstößt auch das an sich aus **302** **§ 439 IV** (3, 2. HS) folgende Recht eines Verkäufers, die Nacherfüllung *insgesamt* wegen **(absoluter) Unverhältnismäßigkeit** zu verweigern (sog. „Totalverweigerungsrecht"), nach Ansicht des EuGH (Rs. ***Weber* und *Putz***, 2011) gegen Art. 3 II und III VerbrGKRL. In Umsetzung dieser Entscheidung sperrt daher § 475 **IV 1** bei Vorliegen eines Verbrauchsgüterkaufs die Anwendbarkeit von § 439 IV immer dann, wenn die andere Art der Nacherfüllung unmöglich (§ 275 I) ist bzw. gem. § 275 II, III oder § 439 IV verweigert werden kann. M.a.W. kann ein Verkäufer beim Verbrauchsgüterkauf niemals die einzige (noch) mögliche Art der Nacherfüllung nach § 439 IV verweigern.

303 Zum Ausgleich gewährt ihm in einem derartigen Fall § 475 **IV 2** das Recht, wenigstens den Aufwendungsersatz (i.S.v. § 439 II *und* III) **einredeweise** auf einen angemessenen (Teil-)Betrag **zu beschränken**. Für dessen Berechnung sind nach § 475 **IV 3** insb. der Wert der Sache in mangelfreiem Zustand (i.d.R. als Untergrenze) und die Bedeutung des Mangels (z.B.: nur ästhetisch?) zu berücksichtigen. Mittelbar kann § 475 IV 2 dabei auch einem dem Verkäufer gem. § 445a I ausgleichspflichtigen Lieferanten zugute kommen, und zwar m.E. auch dann, wenn der Verkäufer die Einredeerhebung versäumt („zu tragen *hatte*").

304 Erhebt ein Verkäufer die(se) Beschränkungseinrede aus § 475 IV 2, ist als Konsequenz gem. § 475 **V** wiederum **§ 440 S. 1** [Alt. 1] anwendbar. § 440 S. 1 enthält bestimmte Ausnahmen vom Fristsetzungserfordernis gem. § 323 II bzw. § 281 II (vgl. Rn. 120) i.R.d. sekundären Gewährleistungsrechte eines Käufers. Beruft sich ein Verkäufer auf § 475 IV 2, kann der Käufer daher den Kaufpreis ohne vorherige Fristsetzung zur Nacherfüllung mindern bzw. zurücktreten etc.

305 § 475 **VI** schließlich gewährt dem Käufer bei einem Verbrauchsgüterkauf einen Anspruch auf **Vorschuss** für diejenigen Aufwendungen, die ihm der Verkäufer gem. § 439 II (z.B. für den Transport) sowie III (d.h. etwaige Ein- und Ausbaukosten) an sich erst im Nachhinein ersetzen müsste. Verwendet der Verbraucher den Vorschuss nicht bzw. nicht binnen angemessener Frist für die Zwecke der Nacherfüllung, kann der Unternehmer diesen allerdings gem. § 242 zurückfordern (s. *Lorenz*, JuS 2018, 10 (12) unter Verweis auf BGH NJW 2010, 1192).

### b) Zwingend anwendbare Vorschriften, § 476

306 § 476 erklärt, in Umsetzung der VerbrGKRL, bei Vorliegen eines Verbrauchsgüterkaufs sowohl die §§ 474 ff. selbst als auch einen Großteil des Kaufgewährleistungsrechts **für (halbseitig) zwingend**: Gem. § 476 **I 1** können die Parteien *zulasten* des Verbrauchers nicht – auch nicht durch Individualvereinbarung – von den „§§ 433 bis 435, 437 [+ 323, 326 V], 439 bis 443" sowie 474 ff. abweichen. Etwas anderes gilt nur, wenn die Vereinbarung *nach* „Mitteilung eines Mangels an den Unternehmer" (oder andersherum) stattfindet; auch beim Verbrauchsgüterkauf ist daher z.B. ein Vergleich (§ 779) möglich. Wird eine gegen § 476 I 1 verstoßende Vereinbarung getroffen, kann sich der Unternehmer nicht darauf **„berufen"** (≠ Nichtigkeit, d.h. kein § 139).

307 Gem. § 476 **II** kann auch die **Verjährung** der Mängelrechte des Verbrauchers aus § 437 nur in engen Grenzen erleichtert werden. Dies gilt (mittelbar) auch für die „Gestaltungsverjährung" bei Rücktritt und Minderung. Die Untergrenze einer zulässigen Verjährungsverkürzung sind beim Verkauf neuer Sachen zwei Jahre ab gesetzlichem Verjäh-

rungsbeginn; bei gebrauchten Sachen liegt sie hingegen nach § 476 II, 2. HS bei nur einem Jahr. Diese gesetzlich gestattete Verkürzung der Verjährungsfrist beim Verbauchsgüterkauf über gebrauchte Sachen ist indes, wie sich aus dem Urteil des EuGH in der Rs. *Ferenschild* (C-133/16) ergibt, wegen Verstoßes gegen Art. 5 I 2 VerbrGKRL **richtlinienwidrig**. Insofern ist eine richtlinienkonforme Rechtsfortbildung geboten (dazu *Leenen*, JZ 2018, 284).

Gänzlich ausgenommen von den vorgenannten Einschränkungen **308** sind gem. § 476 **III** wiederum **Schadensersatzansprüche** i.S.v. § 437 Nr. 3 (und damit mittelbar auch der Aufwendungsersatz gem. § 284). Denn die VerbrGKRL enthält keinerlei Vorgaben für Schadensersatz; entsprechend kann die Schadensersatzhaftung des Verkäufers ungeachtet des Vorliegens eines Verbrauchsgüterkaufs grds. (auch hinsichtlich ihrer Verjährung) frei eingeschränkt werden. Zu beachten sind allerdings weiterhin die allgemeinen Grenzen, insb. § 309 Nr. 7 und § 444.

Das in § 476 I 1 statuierte Verbot abweichender Regelungen erfasst **309** nach § 476 **I 2** auch Sachverhalte, in denen die dort genannten Vorschriften durch anderweitige Gestaltungen objektiv umgangen werden, etwa durch Einschaltung eines Verbrauchers als Strohmann (sog. **Umgehungsgeschäfte**). Von besonderer Prominenz sind in diesem Zusammenhang **Agenturgeschäfte**, d.h. Verträge, durch die ein Unternehmer (meist: Kfz-Händler) eine Kaufsache (z.B. einen Gebrauchtwagen) als Vertreter eines Verbrauchers an einen anderen Verbraucher verkauft.

**Hintergrund:** Oftmals dienen Agenturgeschäfte der **Inzahlungnahme** der weiterzuveräußernden Sache durch den Unternehmer i.R.e. vorangegangenen Kaufvertrags (z.B. über einen Neuwagen) zwischen dem Unternehmer als Verkäufer und dem späteren Verbraucher-Verkäufer. **Anstelle** einer (echten) Inzahlungnahme (z.B. gem. § 364 I) wird dann (**1.**) ein Agenturvertrag (i.S.v. § 675 I) geschlossen, der den Unternehmer zum Weiterverkauf im Namen und auf Rechnung des Voreigentümers oft zu einem bestimmten (ggf. garantierten) Mindestverkaufspreis verpflichtet, sowie z.T. (**2.**) der Kaufpreis aus dem Kaufvertrag in dieser Höhe bis zum Weiterverkauf gestundet und (**3.**) spätere Verrechnung vereinbart; einen etwaigen Mehrerlös darf der Unternehmer i.d.R. als Provision behalten. **310**

Ein derartiges Vorgehen ist weder verboten noch *per se* als Umge- **311** hungsgeschäft i.S.v. § 476 I 2 anzusehen. Nach h.M. ist ein Agenturgeschäft vielmehr nur dann eine Umgehung des § 476 I 1, wenn der Unternehmer die wirtschaftlichen Chancen und Risiken des von ihm vermittelten Verkaufs trägt, d.h. bei **wirtschaftlicher Betrachtungsweise** als Verkäufer anzusehen ist. Dies ist insb. dann der Fall, wenn der Unternehmer dem Voreigentümer einen Mindestverkaufspreis garantiert und von vorneherein den Restkaufpreis in dieser Höhe stundet.

312 Verstößt ein Agenturgeschäft gegen § 476 I 2, muss sich der Unternehmer nach **h.M.** so behandeln lassen, als hätte *er* das Fahrzeug verkauft, d.h. zwischen ihm und dem Letztkäufer wird ein (Verbrauchsgüter-)Kaufvertrag **fingiert**. Nach **a.A.** bleibt der Voreigentümer Verkäufer, dem Käufer stehen aber *zusätzlich* Gewährleistungsrechte gegen den Händler zu. Wieder **andere** wollen dem Voreigentümer die Unternehmereigenschaft des „wirtschaftlichen" Verkäufers zurechnen.

313 Daneben kann im Einzelfall sogar eine (**negative**) **Beschaffenheitsvereinbarung** eine Umgehung i.S.v. § 476 I 2 konstituieren. Auch Beschaffenheitsvereinbarungen i.S.v. § 434 I 1 können nämlich mittelbar zu einem Haftungsausschluss führen. Da Beschaffenheitsvereinbarungen jedoch auch beim Verbrauchsgüterkauf grds. zulässig sind, ist zu **unterscheiden**: Gem. § 476 I 2 unzulässig sind lediglich ungewöhnliche („Bastlerfahrzeug" trotz Kauf vom Gebrauchtwagenhändler) oder – z.B. im Verhältnis zum Preis – überraschende sowie v.a. pauschale („gekauft wie gesehen"; „alle Mängel bekannt") Vereinbarungen, die nicht der konkreten Mängelbeschreibung (z.B. „Kratzer am Kotflügel"), sondern lediglich dem Gewährleistungsausschluss dienen.

### c) Beweislastumkehr, § 477

314 Eine zentrale Besonderheit der §§ 474 ff. ist die nunmehr in § 477 geregelte **Beweislastumkehr** zugunsten von Verbrauchern. Während nämlich im Normalfall gem. § 363 der *Käufer* nachweisen muss, dass eine Kaufsache bereits bei Gefahrübergang mangelhaft war, wenn er diese zuvor – vorbehaltlos – als Erfüllung angenommen hat, kehrt § 477 die Beweislast beim Verbrauchsgüterkauf (nur) für *Sach*mängel partiell um: Zeigt sich innerhalb von **6 Monaten** nach Gefahrübergang, ein mangelhafter Zustand („Mangelerscheinung"), wird danach vermutet, dass die Kaufsache bereits bei Gefahrübergang mangelhaft war, es sei denn, dies ist mit der Art der Sache oder des Mangels unvereinbar. Unter der **Warenkauf-RL** wird diese Frist zukünftig (ab dem 1.1.2022, vgl. Rn. 7) sogar **ein ganzes Jahr** betragen.

#### *aa) Voraussetzungen der Beweislastumkehr*

315 Um die Beweislastumkehr auszulösen, muss der Käufer – bei Vorliegen eines (**1.**) Verbrauchsgüterkaufs – nachweisen, dass sich (**2.**) innerhalb von 6 Monaten nach [ggf. hypothetischem, s. Rn. 53] Gefahrübergang eine (**3.**) Mangelerscheinung (**4.**) gezeigt hat, die, wenn sie bei Gefahrübergang vorgelegen hätte, einen Sachmangel i.S.v. § 434

konstituiert hätte. Ein „Zeigen“ setzt nicht voraus, dass der Mangel zuvor unerkennbar war; lediglich bei allzu offensichtlichen Mängel ist die Vermutung nach § 477 HS 2 ausgeschlossen. Ebensowenig ist eine *Anzeige* des Mangels innerhalb der 6-Monats-Frist erforderlich; denn § 477 statuiert – anders als § 377 HGB – keine Rügeobliegenheit.

In überschießender Umsetzung der VerbrGKRL findet § 477 dabei **316** auch auf Schadensersatzansprüche Anwendung. Gem. § 478 I gilt § 477 überdies entsprechend i.R.e. **Lieferkette**, sofern an deren Ende ein Verbrauchsgüterkauf steht. Und nach h.Lit. löst eine **Nacherfüllung** eine erneute 6-Monats-Frist aus, sofern der Verkäufer eine Ersatzsache liefert bzw. (umstr.) i.R.d. Nachbesserung Teile austauscht.

*bb) Reichweite der Beweislastumkehr*

**Hintergrund:** Gem. § 434 I 1 konstituiert der (**1.**) mangelhafte **317** Zustand einer Kaufsache nur dann einen Sachmangel, wenn er (**2.**) bereits bei Gefahrübergang vorliegt; später auftretende Mangelerscheinungen lösen allenfalls Rechte aus einer etwaigen Haltbarkeitsgarantie (§ 443 II, dazu Rn. 270) aus. Parallel zu dieser „Zweiteilung“ war der **BGH** früher der Ansicht, § 477 wirke **rein zeitlich**: Trat ein mangelhafter Zustand innerhalb der Frist des § 477 auf, sollte danach allenfalls vermutet werden, dass die ***konkret* aufgetretene** Mangelerscheinung bereits bei Gefahrübergang vorlag.

Die h.Lit. hingegen legt(e) § 477 weiter aus und sah zusätzlich auch **318** das **Vorliegen eines Grundmangels** als von dessen Vermutungswirkung erfasst („mangelhaft war“). M.a.W. werde nach § 477 nicht nur vermutet, dass eine *konkrete* Mangelerscheinung bereits bei Gefahrübergang **vorlag**, sondern weitergehend, dass diese jedenfalls **im Ansatz** bereits damals **angelegt war**; denn § 477 soll Beweisschwierigkeiten des Verbrauchers überwinden. Dies hat der EuGH 2015 bestätigt (Rs. *Faber*); der BGH ist dem nunmehr (s. NJW 2017, 1093) gefolgt.

Ist daher eine Mangelerscheinung erwiesenermaßen erst nach Ge- **319** fahrübergang aufgetreten, jedoch ungewiss, ob diese ihrerseits auf einem weiteren (daher: Grund-)Mangel beruht (d.h. im Ansatz schon bei Gefahrübergang vorlag) oder aber auf Ursachen *nach* Gefahrübergang (z.B. ein Fehlverhalten des Käufers) zurückzuführen ist, wird nach § 477 grds. sowohl (1.) das **Vorliegen** eines Grundmangels (2.) bereits bei (hypothetischem) Gefahrübergang als auch (3.) dessen **Ursächlichkeit** für den konkreten mangelhaften Zustand vermutet.

*cc) Widerlegung der Vermutung*

Zur **Widerlegung** der Vermutung in § 477 genügt daher i.d.R. nicht **320** alleine (**1.**) der Nachweis, dass die *konkrete* Mangelerscheinung bei (hypothetischem) Gefahrübergang noch nicht vorlag. Vielmehr muss der Verkäufer zusätzlich darlegen, dass der vertragswidrige Zustand auch nicht (**2.**) auf einem etwaigen anderen, bereits bei Gefahrübergang vorliegenden (Grund-)Mangel beruht. Hierzu genügt der Nachweis, dass die konkrete Mangelerscheinung auf nach Gefahrübergang eingetretene Umstände (z.B.: Fehlverhalten des Käufers) zurückzuführen ist.

*dd) Ausschluss der Beweislastumkehr*

**321** Die Vermutung des § 477 greift gem. § 477 HS 2 nicht ein, wenn sie mit der Art der Sache oder des Mangels (bzw. beidem) **unvereinbar** ist; genau trennen lassen sich diese beiden Kategorien ohnehin kaum. Die Beweislast hierfür trägt der Verkäufer. Mit der **Art der Sache** unvereinbar ist die Vermutung ggf. bei Verschleißerscheinungen gebrauchter Sachen, sofern diese überhaupt einen Mangel konstituieren. Entgegen der Gesetzesbegründung soll die Beweislastumkehr nach h.M. jedoch bei gebrauchten Sache *nicht* generell ausgeschlossen sein. Das Gleiche gilt für den Tierkauf (vgl. § 90a S. 3), wobei hier eine Beweislastumkehr i.B.a. kurzfristig auftretende Erkrankungen je nach Zeitpunkt des Auftretens mit der **Art des Mangels** unvereinbar sein kann (ebenso bei leicht verderblichen Waren). Schließlich scheidet eine Beweislastumkehr bei **allzu offensichtlichen Mängeln** aus, die i.d.R. auch nicht versierten Käufern auffallen müssten (z.B. meterlange Kratzer in der Fahrertür); dass ein Mangel offensichtlich durch Einwirkung von außen entstanden ist, genügt allerdings für sich genommen nicht.

**d) Verkäuferregress beim Lieferanten, § 478**

**322** Hat ein zur Gewährleistung verpflichteter (Letzt-)Verkäufer die weiterverkaufte (neue!) Kaufsache *seinerseits* bereits in mangelhaftem Zustand von *seinem* Verkäufer (dem **Lieferanten**, § 445a I; zur hier vorgeschlagenen teleologischen Reduktion des Lieferantenbegriffs s. Rn. 228) erhalten, kann er seine Nacherfüllungskosten ggf. nach § 445a I vom Lieferanten ersetzt verlangen (sog. „selbständiger Regress", s. Rn. 226 ff.; zum sog. „unselbständigen Regress" i.S.v. § 445a II: Rn. 123).

**323** **Hintergrund:** Dieser Verkäuferregress wurde – in Umsetzung der VerbrGKRL – erstmals i.R.d. **SchuldRMod** ins BGB implementiert. Nach (damals) § 478 I und II a.F. war ein Rückgriff des Verkäufers auf seinen Lieferanten (etc.) jedoch nur dann möglich, wenn am Ende der Lieferkette ein Verbrauchsgüterkauf stand. Im Jahr 2017 hat sich der Gesetzgeber – v.a., um auch reine „B2B"-Gestaltungen zu erfassen – entschlossen, die Beschränkung des

Verkäuferregresses auf Verbrauchsgüterkauf-Konstellationen aufzugeben. In der Folge wurde die Regelung mit Wirkung vom 1.1.2018 **ins allgemeine Kaufrecht** (in nunmehr § 445a und § 445b) verschoben. Seitdem ist ein Verkäuferregress grds. (s. Rn. 228) auch dann möglich, wenn am Ende der Lieferkette *kein* Verbrauchsgüterkauf steht.

Für den Fall, dass am Ende einer Lieferkette ein Verbrauchsgüter- **324** kauf steht, **modifiziert § 478** in Umsetzung von Art. 4 VerbrGKRL **die §§ 445a f.** zugunsten des Verkäufers (d.h. eines Unternehmers).

Nach § 478 **I** gilt in einem derartigen Fall die **Beweislastumkehr** **325** des § 477 i.R.v. § 445a I und II auch zugunsten des Letztverkäufers entsprechend (vgl. Rn. 316); für den Fristbeginn kommt es allerdings nicht auf den Gefahrübergang „zwischen" Lieferant und Unternehmer, sondern auf denjenigen „zwischen" Unternehmer und Verbraucher an. § 478 **II** erklärt zudem (vergleichbar § 476 I, s. Rn. 306) die meisten Mängelrechte sowie die §§ 445a f. für – vor Anzeige des Mangels – zugunsten des Unternehmers („wirtschaftlich") **zwingend**; § 478 I 3 statuiert sogar ein Umgehungsverbot (vgl. Rn. 309 ff.). Anders als bei § 476 I kann der Lieferant dem Unternehmer jedoch alternativ einen gleichwertigen Ausgleich einräumen. Und gem. § 478 **III** gilt § 478 in den hinteren Gliedern einer **Lieferkette** entsprechend (≈ § 445a III).

#### e) Sonderbestimmungen für Garantien, § 479

§ 479 schließlich enthält – in Ergänzung von § 443 – bestimmte An- **326** forderungen v.a. an die **Transparenz** von **Garantien** (zu diesem Begriff: Rn. 270), die einem Verbraucher gewährt wurden. Diese Vorgaben gelten nicht nur bei einer Garantieübernahme durch den Verkäufer, sondern auch durch Dritte, sofern diese Unternehmer i.S.v. § 14 sind. Die Nichteinhaltung der in § 479 enthaltenen Vorgaben führt gem. § 479 III nicht etwa zur Unwirksamkeit der Garantieklausel bzw. des Garantievertrags, sondern allenfalls zu Schadensersatzansprüchen des Verbrauchers (v.a. aus *cic*, d.h. gem. §§ 280 I, 311 II, 241 II).

## III. Kauf unter Eigentumsvorbehalt

**Literatur:** *Lorenz*, JuS 2011, 199; allgemein: *C. Paulus*, JuS 1995, 185.

Aus § 320 I ersichtlich geht das Gesetz davon aus, dass ein (Kauf-) **327** Vertrag im Regelfall von beiden Parteien gleichzeitig erfüllt wird. Abweichend hiervon können die Parteien jedoch kraft Vertragsfreiheit ohne Weiteres – unter Abbedingung von § 271 I bzw. § 475 I – die **Vorleistungspflicht** einer Partei vereinbaren. Da dies zugleich eine Kreditgewährung darstellt, entsteht dadurch oftmals das Bedürfnis nach einer (Kredit-)**Sicherheit** (Insolvenzrisiko etc.). Für den Fall, dass ein *Verkäufer* zur Vorleistung verpflichtet wird, ist eine denkbare Lösung in **§ 449** angesprochen: die Vereinbarung eines Eigentumsvorbehalts.

328 **Hintergrund:** Bei Vereinbarung eines Eigentumsvorbehalts sind *schuld-* und *sachenrechtliche* Ebene sorgfältig auseinanderzuhalten. Seine Wirkung entfaltet ein Eigentumsvorbehalt primär auf **dinglicher Ebene**: Dabei wird eine Sache zwar bereits übergeben, jedoch nur unter der aufschiebenden Bedingung (§ 158 I) der (i.d.R.) vollständigen Kaufpreiszahlung übereignet (sog. *einfacher* Eigentumsvorbehalt i.S.v. § 449 I); damit erwirbt der Käufer zugleich ein dingliches (durch § 161 I, III abgesichertes) **Anwartschaftsrecht**. Zusätzlich kann ein (dann: *erweiterter*) Eigentumsvorbehalt auch von der Erfüllung anderer Ansprüche als der konkreten Kaufpreisforderung abhängig gemacht werden. Nach § 449 **III** ist jedoch die Vereinbarung eines Eigentumsvorbehalts zur Sicherung von Forderungen Dritter unwirksam (sog. „Konzernvorbehalt"). Beim *verlängerten* Eigentumsvorbehalt hingegen wird der Käufer – bei gleichzeitiger Vorausabtretung der Forderungen aus dem Weiterverkauf (mitsamt Einzugsermächtigung) – zur Weiterveräußerung ermächtigt. Möglich ist all dies nur bei beweglichen Sachen (und *entsprechend* beim Rechtskauf); bei Immobilien scheitert ein Eigentumsvorbehalt an der Bedingungsfeindlichkeit der Auflassung, § 925 II.

329 Auf **schuldrechtlicher Ebene** ist bezüglich eines Eigentumsvorbehalts zu differenzieren: I.d.R. wird dieser – als Nebenabrede (*accidentiale negotii*), nicht als Bedingung – bereits in dem kausalen Schuldvertrag vereinbart. Zwingend erforderlich ist dies jedoch nicht; auch ein vertragswidriger Eigentumsvorbehalt ist wirksam, falls der Käufer diesen akzeptiert (§§ 929 ff., 145 ff.). Wurde allerdings im Kaufvertrag kein Eigentumsvorbehalt vereinbart, begründet die lediglich bedingte Übereignung der Kaufsache eine Pflichtverletzung (§ 433 I 1).

330 Nach ganz h.M. löst ein (einfacher) Eigentumsvorbehalt keine unangemessene Benachteiligung des Käufers i.S.v. § 307 aus. Entsprechend kann ein solcher ohne Weiteres in **AGB** vereinbart werden; auch die **konkludente** Vereinbarung eines Eigentumsvorbehalts ist möglich (z.B.: „der Fahrzeugbrief verbleibt bis Bezahlung beim Verkäufer"). Nach BeckOK/*Faust* (§ 449 Rn. 12) soll hierfür bei Fehlen entgegenstehender Anhaltspunkte sogar die bloße Vereinbarung der Übergabe einer Sache vor vollständiger Bezahlung genügen. Eine weitere **Auslegungsregel** enthält **§ 449 I**: Danach ist, wenn *schuldrechtlich* ein Ei-

gentumsvorbehalt vereinbart wurde, im Zweifel anzunehmen, dass die Sache – auf *dinglicher* Ebene – aufschiebend bedingt übereignet wird.

Bei Vereinbarung eines (einfachen) Eigentumsvorbehalts bleibt der Verkäufer (naturgemäß) bis zur vollständigen Kaufpreiszahlung Eigentümer der Kaufsache. Dass er diese in der Zwischenzeit dennoch, selbst bei Säumigkeit des Käufers, nicht nach § 985 **herausverlangen** kann, ist § 986 I 1 geschuldet; denn der Kaufvertrag (sowie u.U. das Anwartschaftsrecht, umstr.) gewähren dem Vorbehaltskäufer ein Recht zum Besitz. § 449 **II** stellt diesbezüglich klar, dass „der Verkäufer die Sache nur herausverlangen [kann], wenn er vom Vertrag zurückgetreten ist“. 331

## IV. Kauf auf Probe

Beim in §§ 454 f. geregelten „Kauf auf Probe oder auf Besichtigung“ wird nur der Verkäufer von Anfang an gebunden, während „die Billigung des gekauften Gegenstandes im Belieben des Käufers“ steht, § 454 I 1. Rechtstechnisch geschieht dies „im Zweifel“ durch Vertragsschluss unter der **aufschiebenden Bedingung** der Billigung durch den Käufer, § 454 I 2. Hierfür kann eine Frist vereinbart oder (hilfsweise) vom Verkäufer bestimmt werden, § 455 S. 1. In der Zwischenzeit muss dem Käufer die Untersuchung des Kaufgegenstands ermöglicht werden, § 454 II. Handelt es sich dabei um eine Sache und wurde diese dem Käufer übergeben, gilt sein Schweigen als Billigung, § 455 S. 2. Eine etwaige Widerrufsfrist beginnt erst mit der Billigung zu laufen. 332

## V. Wiederkauf

Das – in §§ 456–462 – normierte Wiederkaufsrecht ermöglicht es einem Verkäufer, einen von ihm verkauften Gegenstand innerhalb einer bestimmten Frist vom Käufer (im Zweifel zum selben Preis, s. § 456 II) **zurückzukaufen**. Die Rechtsnatur des Wiederkaufsrechts ist gesetzlich nicht geregelt; aus § 456 I 1 folgt lediglich, dass ein etwaiger Wiederkaufvertrag durch einseitige (formlose, § 456 I 2) Erklärung des Verkäufers zustande kommt (d.h.: **Optionsrecht**). Nach h.Lit. handelt es sich dabei um ein vertraglich vereinbartes Gestaltungsrecht (BGH: aufschiebend bedingter Kaufvertrag). Die Haftung des (Wiederver-)Käufers ist abschließend in §§ 457 f. normiert und verdrängt §§ 437 ff. 333

## VI. Das (schuldrechtliche) Vorkaufsrecht

334 Das in §§ 463–473 (lesen!) geregelte **schuldrechtliche** Vorkaufsrecht ermöglicht es einem Vorkaufsberechtigten, für den Fall, dass der Vorkaufsverpflichtete den Gegenstand des Vorkaufsrechts an einen Dritten verkauft (Vorkaufsfall), **einseitig** und formlos (§ 464 I) einen (**weiteren**!) **Kaufvertrag** über diesen Gegenstand zu denselben Konditionen (§ 464 II) zustande zu bringen. Ein derartiges Vorkaufsrecht kann entweder durch Vertrag oder Gesetz (z.B. § 577) entstehen, und zwar, anders als beim nur unbewegliche Sachen betreffenden dinglichen Vorkaufsrecht i.S.v. §§ 1094 ff., i.B.a. jeglichen Kaufgegenstand.

# Kapitel 3. Weitere Verträge zu dauernder Überlassung

Neben dem Kauvertrag kennt das BGB v.a. in Gestalt des **Tauschvertrags** (§ 480) und des **Schenkungsversprechens** (§ 518) weitere **Veräußerungsverträge**, aufgrund derer sich (mindestens) eine Partei zur dauerhaften Überlassung – d.h. Übertragung – eines oder mehrerer Gegenstände verpflichtet (Ausnahme: Handschenkung, § 516). 1

## A. Tauschvertrag

Der im BGB nicht definierte Tauschvertrag ist ein **gegenseitiger Vertrag**, durch den sich die Parteien dazu verpflichten, der jeweils anderen Partei eine Sache bzw. ein Recht oder sonstige Gegenstände zu verschaffen. Anders als beim Kauf findet beim Tausch kein Austausch von Ware gegen Geld, sondern von **Ware gegen Ware** statt. 2

**Abzugrenzen** ist der Tausch u.a. von der Leistung an Erfüllungs statt (§ 364 I) sowie vom Doppelkauf mit Verrechnungsabrede. 3

Der Tauschvertrag ist im BGB nur äußerst knapp in **§ 480** geregelt. Danach finden auf den Tausch die **Vorschriften über den Kauf** entsprechende Anwendung; allerdings sind beide Vertragsparteien in Bezug auf ihre Vertragspflichten jeweils **als Verkäufer** zu behandeln. Entsprechend haften z.B. beide Tauschpartner grds. nach §§ 434 ff., 480 für etwaige Mängel der Tauschsache. Anstelle einer etwaigen Minderung (§ 441) findet jedoch nach h.M. ein Ausgleich in Geld statt. 4

I.R.e. Anspruchs auf **SESL** kann der Gläubiger den Schaden wahlweise nach der **Differenz**- oder **Surrogationstheorie** berechnen. 5

Ebenfalls von der Verweisung in § 480 erfasst sind die §§ 474 ff. (h.M.); ggf. liegt daher ein **Verbrauchsgütertausch** vor (s. § 476 I 2). 6

## B. Schenkungsvertrag

**Literatur:** *Lorenz/Eichhorn*, JuS 2017, 6; *Schreiber*, JURA 2013, 361.

Die in §§ 516–534 geregelte Schenkung ist ein **unentgeltlicher Vertrag**, d.h. sie hat eine Zuwendung zum Gegenstand, die nach dem 7

Parteiwillen nicht an eine Gegenleistung geknüpft ist. In Abgrenzung zu anderen unentgeltlichen Geschäften wie z.B. dem zinslosen Darlehen oder Auftrag liegt eine Schenkung vor, wenn sich die Parteien darüber **einig** sind, dass dem Beschenkten eine **dauerhafte unentgeltliche Zuwendung** aus dem Vermögen des Schenkers zukommen soll. Die Schenkung ist damit das unentgeltliche Gegenstück des Kaufs.

8 Aus der Natur der Schenkung als Vertrag folgt, dass sie **nicht gegen den Willen** des Beschenkten erfolgen kann (s. aber **§ 516 II 2**).

9 **Gegenstand** einer Schenkung können nur **vermögenswerte Vorteile** sein, d.h. insb. Sachen und Rechte sowie sonstige Gegenstände, zudem auch ein Erlass (§ 397) oder das Vermögen (§ 311b III), gem. § 517 nicht jedoch der bloße Verzicht auf einen Vermögenserwerb.

10 Den §§ 516 ff. unterfallen auch **mittelbare Schenkungen**, bei denen der Schenker Dritte mit Mitteln seines Vermögens dazu veranlasst (§ 328 I), dem Beschenkten einen Gegenstand zu übertragen.

## I. Arten der Schenkung

11 Das BGB kennt **zwei verschiedene Arten** der Schenkung: Zum einen (**1.**) die in § 516 geregelte Handschenkung, zum anderen (**2.**) das Schenkungsversprechen, § 518. Welche Art der Schenkung im Einzelfall vorliegt, hängt davon ab, ob die Zuwendung **zeitlich** vor oder nach der jeweiligen vertraglichen Einigung über die Zuwendung erfolgt.

12 **Handschenkung** i.S.v. **§ 516** ist nur die ausgeführte Schenkung; eine Handschenkung liegt daher nur dann vor, wenn eine Zuwendung dinglich entweder *gleichzeitig* (z.B.: Weihnachtsgeschenke) oder aber *vor* (§ 516 II) der Einigung über die unentgeltliche Zuwendung erfolgt.

13 Anders als beim **Schenkungsversprechen** i.S.v. **§ 518** entsteht bei der Handschenkung nach h.M. keine Leistungspflicht des Schenkers; allerdings ist die Handschenkungsabrede Rechtsgrund zum Behaltendürfen i.S.v. § 812 I i.B.a. das jeweilige Geschenk. M.a.W. ist nur das Schenkungsversprechen ein (einseitig) **verpflichtender** Vertrag.

14 Soll eine Zuwendung nach dem Willen der Parteien lediglich **partiell unentgeltlich** erfolgen (z.B.: Verkauf eines Pkw **bewusst** zum halben Preis), spricht man von einer **gemischten Schenkung**. Deren rechtliche Behandlung ist umstr.: Vertreten werden insb. die Einheits-, die Trennnungs- und die **Zweckwürdigungstheorie** (h.M.), derzufolge im Einzelfall diejenigen Normen anzuwenden sind, die dem Vertragszweck am besten gerecht werden. Auf den unentgeltlichen Teil ist nach h.M. stets § 518 anzuwenden (§ 139).

Gem. **§§ 525–527** kann eine **Schenkung** auch **unter Auflage** erfolgen. Eine Auflage unterscheidet sich – als bloße Nebenabrede – von einer Gegenleistung dadurch, dass der Schenker ihre Vollziehung **erst dann** verlangen kann, wenn er seinerseits geleistet hat, § 525 I. Für den Rücktritt bei Nichtvollzug der Auflage gilt § 527 I (iVm §§ 323 ff.). **15**

## II. Wirksamkeit

Während eine Handschenkungsabrede als bloßer Rechtsgrund zum Behaltendürfen einer *bereits vollzogenen* Zuwendung auch formlos erfolgen kann, bedarf ein Schenkungs*versprechen* – zum Schutz des Schenkers vor Übereilung – gem. **§ 518 I 1** der **notariellen Beurkundung**. Formbedürftig ist danach nur die Willenserklärung *des Schenkers*, es sei denn, es greift eine strengere Norm (z.B.: § 311b I) ein. Ein etwaiger Formmangel wird durch Vollzug **geheilt**, § 518 II. **16**

Erfolgt eine **Schenkung** hingegen **von Todes wegen** (d.h. unter der aufschiebenden Bedingung, dass der Beschenkte den Schenker überlebt), unterliegt das Schenkungsversprechen gem. **§ 2301 I 1** den (Form-)Vorschriften über Verfügungen von Todes wegen (nach h.M.: des Erbvertrags, § 2276; a.A.: alternativ § 2247; bei Vollzug gilt § 2301 II). **Nicht** von § 2301 erfasst werden nach dem BGH Verträge zugunsten Dritter (§ 328 I) auf den Todesfall i.S.v. § 331. **17**

## III. Privilegierung des Schenkers

Als Ausgleich für das Fehlen einer Gegenleistung wird der Schenker für den Fall einer etwaigen **Haftung** in den **§§ 521–524 privilegiert**. Nach § 521 haftet er aus dem Schenkungsvertrag – insgesamt und nicht nur i.B.a. Leistungspflichten (umstr.) – grds. nur für **Vorsatz** und **grobe Fahrlässigkeit**; davon erfasst sind nach h.M. auch etwaig konkurrierende Deliktsansprüche (§§ 823 ff.). Gem. § 522 ist der Schenker zudem im Falle eines Verzugs nicht zur Leistung von Verzugszinsen (§ 288) verpflichtet. Und nach §§ 523 und 524 haftet er für etwaige **Mängel** (und Mangelfolgeschäden; umstr.) des geschenkten Gegenstands grds. nur, wenn er diese arglistig verschwiegen hat. **18**

Darüber hinaus kann ein Schenker gem. **§ 519** (Erfüllungsverweigerung bei Notbedarf) sowie **§ 528** (Rückforderung wegen Verarmung) und **§§ 530 ff.** (Widerruf wegen groben Undanks) unter – i.V.z. den allgemeinen Vorschriften – erleichterten Bedingungen entweder die Erfüllung des Schenkungsversprechend **verweigern** (§ 519) oder den geschenkten Gegenstand **zurückfordern**. **19**

# Kapitel 4. Mietrecht

## A. Einführung

**Literatur:** *Löhnig/Gietl*, JuS 2011, 107; *Lorenz/Eichhorn*, JuS 2014, 783.

Durch einen **Mietvertrag** verpflichtet sich der Vermieter, dem Mieter eine Sache gegen Zahlung der vereinbarten „Miete" (früher: „Mietzins") vorübergehend zu überlassen, **§ 535**. M.a.W. geht es um die **zeitweise Gebrauchsüberlassung** einer Sache gegen **Entgelt**. 1

Gegenstand des Mietvertrags können nur **Sachen** sein, egal ob sie beweglich (etwa Kfz, Ski, ggf. Software) oder unbeweglich (Wohnung, Grundstück etc.) sind. Auch unselbständige Teile einer Sache (z.B. einer Reklametafel) sowie Tiere (§ 90a) können vermietet werden, nicht jedoch Rechte oder sonstige Gegenstände (dann ggf. Pacht, § 581). Eine Gebrauchsüberlassung erfordert i.d.R. die Verschaffung des unmittelbaren Besitzes (andernfalls eine Zugänglichmachung). 2

Die **„Miete„** ist regelmäßig (nicht: zwingend) **in Geld** zu entrichten; v.a. bei Vermietung von Wohnraum ist dabei eine periodische Bezahlung üblich (§ 556b I). Auch eine einmalige Entrichtung ist jedoch möglich, insb. wenn die Vertragsdauer von vorneherein feststeht. Wird hingegen kein Entgelt geschuldet, liegt ein **Leihvertrag** vor, § 598. 3

### I. Charakteristik

Der Mietvertrag ist ein **synallagmatischer**, d.h. gegenseitig verpflichtender **Austauschvertrag** i.S.v. §§ 320 ff. Anders als ein Kaufvertrag ist er nicht auf einmaligen Leistungsaustausch gerichtet, sondern zeichnet sich durch eine ständige Pflichtenanspannung jedenfalls des Vermieters aus. I.d.R. steht zudem (außer im Falle einer Befristung) die Vertragsdauer und damit der Umfang der Hauptleistungspflichten nicht von vorneherein fest. Damit ist der Mietvertrag i.d.R. ein **Dauerschuldverhältnis**. Dies hat zur Folge, dass ab Vollzugsbeginn i.d.R. die Kündigung an die Stelle des Rücktritts tritt; eine etwaige **Anfechtung** wirkt jedoch – wie im Normalfall und anders als im Gesellschafts- und Arbeitsrecht – *ex tunc* (d.h. es gibt keinen „fehlerhaften Mietvertrag"). 4

Aus der Zeitbezogenheit des Mietvertrags folgt weiterhin, dass die Pflicht des Vermieters zur Gebrauchsüberlassung in vielen Fällen 5 (insb. bei Wohnraummiete, keinesfalls aber immer) eine **absolute Fixschuld** darstellt; deren Nichterfüllung resultiert dann nicht in Verzug (§ 286), sondern gem. § 275 I in Unmöglichkeit (beachte § 326 I 1).

## II. Untermiete

6 Vermieter kann nicht nur der Eigentümer einer Sache sein; auch ein Mieter kann eine Mietsache (oder Teile davon) weiter-, d.h. **untervermieten**. Gem. **§ 540 I 1** bedarf er hierzu jedoch der **Erlaubnis des Vermieters**. Eine unerlaubte, selbst kurzfristige („Airbnb") Untervermietung stellt daher eine den Vermieter ggf. zu Kündigung und Schadensersatz berechtigende Pflichtverletzung dar. Bei der Wohnraummiete hat der Mieter allerdings unter den Voraussetzungen von **§ 553** Anspruch auf Gestattung der Untervermietung (ohne dass diese dadurch entbehrlich wird). Gem. **§ 540 II** haftet der Mieter seinem Vermieter i.R.d. Vertretenmüssens für Verschulden des Untermieters (≈ § 278).

7 Bei **unberechtigter Untervermietung** gewährt § 541 dem Vermieter einen Anspruch auf Unterlassung. Zudem kann er (i.d.R. erst nach vorheriger Abmahnung, § 543 III) nach **§ 543 II 1 Nr. 2 Alt. 2** außerordentlich kündigen, außer der Mieter hatte Anspruch auf Gestattung (§ 553 I 1, ggf. auch: § 573 II Nr. 1). Gem. §§ 280 I (540 II) und § 823 I kann er auch **Schadensersatz** verlangen, allerdings nur wegen Beschädigung (durch den Untermieter) sowie erhöhter Abnutzung. **Herausgabe des Untermietzinses**, z.B. aus §§ 816 I, 812 I 1 Alt. 2 oder §§ 667, 681 S. 2, 687 II, kann der Vermieter i.d.R. nicht verlangen. **Vom Untermieter** kann er, solange der Hauptmietvertrag besteht, allenfalls Schadensersatz (§ 823 I) oder Herausgabe an den Mieter verlangen, § 986 I 2; danach: §§ 985, 546 II.

8 *Keine* Untervermietung (sondern normaler vertragsgemäßer Gebrauch) ist die Aufnahme von nahen **Familienangehörigen** (nicht: Freund/Freundin, Verlobte, Geschwister) in die gemietete Wohnung.

## III. Formbedürftigkeit?

9 Ein Mietvertrag bedarf im Regelfall **keiner Form**. Bei der **Wohnraummiete** (und: **§ 578**) schreibt allerdings **§ 550 S. 1** die Einhaltung der Schriftform (§ 126) vor, falls ein Mietvertrag für länger als ein Jahr (ab vereinbartem Nutzungsbeginn) geschlossen (oder entsprechend geändert) wird. Unter diese nicht abdingbare Vorschrift fallen einerseits Mietverträge, die auf über ein Jahr **befristet** sind (beachte § 542 II),

andererseits solche, die zwar nur auf ein Jahr befristet sind, sich jedoch mangels Kündigung automatisch verlängern, sowie nach dem BGH und der h.Lit. auch unbefristete Mietverträge, bei denen die ordentliche Kündigung für über ein Jahr ausgeschlossen wird.

Die Nichteinhaltung der nach § 550 S. 1 vorgeschriebenen Form **10** führt entgegen § 125 S. 1 nicht zur Nichtigkeit, sondern lediglich zu einer **gesetzlichen Vertragsänderung** (§ 550 S. 1 ist *lex specialis* zu § 125 S. 1): Der Vertrag gilt dann als auf unbestimmte Zeit geschlossen. Dies hat v.a. Auswirkungen auf die Kündigungsmöglichkeit (vgl. § 542 I), wobei eine ordentliche Kündigung gem. § 550 S. 2 frühestens zum Ablauf eines Jahres nach Überlassung möglich ist.

### IV. Systematik des Mietrechts

Das Mietrecht ist im BGB in **§§ 535–580a** geregelt. Die Regelung **11** gliedert sich in einen **allgemeinen**, für alle Mietverträge geltenden (§§ 535–548) und in einen **besonderen Teil** (§§ 549–580a), der wiederum nur bestimmte Mietgegenstände betrifft. Die §§ 549–577a enthalten Vorschriften für die besonders wichtige **Wohnraummiete**; §§ 578–580a regeln demgegenüber die Miete anderer Sachen, insb. von „bloßen" Grundstücken und Räumen, die kein Wohnraum sind.

## B. Die Pflichten von Mieter und Vermieter

### I. Die Pflichten des Vermieters

Gem. § 535 I 1 muss der Vermieter dem Mieter während der Miet- **12** zeit den **Gebrauch** der Mietsache (sowie ggf. den Mitgebrauch von Gemeinschaftseinrichtungen) **gewähren**. Dazu gehört auch eine **Duldung des vertragsgemäßen Gebrauchs** der Mietsache durch den Mieter; was vertragsgemäß ist, ist im Zweifel durch Auslegung des Vertrags zu ermitteln. I.d.R. sind z.B. die Aufnahme von Familienangehörigen oder Haustieren, der Empfang von Besuch, der Einbau einer Küche, Bohren sowie ggf. die Außeninstallation einer Antenne zulässig, nicht jedoch bauliche Veränderungen (s. aber § 554a) sowie eine nach außen in Erscheinung tretende berufliche Nutzung von Wohnraum.

§ 535 I 2 konkretisiert diese **Gebrauchsüberlassungspflicht** dahin- **13** gehend, dass der Vermieter die Mietsache „in einem zum vertragsgemäßen Gebrauch geeigneten Zustand zu überlassen" und auch während der Mietzeit „zu erhalten" hat (**Gebrauchserhaltungspflicht** als mietrechtliches Pendant zur Nacherfüllungspflicht); nach § 535 I 2 kann ein

Mieter daher (unverjährbar) Beseitigung auch von nach Überlassung der Mietsache auftretenden **Mängeln** verlangen, es sei denn, er hat deren Auftreten zu vertreten (beachte § 538). Dabei ist unerheblich, ob der Mieter die Mietsache tatsächlich nutzt und/oder ihn ein Mangel überhaupt subjektiv beeinträchtigt (vgl. auch § 537 I 1). Welcher Zustand geschuldet ist, hängt primär von einer etwaigen (ausdrücklichen oder konkludenten, wobei insofern der jeweilige Vertragszweck mit zu berücksichtigen ist) Beschaffenheitsvereinbarung, hilfsweise vom vereinbarten Nutzungszweck und objektiven Kriterien ab (dann: zum üblichen Gebrauch geeigneter Zustand geschuldet). Bei der Raummiete (z.B.: Vermietung einer Wohnung) erstreckt sich die Gebrauchserhaltungspflicht zusätzlich auch auf zwar nicht vermietete, jedoch der Mitbenutzung unterliegende Teile des Hauses und Grundstücks (etwa das Treppenhaus oder ein Aufzug).

**14** Zu einer **partiellen Abbedingung** von § 535 I 2 führt die vertragliche Abwälzung der Durchführung von **Schönheitsreparaturen** (= Tapezieren oder Anstreichen von Wänden oder Heizkörpern sowie Bodenpflege) auf den Mieter. Dies ist nach dem BGH in gewissen Grenzen sogar (ungeachtet § 307 II Nr. 1) **in AGB zulässig**; angeblich werde die Abwälzung nämlich zugunsten des Mieters bei Bemessung der Miete berücksichtigt. AGB-rechtlich zulässig ist jedoch – jdf. bei der Wohnraummiete – nur eine Verpflichtung des Mieters zur Vornahme *tatsächlich erforderlicher* Schönheitsreparaturen; Klauseln, die eine Renovierungspflicht allein an das Verstreichen bestimmter Zeitabschnitte knüpfen (sog. **starrer Fristenplan**), verstoßen gegen § 307; das Gleiche gilt für **Endrenovierungsklauseln**, die eine unbedingte Renovierungspflicht bei Auszug vorsehen. Wurde eine Wohnung **unrenoviert** übergeben, ist eine Schönheitsreparaturklausel nach neuester Rspr. ebenfalls i.d.R. unzulässig (solange der Mieter keinen angemessenen Ausgleich erhält), ebenso wie sog. **Abgeltungsklauseln** zur anteiligen Kostentragung.

Grds. **zulässig** ist demgegenüber die Vereinbarung, dass „i.d.R.“, „bei Bedarf“ oder „soweit erforderlich“ (etc.) alle x Jahre zu streichen (etc.) sei (**flexibler Fristenplan**); Untergrenze des Zulässigen sind dabei (umstr.) für Bad und Küche 3 und für sonstige Räume 5 Jahre. Farbwahlklauseln (z.B. „nur neutrale oder helle Farben“) sind nur wirksam, wenn sie auf die Endrenovierung beschränkt werden.

Führt ein Mieter wegen Unwirksamkeit einer AGB-Klausel nicht geschuldete Reparaturen durch, kann er nach §§ 812 I 1 Alt. 1, 818 II (nicht: GoA) **Wertersatz** verlangen (zeitliche Grenze: § 548 II). Unterlässt er hingegen geschuldete Schönheitsreparaturen, kann der Vermieter **Erfüllung** sowie unter den Voraussetzungen von §§ 281 I 1, 280 I, III (insb. nach erfolgloser Fristsetzung) **SESL** verlangen.

Daneben treffen den Vermieter regelmäßig bestimmte **Nebenleistungspflichten**, bei der (Wohn-)Raummiete z.B. zur Sicherstellung der Versorgung mit Wasser, Strom und Heizung. Als **Nebenpflicht** (§ 241 II) schuldet der Vermieter zudem besondere Fürsorge (insb. Schutz und Sicherung) sowie ggf. Aufklärung über bestimmte Risiken. Die **Lasten** der Mietsache (z.B. Grundsteuer; Grundschuldzinsen) hat gem. § 535 I 3 grds. der Vermieter zu tragen; bei Wohnraum gestattet § 556 I 1 jedoch ausdrücklich die Abwälzung der Betriebskosten auf den Mieter. 15

## II. Die Pflichten des Mieters

Der Mieter ist beim Mietvertrag gem. § 535 II zuvörderst zur **Entrichtung der vereinbarten „Miete„** verpflichtet (dazu näher Rn. 3). Zu den Grenzen der Zulässigkeit etwaiger sukzessiver Mieterhöhungen bei der Wohnraummiete vgl. §§ 557 ff.; zur (nach BVerfG NJW 2019, 3054 verfassungsgemäßen) sog. „Mietpreisbremse“ vgl. §§ 556d ff. 16

Die Verpflichtung des Mieters zur Entrichtung der Miete entfällt, wie **§ 537 I 1** klarstellt, nicht dadurch, dass der Mieter „durch einen in seiner Person liegenden Grund [z.B. Krankheit oder eine Reise] an der Ausübung seines Gebrauchsrechts gehindert“ wird. Lediglich ersparte Aufwendungen (etc.) muss sich der Vermieter anrechnen lassen (z.B.: Wegfall der Zimmerreinigung). M.a.W. fällt die Nutzung einer Mietsache grds. in den **Risikobereich des Mieters**, es sei denn, über die Gebrauchsüberlassung hinaus wurde eine weitere Zweckerreichung vereinbart (dann ggf.: § 326 I 1) oder zur **Geschäftsgrundlage** gemacht (z.B.: Vereinbarung erhöhter Hotelpreise wegen des Oktoberfestes). 17

Ist der Vermieter jedoch infolge **Überlassung des Gebrauchs an einen Dritten** (oder Eigennutzung) außerstande, dem Mieter den Gebrauch zu gewähren, entfällt die Mietzahlungspflicht des Mieters nach **§ 537 II**; lediglich einem vertragsbrüchigen Mieter ist die Berufung auf § 537 II nach § 242 verwehrt, falls z.B. eine Weitervermietung lediglich Konsequenz einer pflichtwidrig unterlassenen Mietzahlung ist. 18

Auch den Mieter treffen vielfältige **Nebenleistungs**- und **Nebenpflichten**, insb. zu sorgfältigem Umgang mit der Mietsache sowie zur Einhaltung des vertragsgemäßen Gebrauchs (zur Untervermietung s. Rn. 7). Gem. **§ 536c I 1** ist er verpflichtet, dem Vermieter während der Mietzeit auftretende **Mängel** (oder fremde Rechtsberühmung, § 536c 19

I 2) **unverzüglich anzeigen**; unterlässt er dies, ist er nach § 536c II 1 schadensersatzpflichtig und verliert gem. § 536c II 2 die meisten Mängelrechte (nicht: § 535 I 2). Nach Ende der Vertragslaufzeit muss er die Mietsache **zurückgeben**, § 546 I (sowie ggf. § 985). § 546 I regelt eine reine Rückgabepflicht und enthält keine Regelung darüber, in welchem Zustand die Mietsache zurückzugeben ist; entsprechend kann der Vermieter im Falle der Verschlechterung oder Veränderung der Mietsache zwar Schadensersatz verlangen (dazu Rn. 22), nicht jedoch die Rücknahme verweigern (sonst: §§ 293 ff.).

## C. Leistungsstörungen im Mietrecht

**20** Auch „auf" einen Mietvertrag finden grds. die Regeln des allgemeinen Leistungsstörungsrechts (insb. §§ 280 ff.) Anwendung. Zusätzlich „besitzt" das Mietrecht ein eigenes **Gewährleistungsrecht**. Dieses baut, anders als die §§ 437 und 634, nicht auf dem Schuldrecht AT auf, sondern enthält v.a. in **§§ 536–536d** eigenständige, die §§ 280 ff. vollständig verdrängende Gewährleistungsvorschriften. Diese greifen aus § 536 I 1 ersichtlich grds. erst **ab Überlassung der Mietsache** und nur bei Vorliegen eines Sach- oder Rechtsmangels (oder: § 536 II) ein.

**21** Bei früheren bzw. **sonstigen Pflichtverletzungen** des Vermieters sowie insgesamt bei Pflichtverletzungen des Mieters greifen demgegenüber die allgemeinen Regeln ein. Für viele Bereiche, etwa hinsichtlich der Kündigung in §§ 543 und 568 ff. sowie z.B. in §§ 541 und 546a I, enthält jedoch das Mietrecht gegenüber dem allgemeinen Schuldrecht (u.a. den §§ 323 ff.) vorrangige Sondervorschriften.

### I. Rechte des Vermieters bei Leistungsstörungen

#### 1. Schadensersatz

**22** Verletzt ein Mieter ihm aus dem Mietvertrag obliegende **Obhuts-** und **Sorgfaltspflichten** (§ 241 II), schuldet er, wenn er dies zu vertreten hat, dem Vermieter **Schadensersatz nach § 280 I** (sowie ggf. §§ 823 ff.). Dies gilt entgegen einer verbreiteten Ansicht (die in einem derartigen Fall z.T. §§ 281 I 1, 280 I, III anwenden möchte) nach h.M. auch dann, wenn ein Mieter die Sachsubstanz der Mietsache beschädigt. Denn die Verpflichtung des Mieters, eine Mietsache **in einem dem vertragsgemäßen Gebrauch entsprechenden Zustand zu halten** (beachte § 538), ist eine nicht leistungsbezogene Nebenpflicht iSv § 241 II, deren Verletzung eine Haftung nur nach § 280 I begründet. Wie der BGH jüngst (NJW 2018, 1746) ausdrücklich festgestellt hat, bedarf es daher selbst dann **keiner vorherigen Fristsetzung** des Vermieters (i.S.v. § 281 I 1), wenn dieser Schadensausgleich erst nach Beendigung des Mietverhältnisses verlangt; denn aus § 546 I folgt lediglich eine Pflicht zur *Rückgabe* der Mietsache, nicht jedoch eine Pflicht zur Rückgabe gerade *in vertragsgemäßen Zustand* (s. Rn. 19).

Bezüglich einer Haftung des Mieters aus §§ 280 I, 241 II gilt nach dem BGH hinsichtlich der (zwangsläufig verhaltensbezogenen) Pflichtverletzung eine **Beweislastverteilung nach Obhuts- und Gefahrenbereichen**, wenn ein Schaden seine Ursache allein im Obhutsbereich des Mieters hat (s. dazu auch Rn. 46). Zur Schadensersatzpflicht nach **§ 536c II 1** wegen unterlassener Mängelanzeige s. Rn. 19. **22a**

Ein Schadensersatzanspruch des Vermieters nach § 280 I kann sich auch daraus ergeben, dass ein Mieter die Pflicht zu **vertragsgemäßem Gebrauch** verletzt, etwa indem er die Mietsache unzulässigerweise verändert oder untervermietet (dazu Rn. 6 ff.; beachte § 540 II); gleichzeitig kann der Vermieter dann (i.d.R. jedoch erst nach vorheriger Abmahnung) nach **§ 541** Unterlassung und Beseitigung des vertragswidrigen Zustands verlangen; § 541 ist insofern *lex specialis* zu § 1004. **23**

Verlangt ein Vermieter Schadensersatz (o.Ä.), ist stets an die **besondere Verjährungsregelung** in **§ 548 I** zu denken. Danach verjähren Ersatzansprüche des Vermieters „wegen Veränderungen oder Verschlechterungen der Mietsache" bereits in **6 Monaten**, gerechnet ab Rückgabe (§ 548 I 2). Eine Rückgabe setzt dabei (**1.**) eine Änderung der Besitzverhältnisse zugunsten des Vermieters sowie (**2.**) eine vollständige und unzweideutige Besitzaufgabe des Mieters voraus; ob hierfür auch ein Annahmeverzug des Vermieters genügt, ist umstr. § 548 ist weit zu verstehen; über den Wortlaut hinaus können § 548 I auch andere Ansprüche (selbst gegenüber Dritten, die in den Schutzbereich des Mietvertrags einbezogen sind) unterfallen, solange nur ein hinreichender Bezug zum Mietgegenstand besteht, sowie konkurrierende Deliktsansprüche. Das Gleiche gilt für Veränderungen/Verschlechterungen von zur Mitbenutzung überlassener Gegenstände (z.B.: Hausflur oder Treppenhaus). Gem. § 548 II gilt die Frist auch für Aufwendungsersatzansprüche des Mieters (und § 539 II). **24**

## 2. Kündigung

Bei Verletzung vertragsbezogener Pflichten durch den Mieter steht dem Vermieter zudem unter bestimmten Voraussetzungen (z.B.: Unzumutbarkeit der Vertragsfortführung oder erhebliche Rechtsverletzung) nach § 543 I 1 bzw. II 1 Nr. 2 ein Recht zur **fristlosen Kündigung** zu. Auch hierfür ist nach § 543 III 1 i.d.R. eine vorherige **Abmahnung** erforderlich (zu den Ausnahmen vgl. § 543 III 2). Verletzt der Mieter al- **25** lerdings seine (Hauptleistungs-)Pflicht zur Mietzahlung, ist ggf. § 543 II 1 Nr. 3 einschlägig; eine Abmahnung ist dann gem. § 543 III 2 Nr. 3 i.d.R. nicht nötig. Bei der Wohnraummiete kommt daneben – weniger streng – auch eine **ordentliche, befristete Kündigung** nach § 573 II Nr. 1 in Betracht. Vgl. zur Kündigung allgemein Rn. 65 ff.

### 3. Nutzungsentschädigung

26 Verletzt der Mieter seine (u.a.) aus § 546 I resultierende **Pflicht zur Rückgabe** der Mietsache nach Vertragsende (vgl. dazu Rn. 22), schuldet er dem Vermieter nach **§ 546a I** für die Dauer der Vorenthaltung eine **Nutzungsentschädigung** in Höhe der vereinbarten oder, falls diese höher ist, nach dessen Wahl (§ 262) der ortsüblichen Miete. Dies hindert den Vermieter gem. § 546a II (ggf. iVm § 571) jedoch nicht an der Geltendmachung ggf. weitergehenden Schadensersatzes (gem. § 280 I oder §§ 280 I, II, 286 I); danach kann der Vermieter auch entgangenen Gewinn wegen gescheiterter oder verzögerter Weitervermietung (§ 252) verlangen.

## II. Rechte des Mieters bei Leistungsstörungen

27 Anders als bei Pflichtverletzungen des Mieters ist hinsichtlich der **Haftung des Vermieters** aufgrund von Leistungsstörungen zu differenzieren: Grds. stehen dem Mieter die Rechtsbehelfe des allgemeinen Leistungsstörungsrechts (insb. §§ 280 ff.) bzw. etwaige mietrechtliche Kündigungsrechte zu, wenn der Vermieter eine vertragliche Pflicht verletzt; besteht die Pflichtverletzung jedoch darin, dass die Mietsache einen Sach (§ 536 I 1, früher: „Fehler") oder Rechtsmangel (§ 536 III) aufweist bzw. eine zugesicherte Eigenschaft fehlt (§ 536 II), findet das **mietrechtliche Gewährleistungsrecht** in §§ 536 ff. Anwendung, welches in seinem Anwendungsbereich die §§ 280 ff. verdrängt.

### 1. Gewährleistung

28 Das mietrechtliche Gewährleistungsrecht ist in **§§ 536–536d** geregelt. Danach **mindert** sich die Miete bei Vorliegen eines Mangels (bzw. bei Fehlen einer zugesicherten Eigenschaft) gem. § 536 automatisch *ex lege* (≠ §§ 441 I 1, 638 I 1 und § 326 I 2); etwaig bereits zu viel entrichtete Miete kann der Mieter nach § 812 I 1 (bzw. 2) Alt. 1 zurückfordern. Und § 536a gewährt dem Mieter einen **Schadens-** (§ 536a I) bzw. **Aufwendungsersatzanspruch** (§ 536a II: „Recht" zur Selbstvornahme) zum Ausgleich von aus der Mangelhaftigkeit der Mietsache resultierenden Nachteilen. Bei anfänglichem Vorhandensein

eines Mangels ordnet § 536a I Alt. 1 aus Mieterschutzgründen sogar eine **verschuldensunabhängige Garantiehaftung** des Vermieters an.

Ergänzt wird das Gewährleistungsrecht durch das **Kündigungsrecht** in § 543 I, II 1 Nr. 1 (ggf. iVm § 569 I) sowie den Mängelbeseitigungsanspruch in § 535 I 2 (dazu Rn. 13). Gestützt auf diesen (übrigens von einem etwaigen Haftungsausschluss nach § 536b nicht erfassten) Anspruch kann ein Mieter zudem – auch neben den Gewährleistungsrechten bzw. der Minderung – gem. **§ 320 I** die Zahlung der geschuldeten Miete (m.E. analog § 641 III in Höhe des Doppelten der für die Mangelbeseitigung erforderlichen Kosten; umstr.) verweigern. 29

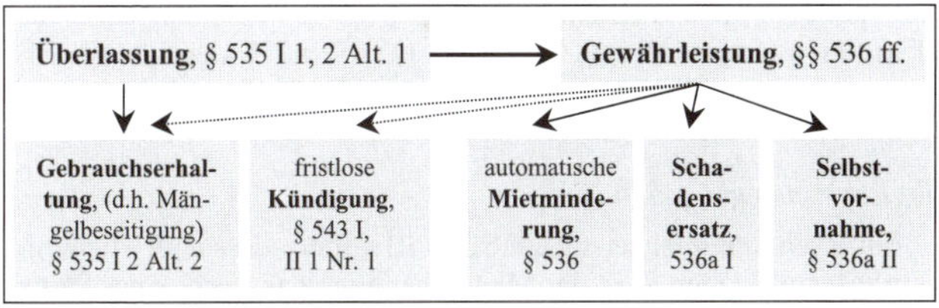


***Übersicht 10:*** *Gewährleistungsrechte des Mieters*

## a) Allgemeine Voraussetzungen

Sämtliche Gewährleistungsvorschriften setzen (**1.**) das Vorliegen entweder eines (**a**) **Sach-** oder (**b**) **Rechtsmangels** bzw. (**c**) das Fehlen einer zugesicherten Eigenschaft voraus. Zudem greifen die §§ 536 ff. i.d.R. nicht ab Vertragsschluss, sondern grds. erst (**2.**) ab Einräumung der **Gebrauchsmöglichkeit** (d.h. Überlassung) ein. Lediglich bei anfänglichem Vorliegen von *Rechts*mängeln sollen die §§ 536 ff. (insb. § 536a) nach dem BGH bereits ab Vertragsschluss Anwendung finden. 30

### *aa) Sachmangel, § 536 I*

Ein **Sachmangel** liegt vor, wenn die tatsächliche (Ist-) negativ von der geschuldeten (Soll-)Beschaffenheit abweicht. Welche Beschaffenheit geschuldet wird, hängt nach dem herrschenden **subjektiven Mangelbegriff** primär von der Beschaffenheitsvereinbarung der Parteien, hilfsweise vom vereinbarten Nutzungszweck sowie objektiven Kriterien ab; insofern entspricht der mietrechtliche Sachmangelbegriff in etwa demjenigen in § 434. Zusätzlich ist für die Anwendbarkeit des Gewährleistungsrechts (nicht: § 535 I 2!) nach **§ 536 I** erforderlich, dass die **Tauglichkeit** der Mietsache zum vertragsgemäßen Gebrauch entweder ganz aufhoben (§ 536 I 1) oder (nicht unerheblich, § 536 I 3) gemindert (§ 536 I 2) wird. Unerheblich sind Mängel dann, wenn sie schnell und mit geringem Kostenaufwand beseitigt werden können 31 oder (ggf.) nur ästhetischer Natur sind; nach dem BGH sind zudem bei Mietwohnungen Größenabweichungen bis 10 % i.d.R. unerheblich. Auch eine – objektiv nachvollziehbare – **begründete Gefahrbesorgnis** kann im Einzelfall einen Sachmangel begründen.

32 Zur **Beschaffenheit** einer Mietsache zählen nicht nur die physischen Eigenschaften einer Mietsache (z.B.: Größe einer vermieteten Wohnung, Alter der Mietsache, Beheizbarkeit, Bereifung etc.), sondern ggf. auch deren rechtliche bzw. tatsächliche Beziehungen zur Umwelt, sofern diese nach Art und Dauer einen *un*mittelbaren Einfluss auf den vertragsgemäßen Gebrauch haben und mit der Mietsache selbst (und nicht nur dem Mieter) zusammenhängen (sog. „Umfeldmängel„). Auch öffentlich-rechtliche Beschränkungen (z.B. eine Untersagungsverfügung) oder Immissionen (z.B. Lärm benachbarter Bauarbeiten) sowie Konkurrenztätigkeit können daher die Beschaffenheit beeinträchtigen.

*bb) Rechtsmangel, § 536 III*

33 Ein **Rechtsmangel** setzt nach § 536 III voraus, dass dem Mieter der vertragsgemäße Gebrauch der Mietsache durch das Recht eines Dritten ganz oder teilweise entzogen wird. **Drittrechte** i.S.v. § 536 III sind nach h.M. nur solche des Privatrechts, egal ob dinglicher (z.B. Eigentum) oder schuldrechtlicher Natur (z.B. **Doppelvermietung**). Öffentlich-rechtliche Beschränkungen statuieren allenfalls Sachmängel.

34 Das bloße Bestehen eines Drittrechts genügt dabei nicht; auch ein Nichteigentümer kann ja eine Sache vermieten. Vielmehr muss der Mieter **tatsächlich** in seinem vertragsgemäßen Gebrauch (erheblich, § 536 I 3) **gestört** werden („entzogen"). Ein Entzug liegt – über den Wortlaut von § 536 III hinaus – auch dann vor, wenn der Mietgebrauch erst gar nicht gewährt werden kann. Auch die mündliche Geltendmachung eines Drittrechts kann bereits eine Störung begründen.

*cc) Zugesicherte Eigenschaft, § 536 II*

35 Dem Vorliegen eines Mangels gleichgestellt ist nach § 536 II das **Fehlen einer zugesicherten Eigenschaft**. Zu den „Eigenschaften" i.S.v. § 536 II zählen neben der physischen Beschaffenheit einer Mietsache auch deren tatsächliche und rechtliche Umweltbeziehungen, falls diese nach ihrer Art und Dauer für die Brauchbarkeit der Mietsache von Bedeutung sind und ihren Grund in der Beschaffenheit der Sache selbst haben; der Begriff der „Eigenschaft" deckt sich damit mit demjenigen der „Beschaffenheit", ist jedoch etwas enger. Eine Zusicherung i.S.v. § 536 II begründet daher i.d.R. auch eine Beschaffenheitsvereinbarung i.S.v. § 536 I. Allerdings unterfallen (nur) § 536 II – mangels Inbezugnahme von § 536 I 3 – auch unerhebliche Abweichungen; zudem ist für § 536 II keine tatsächliche Gebrauchsbeeinträchtigung

erforderlich. Überdies begründet eine Zusicherung i.S.v. § 536 II nach h.M. eine „Garantie“ (und damit Verschuldenssurrogat) i.S.v. § 276 I.

**b) Mietminderung, § 536**

Sowohl das Vorliegen eines (Sach- oder Rechts-)Mangels als auch das Fehlen einer zugesicherten Eigenschaft führen gem. § 536 (I, III oder II) für die Zeit ihres Bestehens zu einer **automatisch kraft Gesetzes** eintretenden **Minderung**. Einer Gestaltungserklärung des Mieters bedarf es ebensowenig wie eines Vertretenmüssens des Vermieters. **36**

Je nach Grad der Beeinträchtigung entfällt die Pflicht zur Entrichtung der vereinbarten (Brutto-, d.h. Warm-)Miete entweder ganz (§ 536 I 1) oder anteilig (§ 536 I 2). Die **Höhe** der („angemessenen“) Minderung hängt von den Umständen des Einzelfalls ab. Das Kalkulationsrisiko trifft diesbezüglich nach dem BGH den Mieter; behält er zuviel ein, kann der Vermieter ggf. (z.B. gem. §§ 573 II Nr. 1, 278) kündigen. **37**

Hat der Mieter eine wegen § 536 gar nicht geschuldete Miete bereits gezahlt, kann er diese – je nach Zeitpunkt der Mangelentstehung (etc.) und vorbehaltlich §§ 814 sowie 818 III – gem. **§ 812** I 1 Alt. 1 bzw. § 812 I 2 Alt. 1 **zurückfordern** (oder den Anspruch gegen die nächste Mietrate **aufrechnen**, § 389). Bei der Wohnraummiete ist § 536 zwingend und kann gem. § 536 IV nicht vertraglich abbedungen werden. Beachte zudem die Ausnahme in § 536 Ia iVm § 555b Nr. 1 (lesen!). **38**

**Prüfungsschema 19:** Automatische Mietminderung, § 536 I, II, III **39**

1. Wirksamer Mietvertrag, § 535
2. Zeitliche Anwendbarkeit der §§ 536 ff.: grds. ab Überlassung
   **(P)** bei anf. Rechtsmängeln nach h.M. bereits ab Vertragsschluss
3. Sach- (§ 536 I) oder Rechtsmangel (§ 536 III) bzw. § 536 II
4. Vorliegen zum maßgeblichen Zeitpunkt (Überlassung o. danach)
5. Kein Ausschluss der Mietminderung:
   a) Vertraglich (mit Grenze: §§ 536 IV, 536d sowie 305 ff.)
   b) Gesetzlich: §§ 536b oder 536c II 2 Nr. 1
   c) § 536 Ia iVm § 555b Nr. 1 (energetische Modernisierung)
6. **Rechtsfolge:** Minderung *ex lege*, solange der Zustand andauert

**c) Schadensersatz, § 536a I**

In Gestalt von § 536a I Alt. 1–3 beinhaltet das Mietgewährleistungsrecht eigene, von §§ 280 ff. und § 311a II losgelöste Anspruchsgrundlagen für den Ersatz sämtlicher **mangelbedingter Schäden**. Da- **40** runter fallen alle unfreiwilligen Vermögenseinbußen, die adäquat kausal auf das Vorliegen eines Mangels zurückzuführen sind, egal ob sie das **Integritäts-** oder **Leistungsinteresse** betreffen. Eine Differenzierung zwischen SENL und SESL bzw. **Mangel- und Mangelfolgeschäden** ist daher i.R.d. Mietgewährleistungsrechts nicht erforderlich. Nach § 536a I sind sowohl mangelbedingte Körper- und Sachschäden als auch z.B. die Kosten einer vorübergehenden bzw. ggf. dauerhaften [dann jedoch zeitlich begrenzt bis zur nächsten Kündigungsmöglichkeit] Ersatzanmietung sowie z.T. sogar Umzugskosten ersatzfähig.

**41** Da § 536a I auch solche Schäden umfasst, die ansonsten dem SESL unterfallen, kann ein Mieter anstelle von Schadensersatz (und unter den Voraussetzungen von § 536a I) nach seiner Wahl ggf. **Aufwendungsersatz nach § 284** verlangen. Neben dem Mieter können sich zudem – bei Vorliegen eines Vertrags mit Schutzwirkung zu ihren Gunsten – auch **Dritte** (z.B.: Ehegatte/Kinder des Mieters) auf § 536a I stützen.

**42** **Zeitlich** ist § 536a i.d.R. erst **ab Überlassung** der Mietsache anwendbar; davor eintretende Schäden können allenfalls nach allgemeinem Leistungsstörungsrecht (d.h. gem. §§ 280 ff. bzw. § 311a II) liquidiert werden. (Nur; umstr.) bei anfänglich vorliegenden **Rechtsmängeln** soll § 536a nach h.M. bereits ab Vertragsschuss eingreifen.

**43** § 536a I unterscheidet zwischen insgesamt **drei verschiedenen Fallgruppen**, die sich jeweils hinsichtlich ihrer Voraussetzungen unterscheiden. Für die Verjährung gelten §§ 195, 199 (und nicht: § 548 I).

*aa) § 536a I Alt. 1*

**44** Besteht ein Mangel (oder fehlt eine zugesicherte Eigenschaft) bereits **anfänglich**, d.h. bei Vertragsschluss, haftet der Vermieter – selbst wenn sich der Mangel (etc.) erst später zeigt bzw. auswirkt – verschuldensunabhängig; § 536a I **Alt. 1** ordnet insofern eine **Garantiehaftung** an. Dabei ist nach h.M. unbeachtlich, ob ein Mangel nur anfänglich vorhanden oder zusätzlich von Anfang an unbehebbar i.S.v. § 275 ist; denn § 536a I Alt. 1 verdrängt neben §§ 280 ff. auch den § 311a II. Nach dem BGH genügt es für die Anwendbarkeit von § 536a I Alt. 1 bereits, wenn nur die Ursache eines sich erst später zeigenden („verborgenen“) Mangels bei Vertragsschluss gesetzt war.

**45** **Prüfungsschema 20:** Schadensersatzanspruch nach § 536a I **Alt. 1**

1. Wirksamer Mietvertrag, § 535
2. Zeitliche Anwendbarkeit der §§ 536 ff.: grds. ab Überlassung
   (**P**) bei anf. Rechtsmängeln nach h.M. bereits ab Vertragsschluss

3. Sach- (§ 536 I) oder Rechtsmangel (§ 536 III) bzw. § 536 II
4. Vorliegen bei Vertragsschluss *und* (außer § 536 III) Überlassung
5. Kein Ausschluss des Schadensersatzanspruchs:
   a) Vertraglich (mit Grenze in §§ 536d, 305 ff. sowie §§ 138, 242)
   b) Gesetzlich: § 536b oder § 536c II 2 Nr. 2
6. **Rechtsfolge:** Schadensersatz nach Maßgabe der §§ 249 ff.

*bb) § 536a I Alt. 2*

Entsteht ein Mangel (etc.) hingegen erst nach Vertragsschluss, haftet der Vermieter nach § 536 I **Alt. 2** nur dann auf Schadensersatz, wenn er die Entstehung des Mangels oder die Unterlassung der Beseitigung bzw. der Einwirkung auf Störer auch **zu vertreten** hat. Das Vertretenmüssen beurteilt sich dabei nach §§ 276, 278 (dazu Kap. 2 Rn. 208 ff.), wobei dessen Vorliegen – anders als bei § 280 I 2 – **nicht vermutet** wird! Allerdings gilt insofern nach dem BGH (u.a. NJW 2009, 142) eine **Beweislastverteilung nach Obhuts- und Gefahrenbereichen**, d.h. stammt eine Schadensursache aus dem Herrschaftsbereich des Vermieters, muss dieser nachweisen, dass er sie nicht zu vertreten hat. Zudem begründet in den Fällen des § 536 II, d.h. bei Wegfall zugesicherter Eigenschaften, die Zusicherung zugleich die Übernahme einer Garantie i.S.v. § 276 I 1, d.h. der Vermieter haftet auch ohne Verschulden. 46

**Prüfungsschema 21:** Schadensersatzanspruch nach § 536a I **Alt. 2** 47

1. Wirksamer Mietvertrag, § 535
2. Zeitliche Anwendbarkeit von § 536a Alt. 2: ab Überlassung
3. Sach- (§ 536 I) oder Rechtsmangel (§ 536 III) bzw. § 536 II
4. Nachträglicher Mangel (etc.) *und* Vorliegen bei Überlassung
5. Vertretenmüssen i.B.a. den Mangel (*ggf.*: Zusicherung, § 536 II)
   **(P)** Beweislastverteilung nach Obhuts- und Gefahrenbereichen
6. Kein Ausschluss des Schadensersatzanspruchs:
   a) Vertraglich (mit Grenze in §§ 536d, 305 ff. sowie §§ 138, 242)
   b) Gesetzlich: §§ 536b oder 536c II 2 Nr. 2
7. **Rechtsfolge:** Schadensersatz nach Maßgabe der §§ 249 ff.

*cc) § 536a I Alt. 3*

48 Gem. § 536a I **Alt. 3** haftet der Vermieter auch dann auf Schadensersatz, wenn er mit der Beseitigung eines Mangels **in Verzug** ist. Der Verzugseintritt beurteilt sich anhand von § 286, so dass gem. § 286 IV ebenfalls **Vertretenmüssen** erforderlich ist; anders als bei § 536a I Alt. 2 wird dessen Vorliegen **vermutet**. Abhängig von der Bestimmtheit stellt ggf. bereits die Mängelanzeige iSv § 536c eine Mahnung dar.

49 **Prüfungsschema 22:** Schadensersatzanspruch nach § 536a I **Alt. 3**

1. Wirksamer Mietvertrag, § 535
2. Zeitliche Anwendbarkeit der §§ 536 ff.: grds. ab Überlassung
3. Sach- (§ 536 I) oder Rechtsmangel (§ 536 III)
4. Verzug des Vermieters mit Mangelbeseitigung (§ 286, insb. IV)
5. Kein Ausschluss des Schadensersatzanspruchs (s. Schema 21)
6. **Rechtsfolge:** Schadensersatz nach Maßgabe der §§ 249 ff.

**d) Aufwendungsersatz nach Selbstvornahme, § 536a II**

50 Anders als das Kauf- und wie das Werkvertragsrecht (in § 637) kennt das Mietgewährleistungsrecht ein Selbstvornahmerecht des Mieters: Unter den Voraussetzungen von § 536a II kann der Mieter einen Mangel **selbst beseitigen** und Ersatz der dafür „erforderlichen“ – d.h. bei sorgfältiger und verständiger Prüfung *ex ante* geeignet erscheinenden – **Aufwendungen** (inkl. eigener Arbeitsleistung) verlangen. Jdf. in den Fällen des § 536a II Nr. 1 kann er sogar **Vorschuss** verlangen.

51 Voraussetzung des Aufwendungsersatzanspruchs nach § 536a II ist, dass der Vermieter entweder mit der Beseitigung des Mangels in **Verzug** (§ 286) ist (**Nr. 1**) *oder* die umgehende Beseitigung des Mangels zur Erhaltung bzw. Wiederherstellung des Bestands der Mietsache notwendig ist (**Nr. 2**). Letzteres betrifft nur **Notmaßnahmen** zur Erhaltung der Mietsache bei Sachverhalten, die keinerlei Aufschub dulden.

52 Für die Verjährung des Ersatzanspruchs gilt **§ 548 II** (h.M.; eine M.M. will *daneben* noch §§ 195, 199 anwenden). Liegen die Voraussetzungen von § 536a II nicht vor, kann ein Mieter die Aufwendungen zur Mangelbeseitigung auch **nicht** als Schadensersatz (§ 536a I) bzw. nach § 539 I ersetzt verlangen. Denn **§ 539 I** betrifft nur „sonstige“ Aufwendungen, die gerade nicht der Mangelbeseitigung dienen.

**Prüfungsschema 23:** Aufwendungsersatzanspruch nach § 536a II 53

1. Wirksamer Mietvertrag, § 535
2. Zeitliche Anwendbarkeit der §§ 536 ff.: grds. ab Überlassung
3. Sach- (§ 536 I) oder Rechtsmangel (§ 536 III)
4. Voraussetzungen von § 536a II, d.h. **entweder**:
   a) Nr. 1: Verzug d. Vermieters m. Mangelbeseitigung, § 286, **oder:**
   b) Nr. 2: Notmaßnahmen zur Erhaltung der Mietsache
5. Kein Ausschluss des Aufwendungsersatzanspruchs:
   a) Vertraglich (mit Grenze in §§ 536d, 305 ff. sowie §§ 138, 242)
   b) Gesetzlich: § 536b
6. **Rechtsfolge:** Aufwendungsersatz nach Maßgabe der §§ 256 f.

**e) Zurückbehaltungsrecht**

54 Neben den §§ 536 ff. kann ein Mieter bei Vorliegen eines Mangels auch gem. **§ 320 I**, gestützt auf seinen Anspruch auf Mangelbeseitigung aus § 535 I 2 und in den Grenzen von § 641 III (umstr.), die Zahlung der geschuldeten Miete **verweigern** (s. bereits Rn. 29). Dieses Zurückbehaltungsrecht besteht auch dann, wenn die Gewährleistung insgesamt nach § 536b ausgeschlossen ist, da ein derartiger Haftungsausschluss § 535 I 2 nicht miterfasst. Etwas anderes gilt aber für **§ 536c**: Denn nach dem BGH kann ein Mieter ein Zurückbehaltungsrecht wegen eines Mangels, von dem der Vermieter keine Kenntnis hat, erst an solchen Mietzahlungen geltend machen, die fällig werden, nachdem der Mieter den Mangel angezeigt hat (umstr.). Schließlich ist zu beachten, dass **§ 556b I** keine (§ 320 I entgegenstehende) Vorleistungspflicht des Mieters statuiert, sondern lediglich die Fälligkeit der Miete regelt.

**f) Ausschluss der Mängelrechte**

55 Abgesehen von der Minderung (vgl. § 536 IV) bzw. Kündigung (§ 569 V) jeweils i.R.d. Wohnraummiete ist die mietrechtliche Gewährleistung kein zwingendes Recht. Die Parteien eines Mietvertrags können die §§ 536 ff. grds. **vertraglich abbedingen**. Allerdings unterliegen derartige Vereinbarungen stets den allgemeinen, durch §§ 138 und 242 sowie (bei Vorliegen von AGB) §§ 305 ff. gesetzten Grenzen; nach dem BGH soll jedoch § 536a I Alt. 1 auch in AGB abbedungen werden können. Hat der Vermieter einen Mangel arglistig verschwie-

gen, kann er sich gem. **§ 536d** nicht auf einen vertraglichen Gewährleistungsausschluss berufen. Dies entspricht § 444 (dazu Kap. 2 Rn. 254).

56 **Kraft Gesetzes** sind die Gewährleistungsrechte des Mieters (nicht jedoch der Anspruch auf Mangelbeseitigung aus § 535 I 2!) gem. **§ 536b S. 1** ausgeschlossen, wenn der Mieter einen Mangel (nicht: § 536 II; umstr.) bei Vertragsschluss positiv kennt (≈ § 442 S. 1). Das Gleiche gilt gem. **§ 536b S. 2**, wenn ihm der Mangel infolge grober Fahrlässigkeit unbekannt geblieben ist, es sei denn, der Vermieter hat den Mangel arglistig verschwiegen (≈ § 442 S. 2 Alt. 1). Gem. **§ 536b S. 3** schließlich verliert der Mieter die Rechte aus §§ 536 f. auch dann, wenn er die Mietsache in Kenntnis deren Mangelhaftigkeit annimmt, außer, er behält sich seine Rechte bei der Annahme vor (≈ § 640 III).

57 Unterlässt es der Mieter, dem Vermieter während der Mietzeit auftretende **Mängel unverzüglich** (§ 121 I 1) **anzuzeigen,** und konnte der Vermieter infolgedessen keine Abhilfe schaffen, schließt **§ 536c II 2** eine Minderung sowie diesbezügliche Ansprüche aus § 536a I (nicht: II) und ein Kündigungsrecht *ohne etwaige Fristsetzung* (§ 543) aus.

### g) Verjährung

58 Für die meisten Gewährleistungsansprüche des Mieters, insb. solche auf **Schadensersatz** (§ 536a I), finden die allgemeinen Verjährungsvorschriften, insb. **§§ 195, 199 I**, Anwendung (s. Rn. 43). Die besondere Verjährungsregel für Schadensersatzansprüche in § 548 I betrifft lediglich – andersherum – Ansprüche des *Ver*mieters gegen den Mieter. Ansprüche auf Aufwendungsersatz nach § 536a II hingegen unterliegen der Verjährungsregel in § 548 II (h.M., Rn. 52); sie verjähren daher in 6 Monaten nach Beendigung des Mietverhältnisses.

### h) Konkurrenzen

59 Innerhalb ihres zeitlichen und sachlichen Anwendungsbereichs verdrängen die §§ 536 ff. die **§§ 280 ff.** sowie **§ 311a II** vollständig. Da das Mietgewährleistungsrecht jedoch im Grundsatz erst ab Überlassung einer Mietsache Anwendung findet, greift davor i.d.R. das allgemeine Leistungsstörungsrecht (insb. § 280 und §§ 323 ff.) ein. Lediglich bei anfänglichem Vorliegen von (ggf. nur unbehebbaren [wohl M.M.; umstr.]) Rechtsmängeln wendet die h.M. § 536a I Alt. 1 bereits ab Vertragsschluss an; nach Ansicht vieler soll dies auch für anfängliche Sachmängel gelten (M.M.).

60 Darüber hinaus verdrängt das Mietgewährleistungsrecht etwaige **Anfechtungsrechte** beider (umstr.) Parteien nach § 119 II, soweit der Irrtum mangelbegründende Umstände betrifft. Das Gleiche gilt für **§ 313**; Umstände, die keinen Mangel begründen, können jedoch Ge-

schäftsgrundlage eines Mietvertrags sein (Rn. 17). **§ 314** hingegen wird durch § 543 verdrängt. **§§ 823 ff.** sind neben §§ 536 ff. anwendbar.

### 2. Sonstige Haftung des Vermieters

Die Haftung des Vermieters für andere als die Mangelhaftigkeit der Mietsache betreffende Pflichtverletzungen beurteilt sich nach den **allgemeinen Vorschriften**, d.h. insb. §§ 280 ff. Für die Vertragsbeendigung treten allerdings jdf. ab Überlassung die Kündigungsvorschriften in §§ 543, 569, 573 ff. (hierzu Rn. 65 ff.) an die Stelle der §§ 323 ff. bzw. § 314. Zum Aufwendungsanspruch des Mieters nach **§ 539 I** (und dessen Komplementärverhältnis zu § 536a II) s. bereits Rn. 52. **61**

## D. Die Beendigung des Mietvertrags

Ein Mietverhältnis **endet** gem. § 542 entweder durch **Kündigung** (§ 542 I) oder, bei Vorliegen eines befristeten Mietvertrags, mit **Zeitablauf** (§ 542 II). Daneben kann ein Mietverhältnis durch Aufhebungsvertrag, i.d.R. nicht jedoch Tod (s. auch § 563), beendet werden. Und aus § 312 IV ersichtlich kann einem Mieter sogar ein **Widerrufsrecht** (sowohl i.R.d. Erstvertragsschlusses als auch grds. bei Vertragsänderungen) nach Maßgabe der §§ 312 ff. zustehen. Jedenfalls in Bezug auf Wohnraummietverträge ist dies europarechtlich nicht geboten und stellt insofern eine überschießende Umsetzung der VRRL dar (vgl. deren Art. 3 III lit. f Alt. 3). Voraussetzung eines derartigen Widerrufsrechts ist u.a. eine **Unternehmereigenschaft** des Vermieters, wobei hochumstritten ist, nach welchen Maßgaben diese zu bestimmen ist (dazu *Fervers*, NZM 2018, 642). Allerdings besteht nach Ansicht des BGH jedenfalls bei einer per Fernkommunikationsmittel erteilten Zustimmung zu einer Mieterhöhung bis zur ortsüblichen Vergleichsmiete kein fernabsatzrechtliches Widerrufsrecht des Mieters nach § 312g I, da insofern die §§ 558 ff. vorrangig sind. **62**

### I. Zeitablauf

Befristete Mietverträge **enden** i.d.R. durch bloßen Zeitablauf, § 542 II, es sei denn, das Mietverhältnis wird zuvor verlängert, § 542 II Nr. 2; eine Verlängerung kann dabei auch stillschweigend geschehen, vgl. **§ 545**. Anders als im Arbeitsrecht (§ 14 TzBfG) unterliegt eine **Befristung** im Regelfall keinen Beschränkungen; nur bei der Wohnraummiete bedarf es gem. **§ 575** eines besonderen Befristungsgrundes. **63**

64 Weitere Rechtsfolge einer Befristung ist der **Ausschluss** der **ordentlichen Kündigung**. Eine außerordentliche Kündigung bleibt jedoch nach § 542 II Nr. 1 (sowie allgemeinen Grundsätzen) möglich.

## II. Kündigung

65 Bei Dauerschuldverhältnissen (und damit auch – jdf. ab Übergabe – bei der Miete) tritt an die Stelle des Rücktritts die Kündigung. Das Recht zur Kündigung ist ein **Gestaltungsrecht** und steht allen Parteien offen. Kündigt jedoch der Vermieter, kann der Mieter (bei der Wohnraummiete) ggf. nach § 574 der Kündigung widersprechen (**Gestaltungsgegenrecht**; Rechtsfolge: Anspruch auf Verlängerung, § 574a I).

66 Die Ausübung eines etwaigen Kündigungsrechts erfolgt durch empfangsbedürftige **Willenserklärung**; die Kündigungserklärung ist somit ein einseitiges (bedingungsfeindliches) Rechtsgeschäft. Sie ist nur bei der Wohnraummiete (schrift-)**form**bedürftig (§ 568 I). Die Kündigung wirkt ***ex nunc***, d.h. sie beendet ein Mietverhältnis nur für die Zukunft.

67 Das Mietrecht kennt zwei verschiedene Arten der Kündigung, die sich v.a. hinsichtlich ihrer Voraussetzungen unterscheiden: die ordentliche und die außerordentliche Kündigung. Nach der gesetzlichen Grundkonzeption setzt dabei nur die **außerordentliche** Kündigung das Vorliegen eines (Kündigungs-)Grundes (meist: eine Pflichtverletzung des anderen Teils) voraus (vgl. § 543 sowie allg. § 314), wohingegen eine **ordentliche** Kündigung an sich auch ohne Grund, d.h. willkürlich, erfolgen kann. Nach dem BGH kann eine fristlose Kündigung ohne weiteres mit einer **hilfsweise** erklärten und auf denselben Sachverhalt gestützten ordentlichen Kündigung verbunden werden. Bei der Wohnraummiete jedoch hat der Gesetzgeber – aus Gründen des Sozialschutzes – die freie (ordentliche) Kündigungsmöglichkeit des *Ver*mieters deutlich eingeschränkt (vgl. §§ 573 ff.).

68 Daneben und unabhängig davon differenziert das Gesetz zwischen Kündigungen, die ein Mietverhältnis mit sofortiger Wirkung (d.h. **fristlos**) beenden, und solchen, deren Wirkungen erst nach Ablauf einer bestimmten Frist eintreten (sog. **befristete Kündigung**). Im Regelfall sind außerordentliche Kündigungen fristlos und ordentliche befristet; es gibt jedoch auch befristete außerordentliche Kündigungen.

### 1. Außerordentliche Kündigung

69 Das Recht zur außerordentlichen Kündigung ist in **§ 543** geregelt; für Wohnraummietverträge wird § 543 zudem durch **§ 569** ergänzt. Anders als das ordentliche besteht das außerordentliche Kündigungsrecht auch bei Vorliegen eines befristeten Mietvertrags, § 542 II Nr. 1.

Ohnehin ist § 543 ***Abs. 1* zwingend**, d.h. er kann nicht durch Vereinbarung abbedungen oder eingeschränkt werden; wiederum bei der Wohnraummiete ist § 543 sogar – zugunsten des Mieters – *insgesamt* zwingend, **§ 569 V 1**. § 543 verdrängt das Kündigungsrecht nach § 314; auch die Frist in § 314 III gilt nach dem BGH für § 543 nicht (umstr.).

Ein außerordentliches (i.d.R.: fristloses; Ausnahme: §§ 540 I 2, 544, 561 etc.) Kündigungsrecht setzt nach § 543 I 1 das Vorliegen eines **wichtigen Grundes** voraus. Ein solcher liegt nach § 543 I 2 vor, wenn dem Kündigenden unter Berücksichtigung aller Umstände und unter Abwägung der Interessen der Parteien die Fortsetzung des Mietverhältnisses nicht zugemutet werden kann. Dies wiederum wird in § 543 II sowie – für die Wohnraummiete – zusätzlich in § 569 I, II und IIa durch **Regelbeispiele** konkretisiert; deren Aufzählung ist jedoch nicht abschließend. **70**

Danach besteht z.B. ein außerordentliches Kündigungsrecht des *Vermieters*, wenn sich der Mieter (u.a.) mit der Entrichtung der Miete für zwei aufeinander folgende Termine in **Verzug** befindet, § 543 II 1 **Nr. 3**. Diesbezüglich ist für die **Wohnraummiete** jedoch **§ 569 III Nr. 2 S. 1** zu beachten, wonach eine zuvor wirksam erklärte fristlose Kündigung wegen Zahlungsverzugs im Wege der gesetzlichen Fiktion rückwirkend **als nicht eingetreten** gilt, wenn der Mieter die rückständige Miete innerhalb von zwei Monaten nach Eintritt der Rechtshängigkeit des Räumungsanspruchs begleicht (sog. **Schonfristzahlung**); eine etwaig hilfsweise erklärte ordentliche Kündigung iSv §§ 573 I, II Nr. 1 bleibt hiervon allerdings unberührt (vgl. Rn. 67). Und § 543 II 1 **Nr. 1** gewährt dem *Mieter* ein außerordentliches Kündigungsrecht, wenn ihm der vertragsgemäße Gebrauch nicht rechtzeitig bzw. vollständig gewährt oder wieder entzogen wird); wichtigster Anwendungsfall ist das Vorliegen von Mängeln. Dann aber – d.h. bei Mangelhaftigkeit – kann das Kündigungsrecht nach § 536b ausgeschlossen sein, § 543 IV 1; auch § 536d ist anzuwenden. Zur Kündigung wegen **unberechtigter Untervermietung** (§ 543 II 1 **Nr. 2** Alt. 2) s. bereits Rn. 7. **70a**

Besteht der wichtige Grund in der **Verletzung einer Pflicht** aus dem Mietvertrag, ist eine außerordentliche Kündigung nach **§ 543 III 1** i.d.R. erst nach erfolglosem Ablauf einer zur Abhilfe bestimmten angemessenen **Frist** oder – v.a. bei Unterlassungspflichten – erfolgloser **Abmahnung** zulässig. Wird dabei eine unangemessen kurze Frist gesetzt, beginnt eine angemessene Frist zu laufen. Ausnahmsweise ist eine Fristsetzung (etc.) jedoch entbehrlich, und zwar nach § 543 III 2 u.a. dann, wenn sie offensichtlich keinen Erfolg verspricht (Nr. 1), z.B. bei ernsthafter und endgültiger Erfüllungsverweigerung oder Unmöglichkeit, es sei denn, § 543 III 2 ist durch § 536c II 2 Nr. 3 ausgeschlossen. **71**

72 (Nur) bei Wohnraum bedarf es zur Wirksamkeit der Kündigung der **Schriftform** (§ 568 I) sowie der **Angabe des wichtigen Grunds** im Kündigungsschreiben, **§ 569 IV**.

73 **Prüfungsschema 24:** Außerordentliche Kündigung, §§ 543, 569

I. Bestehen eines Kündigungs**rechts**

1. Wirksamer Mietvertrag, § 535 [auch bereits vor Überlassung]
2. Wichtiger Grund, § 543 I (ggf. iVm §§ 543 II o. 569 I, II, IIa)
3. [bei PV:] erfolglose Fristsetzung oder Abmahnung, § 543 III 1,
4. oder Entbehrlichkeit, § 543 III 2; **es sei denn:** § 536c II 2 Nr. 3
5. Kein Ausschluss (§§ 543 II 2, 3; 536b, 543 IV 1; 569 III Nr. 2)

II. Wirksame Kündigungserklärung, §§ 568 I, 569 IV; **nicht** 314 III

### 2. Ordentliche Kündigung

74 Außer bei befristeten Mietverträgen (Umkehrschluss aus § 542 II) kann ein Mietvertrag nach § 542 I an sich **jederzeit** und **ohne Grund ordentlich** gekündigt werden. Bei Wohnraum bedarf die Kündigungserklärung zu ihrer Wirksamkeit allerdings der **Schriftform**, § 568 I.

74a Anders als die außerordentliche wirkt die ordentliche Kündigung jedoch i.d.R. nicht sofort, sondern beendet das Mietverhältnis erst zum Ablauf einer bestimmten **Kündigungsfrist** (befristete Kündigung). Die Länge der Frist hängt dabei von dem jeweiligen Mietgegenstand ab: (**1.**) Bei Wohnraummiete beträgt die Frist ca. 3 Monate (§ 573c; lesen!), wobei sich die Frist ab einer bestimmten Mietdauer (ab Überlassung) nur für den Vermieter verlängert. Für Mietverträge über (**2.**) Grundstücke und Räume, die weder Wohn- noch Geschäftsraum sind, gilt § 580a I, für (**3.**) Geschäftsräume hingegen § 580a II und für (**4.**) bewegliche Sachen § 580a III.

75 Teilweise abweichend von dem Vorgesagten ist die Möglichkeit zur ordentlichen Kündigung bei der **Wohnraummiete** – unabhängig von einer etwaigen Befristung (dazu § 575) – gem. §§ 573 ff. **deutlich eingeschränkt**: Danach kann bei Vorliegen eines Mietverhältnisses über Wohnraum i.S.v. § 549 (dazu Rn. 83**) nur der Mieter** ohne (Kündigungs-)Grund ordentlich kündigen; das ordentliche Kündigungsrecht des *Vermieters* hingegen ist aus Gründen des Sozialschutzes deutlich eingeschränkt.

76 Nach **§ 573 I 1** kann der **Vermieter** von Wohnraum nämlich grds. nur dann ordentlich kündigen, wenn ein Kündigungsgrund vorliegt, d.h. er in den Worten des Gesetzes ein **berechtigtes Interesse** an der

Beendigung des Mietverhältnisses hat (Ausnahme: § 573a). Eine Interessenabwägung findet dabei nicht statt. Etwas anderes – d.h. eine Berücksichtigung auch der Belange des Mieters – gilt nur, wenn dieser nach **§ 574** der Kündigung **widerspricht** (sog. „Sozialklausel"; s. dazu Rn. 65).

**Prüfungsschema 25:** Ordentliche Kündigung, § 573 I oder § 542 I 77

I. Bestehen eines Kündigungs**rechts**

1. Wirksamer Mietvertrag, § 535 [auch bereits vor Überlassung]
2. [bei **Wohnraum** + Vermieterkündigung]: Berechtigtes Interesse, § 573 = Kündigungsgrund [dazu Prüfungsschema 25a+25b]
3. Vertr. Ausschluss (Grenze: §§ 305 ff., 573c IV) o. Befristung

II. Wirksame Kündigungs**erklärung, §§ 568** I, **573 III** und §§ 105 ff.

III. [bei **Wohnraum** + Vermieterkündigung]: **Widerspruch**, § 574?

IV. **Rechtsfolge:** Ende des MV zum Ablauf der Frist, §§ 573c, 580a

Die wichtigsten ordentlichen **Kündigungsgründe** zählt (nicht abschließend) **§ 573 II** auf. Nach § 573 II **Nr. 1** ist eine ordentliche Vermieterkündigung möglich, wenn der Mieter eine **nicht unerhebliche**, **schuldhafte** (inkl. § 540 II und § 278; umstr.) **Pflichtverletzung** begeht, d.h. er z.B. – ungeachtet § 543 II Nr. 3 – in Verzug mit der Mietzahlung gerät (mindestens jedoch einer Monatsmiete und einen Monat lang). Ob eine Pflichtverletzung dabei „**nicht unerheblich**" ist, muss durch Einzelfallabwägung zwischen deren Gewicht (und ggf. Häufigkeit) sowie der Beeinträchtigung der Belange des Vermieters ermittelt werden. Entscheidend ist, ob die Kündigung den Umständen nach als angemessene Reaktion erscheint. Dabei sind auch eine etwaige Wiederholungsgefahr sowie der Verschuldensgrad (sehr umstr.) zu berücksichtigen; eine **Abmahnung** hingegen ist nach dem BGH grds. **nicht** erforderlich (umstr.), es sei denn, erst ihre Missachtung verleiht der Pflichtverletzung die benötigte Erheblichkeit. 77a

**Prüfungsschema 25a:** Kündigungsgrund i.S.v. § 573 II Nr. 1 77b

a) **Verletzung** mietvertraglicher Pflichten (weit; § 278 analog)
b) **Verschulden** des Mieters (oder § 540 II bzw. § 278; umstr.)
c) **Erheblichkeit** der Pflichtverletzung: Einzelfallabwägung

§ 573 II **Nr. 2** gestattet Vermietern zudem eine ordentliche Kündigung bei **Eigenbedarf**. Ein solcher setzt voraus, dass der Vermieter die Wohnung entweder für sich *oder* seine (nahen) Familienangehörigen 77c *oder* (dauerhafte) Angehörige seines Haushalts (etwa: Lebensgefährten, Pflegekinder oder Pflegepersonal) **„benötigt"**, d.h. vernünftige und nachvollziehbare Gründe hierfür bestehen, ***und*** der Vermieter auch die **ernsthafte Absicht** hegt, die Wohnung zu bewohnen bzw. zu überlassen. Diesbezüglich kann im Einzelfall sogar genügen, dass ein Vermieter die dem Mieter überlassenen Räume als **Zweitwohnung** „benötigt"; denn nach (teilweise bestrittener) Ansicht des BGH setzt Eigenbedarf nicht zwangsläufig voraus, dass der Vermieter (oder eine sonstige bedarfsprivilegierte Person) in der dem Mieter überlassenen Wohnung gerade seinen *Lebensmittelpunkt* begründen will.

**77d** Maßgeblicher **Zeitpunkt** für das Vorliegen von Eigenbedarf ist der Zugang der Kündigungserklärung (sog. „Kündigungstag"). **Fällt** der Eigenbedarf vor Ablauf der Kündigungsfrist **weg**, muss der Vermieter dem Mieter nach § 241 II die Fortsetzung des Mietverhältnisses **anbieten** (umstr.; nach a.A. fällt der Kündigungsgrund weg); das Gleiche gilt bei Existenz vergleichbarer Ersatzwohnungen etc. im selben Haus bzw. in derselben Wohnanlage. Eine unberechtigte (z.B. bei nur vorgeschobenem Eigenbedarf) oder **rechtsmissbräuchliche** Eigenbedarfskündigung (etwa wenn der Eigenbedarf an sich eine viel größere Wohnung erforderlich macht oder ein weit (!) überhöhter Eigenbedarf geltend gemacht wird) ist eine **gefährliche Haftungsfalle** (s. Rn. 79).

**77e** **Prüfungsschema 25b:** Kündigungsgrund i.S.v. § 573 II Nr. 2

a) Ernsthafte **Absicht**, die Wohnung zu bewohnen/zu überlassen
b) Zugunsten einer bedarfsprivilegierten **Person**
c) **„benötigt"** (= vernünftige und nachvollziehbare Gründe)
d) Maßgebl. **Zeitpunkt**: Kündigungstag; Wegfall vor Fristablauf?
e) Kein **Rechtsmissbrauch**

**78** Der jeweilige **Kündigungsgrund** muss in der entsprechenden (schriftlichen, § 568 I) Kündigungserklärung **angegeben** werden, § 573 III; andernfalls ist die Kündigung (wie auch bei § 569 IV) unwirksam.

**79** **Kündigt** ein Vermieter ein Wohnraummietverhältnis **unberechtigt**, ist er dem Mieter ggf. nach §§ 281 I 1, 280 I, III oder §§ 280 I, 241 II **schadensersatzpflichtig**. Auch deliktische Ansprüche – aus § 823 I (berechtigter Besitz), § 823 II (§ 573 II Nr. 2 ist Schutzgesetz [umstr.]; § 263 I StGB) sowie § 826 – sind möglich. Ggf. zu ersetzen sind danach u.a. Rechtsberatungs- sowie Umzugskosten und etwaige Mehrkosten einer Ersatzanmietung (zeitlich begrenzt bis zur nächsten, wegen § 573 jedoch ungewissen, Kündigungsmöglichkeit).

## E. Die Fortsetzung des Mietverhältnisses

**§ 545:** Selbst wenn ein Mietverhältnis zunächst – sei es durch Zeitablauf, sei es durch Kündigung – beendet wurde, kann es naturgemäß **vertraglich** (durch Vereinbarung oder Ausübung eines Optionsrechts) **fortgeführt** werden (vgl. nur § 542 II Nr. 2). Davon zu unterscheiden ist der praktisch häufige Fall, dass ein Mieter nach Ende des Mietverhältnisses schlicht nicht auszieht bzw. die Sache „einfach" einbehält und so den Vermieter zur Erhebung einer Räumungsklage (etc.) zwingt. In einem derartigen Fall ist **§ 545** zu beachten: Danach **verlängert** sich ein Mietverhältnis – unabhängig vom Willen der Parteien, d.h. ohne Anfechtungsmöglichkeit nach § 119 I – **„stillschweigend„** auf unbestimmte Zeit, wenn (**1.**) der Mieter den Gebrauch der Mietsache (**2.**) nach Ablauf der Mietzeit fortsetzt und (**3.**) keine Partei innerhalb von 2 Wochen widerspricht (zum Fristbeginn s. § 545 S. 2; ein Widerspruch kann nach h.M. jedoch auch schon davor, z.B. in der Kündigungserklärung, erklärt werden). **80**

**Tod:** Nach der gesetzlichen Grundkonzeption führt im Regelfall (jedoch in Abhängigkeit vom – ggf. konkludent – Vereinbarten, z.B. nicht bei Vereinbarung einer „höchstpersönlichen" Miete) weder der **Tod** des Vermieters noch des Mieters *per se* zum Ende eines Mietverhältnisses; vielmehr treten gem. **§§ 1922 I, 1967 I** grds. die Erben der verstorbenen Vertragspartei an deren Stelle. Abweichend hiervon führt **§ 563** I, II bei der Wohnraummiete zu einer von der Erbfolge unabhängigen **Sonderrechtsnachfolge**: Danach treten der Ehepartner (I) bzw. hilfsweise die Kinder (II 1) des verstorbenen Mieters in das Mietverhältnis ein, falls sie zuvor im Haushalt des Mieters gelebt hatten. **81**

**Vertragsübernahme:** Ebenfalls kraft Vertragsfreiheit möglich ist die vertragliche **Übernahme** eines Mietvertrags **durch Dritte** (meist auf Mieterseite; auf *Vermieterseite* führt ohnehin § 566 zu einer *gesetzlichen* Vertragsübernahme). Da die §§ 414 ff. lediglich die Übernahme einzelner Forderungen betreffen, setzt dies rechtstechnisch eine (gesetzlich nicht geregelte) rechtsgeschäftliche **Vertragsübernahme** (§ 311 I) – d.h. einen (i.d.R.) dreiseitigen Vertrag – voraus. Auch dieser Vertrag unterliegt dann ggf. der Formvorschrift des § 550 S. 1. **82**

## F. Die Wohnraummiete, §§ 549–577a

Die §§ 549–577a beinhalten Sondervorschriften für Mietverträge über Wohnraum. **„Wohnraum"** sind Einzelräume oder Wohnungen, in denen ein Mensch allein oder mit anderen seinen räumlichen **Lebensmittelpunkt zur privaten Lebensgestaltung** unterhält (egal ob **83** ganz oder teilweise bzw. vorübergehend oder auf Dauer). Die §§ 549 ff. treten dabei *neben*, nicht an die Stelle der §§ 535 ff.; im Kollisionsfall gehen jedoch die §§ 549 ff. vor, § 549 I. Gem. § 549 II, III finden die §§ 549 ff. auf bestimmte Mietverträge nur eingeschränkt Anwendung.

84 **Hintergrund** der nach dem 2. Weltkrieg eingeführten Sonderregeln für die Wohnraummiete ist die existentielle Bedeutung von Wohnraum für den Einzelnen (Mieter) und damit letztlich **Sozialschutz**. Nach dem BVerfG genießt das Besitzrecht eines Mieters bei Wohnraum sogar grundrechtlichen **Eigentumsschutz** i.S.v. **Art. 14 I GG**.

85 Die §§ 549 ff. beinhalten zum Schutz des Mieters u.a. **Modifizierungen der Kündigung** (§§ 568 ff.), insb. Kündigungsschutzvorschriften (§§ 573 ff.; dazu Rn. 65 ff.). § 550 S. 1 (s. Rn. 9 f.) und § 568 I statuieren hingegen einen **Formzwang**, und § 551 begrenzt die Zulässigkeit von Mietsicherheiten (= **Kaution**: höchstens das Dreifache der monatlichen Netto-[d.h. Kalt-]Miete) sowie §§ 557 ff. diejenige von Mieterhöhungen. Die sog. **„Mietpreisbremse"** ist in §§ 556d ff. geregelt (vgl. Rn. 16); auf § 563 wurde bereits oben Rn. 81 hingewiesen.

86 Besondere Bedeutung kommt in der Ausbildung dem Vermieterpfandrecht (§§ 562 ff.) und § 566 (gesetzliche Vertragsübernahme) zu.

## I. Vermieterpfandrecht, §§ 562–562d

87 Nach **§ 562 I** steht dem Vermieter bei der Wohnraummiete (beachte: **§ 578**) für Forderungen aus dem Mietverhältnis ein **Pfandrecht** an eingebrachten Sachen des Mieters zu. Dies dient (wie die Kaution) der (vorrangigen) **Sicherung des Vermieters** gegen Mietnomadentum etc.

88 Auf das (gesetzliche) **Vermieterpfandrecht** finden gem. **§ 1257** die Vorschriften über das vertragliche (Faust-)Pfandrecht (§§ 1204 ff.) Anwendung. Wie das Werkunternehmer- (§ 647) und anders als das Pächterpfandrecht (§ 583 I) entsteht es nur an Sachen, die auch **im Eigentum des Mieters** stehen (oder: Anwartschaftsrecht); bei Miteigentum entsteht das Pfandrecht am Miteigentumsanteil.

89 Ein **gutgläubiger Erwerb** des Pfandrechts nach § 1207 ist **nicht** möglich; denn § 1257 setzt ein bereits „kraft Gesetzes *entstandenes* Pfandrecht" voraus. Zudem entsteht das Vermieterpfandrecht **besitzlos**.

90 Bei **Kollision** zwischen einem Vermieterpfandrecht und einer antizipierten Sicherungsübereignung geht nach dem BGH das Vermieterpfandrecht vor, falls jene gleichzeitig entstehen (würden); andernfalls gilt ganz normal der Prioritätsgrundsatz (und ggf. § 936).

91 Das Vermieterpfandrecht entsteht nur an (beweglichen) Sachen, die der Mieter auch in den Wohnraum „eingebracht" hat. Ein **Einbringen**

setzt – als Realakt – voraus, dass der Mieter die Sache während der Dauer des Mietverhältnisses in Ausübung des mietvertraglichen Gebrauchsrechts **willentlich und nicht bloß vorübergehend** in den Wohnraum (oder z.B. die Garage) hat. Das Pfandrecht entsteht jedoch nicht an (i.S.v. §§ 811 ff. ZPO) unpfändbaren Sachen, § 562 I 2.

Durch das Vermieterpfandrecht werden nur – ggf. auch zukünftige, **92** § 562 II – **„Forderungen aus dem Mietverhältnis"** gesichert, d.h. insb. solche auf Mietzahlung, aber auch i.B.a. Nebenkosten oder Schadensersatz wegen Beschädigung oder Nichtherausgabe der Mietsache.

Die **Verwertung** des Vermieterpfandrechts erfolgt gem. §§ 1228 ff. **93** iVm § 1257 i.d.R. durch Versteigerung. Das Pfandrecht **erlischt** hingegen gem. § 562a S. 1, wenn der Mieter (oder ein Dritter mit dessen Willen) eine Sache von dem Grundstück (selbst vorübergehend [h.M.; so jetzt auch BGH NJW 2018, 1083]; umstr.) **entfernt**, d.h. – als Realakt – willentlich wegschafft, es sei denn, dies geschieht ohne Wissen oder unter Widerspruch (mit Grenze: § 562a S. 2) des Vermieters. Daneben gelten §§ 1242 II 1 und 1252 ff.

Die §§ 562 ff. finden gem. **§ 578 I** und **II** neben Wohnraum auch **94** Anwendung auf Mietverträge über Grundstücke und sonstige Räume.

## II. „Kauf bricht nicht Miete", § 566

Der gesamte vorgenannte Mieterschutz wäre hinfällig, wenn einem **95** Mieter der Mietgebrauch faktisch – ungeachtet der bei der Wohnraummiete eingeschränkten Kündigungs- (§ 573) und Befristungsmöglichkeit (§ 575) – durch bloße **Übereignung des Mietgegenstandes** entzogen werden könnte. Da ein Mietvertrag an sich nur relativ – d.h. *inter partes* – wirkt, muss daher das Gesetz verhindern, dass der Erwerber einer vermieteten Sache diese ungeachtet eines fortbestehenden Mietvertrags nach § 985 vom Mieter herausverlangen kann. Bei beweglichen Sachen wird dies durch § 986 II gewährleistet; bei der Wohnraummiete greifen indes die **§§ 566 ff.** ein. **§ 578** erstreckt diesen Schutz zudem auf Mietverträge über Grundstücke und sonstige Räume.

Nach **§ 566 I** tritt der Erwerber von vermietetem Wohnraum anstel- **96** le des Vermieters in ein (**1.**) bestehendes, wirksam begründetes Mietverhältnis ein, wenn der Mietgegenstand (**2.**) *nach* (davor ggf.: § 567a) der Überlassung an den Mieter (**3.**) von dem Vermieter an einen Dritten veräußert wird. M.a.W. führt § 566 I bei Veräußerung von vermietetem Wohnraum (oder: § 578) zu einer **gesetzlichen Vertragsübernahme** hinsichtlich eines bereits in Vollzug gesetzten Mietvertrags.

Während damit der Erwerber gem. § 566 I alle Vermieterrechte und **97** -pflichten übernimmt, scheidet spiegelbildlich der alte Vermieter *ex nunc* aus dem Mietvertrag aus. Für vor der Veräußerung entstandene

Ansprüche des Mieters **haftet** er allerdings ganz normal fort; und für danach entstandene Ansprüche haftet er unter den Voraussetzungen von §§ 566 II „wie ein **Bürge**"; deliktische Ansprüche werden hiervon nicht erfasst. Für die Mietkaution trifft § 566a eine Sonderregelung.

**98** Die Rechtsfolgen des § 566 I werden entgegen der ungenauen amtlichen Überschrift („Kauf bricht nicht Miete") nicht bereits durch den Abschluss eines schuldrechtlichen Veräußerungsvertrags (etc.), sondern erst **durch die dingliche Übereignung** des Mietgegenstandes ausgelöst. Welcher Rechtsgrund der Übereignung zugrundeliegt, ist sogar gleichgültig; neben einem Kauf-, Tausch- oder Schenkungsvertrag kann dies z.B. auch ein Vermächtnisanspruch (§ 2174) o.ä. sein.

**99** Gem. **§ 57 ZVG** finden die §§ 566 ff. auch auf eine Eigentumsübertragung durch **staatlichen Zuschlag** i.R.d. Zwangsversteigerung sowie nach h.M. analog bei gesetzlichem Eigentumserwerb Anwendung. Nicht unter § 566 fällt hingegen nach dem BGH (NZM 2019, 208), wenn ein **Miteigentümer** seinen Miteigentumsanteil nach Mietvertragsschluss an den anderen Miteigentümer veräußert; mangels eines Dritten bleiben in einem derartigen Fall daher beide Vermieter.

## G. Mietverhältnisse über andere Sachen, §§ 578–580a

**100** Auf Mietverträge über andere Sachen als Wohnraum finden neben den §§ 535–548 nicht die §§ 549 ff., sondern die §§ 578–580a Anwendung. Für Mietverträge über **Grundstücke** erklärt jedoch **§ 578 I** und für Mietverhältnisse über **Räume**, die keine Wohnräume sind, **§ 578 II** bestimmte Vorschriften über die Wohnraummiete für entsprechend anwendbar (jeweils **lesen!**). Für eingetragene Schiffe gilt § 578a. **§ 579 I** regelt – abweichend von § 556b – die Fälligkeit der Miete bei Grundstücken sowie beweglichen Sachen; für Räume gilt § 556b I entsprechend, **§ 579 II**. **§ 580** lässt beim Tod einer Vertragspartei eine außerordentliche (befristete) Kündigung zu. **§ 580a** schließlich stellt Fristen der ordentlichen Kündigung auf (dazu Rn. 74).

# Kapitel 5. Weitere Verträge zur Überlassung auf Zeit

Neben dem Mietvertrag kennt das BGB weitere **Gebrauchsüberlassungsverträge** (d.h. Verträge über die Überlassung eines Gegenstands an andere auf beschränkte Zeit), namentlich den Pacht-, Leih- und (Sach- bzw. Geld-)Darlehensvertrag. Von diesen sind nur der Miet- und Pachtvertrag kraft Definition **entgeltlich** und daher gegenseitige Verträge i.S.v. §§ 320 ff. Die Leihe hingegen ist – als unentgeltliches Gegenstück zur Miete – ein **unentgeltlicher** Vertrag (zum Begriff: Kap. 3 Rn. 7). Eine Zwischenstellung nimmt das Darlehen ein: Dieses kann sowohl entgeltlich als auch unentgeltlich erfolgen; zudem ist ein Darlehensnehmer nicht zur Rückgabe *derselben*, sondern nur *einer* gleichwertigen Sache bzw. des gleichen Geld*betrags* verpflichtet. 1

## A. Pachtvertrag

Der Pachtvertrag ist in **§§ 581–584b** geregelt (und vom sog. Landpachtvertrag i.S.v. §§ 585–597 zu unterscheiden). Sein Gegenstand ist die Gewährung einer zeitlich begrenzten **Gebrauchs- *und* Nutzungsmöglichkeit** (§ 581 I 1) gegen Entgelt (§ 581 I 2). Der Pachtvertrag ist ein Dauerschuldverhältnis; auf ihn finden gem. **§ 581 II** i.d.R. die Vorschriften über den Mietvertrag entsprechend Anwendung. 2

Von der Miete unterscheidet sich die Pacht dadurch, dass der **Verpächter** seinem Vertragspartner – dem **Pächter** – zusätzlich zum Gebrauch (oder ggf. stattdessen; umstr.) die **Fruchtziehung** (§ 99) aus dem Pachtgegenstand zu gewähren hat. Zudem können Gegenstand eines Pachtvertrags nicht nur Sachen, sondern auch Rechte (Jagdpacht) und sonstige unkörperliche Gegenstände (z.B.: Unternehmen) sein. 3

Eine Besonderheit des Pachtrechts ist das – vom **Verpächterpfandrecht** i.S.v. §§ 562, 581 II zu unterscheidende – **Pächterpfandrecht**, § 583. Dieses kann – anders als sonstige gesetzliche Pfandrechte – auch an nicht dem Verpächter gehörenden Inventarstücken entstehen. 4

## B. Leihvertrag

Der in **§§ 598–606** geregelte Leihvertrag hat die **unentgeltliche Gebrauchsüberlassung** einer – beweglichen oder unbeweglichen – 5

**Sache** zum Gegenstand. Er ist damit unentgeltliches Gegenstück zum Mietvertrag. Anders als dort (§ 535 I 2) ist ein **Verleiher** jedoch nicht verpflichtet, die Leihsache in vertragsgemäßen Zustand zu erhalten. Der Entleiher hingegen ist zur Einhaltung des vertragsgemäßen Gebrauchs verpflichtet, § 603. I.B.a. **Rechte** gelten die §§ 598 ff. analog.

**6** Obwohl ein **Entleiher** gem. § 598 nicht zur Entrichtung einer Gegenleistung verpflichtet ist, ist der Leihvertrag doch – anders als das Schenkungsversprechen – kein einseitig, sondern lediglich ein **unvollkommen zweiseitig verpflichtender Vertrag**. Denn da der Leihvertrag auf eine nur vorübergehende Gebrauchsüberlassung gerichtet ist, ist der Entleiher nach Ablauf der Vertragszeit gem. § 604 I zur Rückgabe der Sache an den **Verleiher** verpflichtet. Die Vertragslaufzeit richtet sich primär nach der Vereinbarung, hilfsweise nach §§ 604, 605.

**7** Wie das Schenkungsrecht (§§ 521–524) und anders als der Auftrag kennt das Leihvertragsrecht in **§ 599** eine **Haftungserleichterung**; danach haftet der Verleiher nur für Vorsatz und grobe Fahrlässigkeit. Für **Mängel** haftet er nur bei arglistigem Verschweigen, **§ 600**.

**8** Etwaige Ersatzansprüche des Verleihers wegen Verschlechterungen oder Veränderungen bzw. des Entleihers auf Verwendungsersatz (etc.) **verjähren** gem. § 606 in **sechs Monaten** ab Rückgabe (vgl. § 548 I 2).

## C. Darlehensvertrag

**9** Allgemein gesprochen ist der Darlehensvertrag ein Vertrag, durch den sich ein **Darlehensgeber** verpflichtet, dem Darlehensnehmer entweder (**1.**) **Geld** (dann: Gelddarlehen, §§ 488 ff.) oder (**2.**) **vertretbare Sachen** (dann: Sachdarlehen, §§ 607 ff.) zu verschaffen bzw. übereignen, wohingegen der **Darlehensnehmer** dem Darlehensgeber nach Zeitablauf oder Kündigung entweder den entsprechenden Geldbetrag oder aber Sachen gleicher Art, Güte und Menge zurückzuerstatten hat.

**10** Ein Darlehen kann entweder **entgeltlich oder unentgeltlich** erfolgen. Das Gesetz bringt dies durch die Formulierung „verpflichtet, *einen* [**etwaigen**; ≠ „den“] geschuldeten Zins zu zahlen“ (§ 488 I 2) bzw. „Zahlung *eines* Darlehensentgelts“ (§ 607 I 2) zum Ausdruck.

### I. Gelddarlehen etc.

**11** Das Gelddarlehen ist – gemeinsam mit **sonstigen Finanzierungshilfen** – in **§§ 488–515** geregelt. Von diesen Vorschriften betreffen nur die §§ 488–505e den Darlehensvertrag selbst, wobei von diesen Normen wiederum nur **§§ 488–490** allgemeine Vorschriften über das Gelddarlehen beinhalten, während §§ 491–505e (etwas unübersichtliche) Regelungen zu **Verbraucherdarlehensverträgen** vorsehen.

### 1. Überblick über die §§ 488–515

Die §§ 506–508 betreffen demgegenüber sog. **entgeltliche Finanzierungsverträge** wie z.B. das Finanzierungsleasing (dazu Kap. 11 Rn. 22). **§ 510** trifft Regelungen für **Ratenlieferungsverträge** (≈Kaufverträge mit Teilleistungen), und **§ 511** – in Umsetzung der WoImmoKRL – für „Beratungsleistungen bei Immobiliar-Verbraucherdarlehensverträgen“. **§ 512** schließlich erklärt die meisten Vorschriften in §§ 491 ff. für unabdingbar, sowie **§ 513** die §§ 491–512 für zugunsten von **Existenzgründern** (bis i.H.v. 75.000 €) anwendbar. Die §§ 514 f. behandeln unentgeltliche Verbraucherdarlehen o. -Finanzierungshilfen. 12

| **Darlehen** §§ 488–505e | | **Finanzierungshilfen** | **Ratenlieferungsvertrag** | **Berat. WoImmoK** | **unabdingbar, Exist.gr.** | **unentgeltliche Dar./FH** |
|---|---|---|---|---|---|---|
| §§ 488–490 | §§ 491 ff. | §§ 506–508 | § 510 | § 511 | §§ 512, 513 | §§ 514, 516 |

***Übersicht 11:*** *Überblick über die §§ 488–515*

Von den §§ 488–515 sind **nur** die **§§ 488–490 allgemeine**, potentiell auf jedermann anwendbare (Gelddarlehens-)Vorschriften. 13

Die **§§ 491–515** hingegen beinhalten in Umsetzung verschiedener EU-Richtlinien – **VerbrKrRL, VRRL** und **WoImmoKRL** – Sonderregeln zum Schutz von **Verbrauchern** (Ausnahme: § 513), deren umfassende Behandlung den hiesigen Rahmen sprengen würde.

### 2. Charakteristik

Nach **§ 488 I 1** verpflichtet ein (Geld-)Darlehensvertrag den Darlehensgeber zur Verschaffung eines Geldbetrags in der vereinbarten Höhe. Gegenstand eines Gelddarlehensvertrags ist m.a.W. das Zurverfügungstellen eines bestimmten **Geldbetrags** – des Darlehens (oder: [Darlehens-]Valuta) – für eine bestimmte Zeit. I.d.R. wird dieser Betrag bloß **wertmäßig** – d.h. mangels anderer Vereinbarung nicht notwendigerweise in Gestalt von (bestimmtem) Bargeld etc. – geschuldet. 14

Der **Darlehensnehmer** hingegen schuldet – außer es wurde ein unentgeltliches Darlehen vereinbart (vgl. Rn. 10) – gem. **§ 488 I 2 Alt. 1** 15 als Gegenleistung den vereinbarten **Zins**; (nur) dann ist der Darlehensvertrag ein gegenseitiger Vertrag (§§ 320 ff.). Außerdem muss er bei Fälligkeit – d.h. entweder nach Ablauf der vereinbarten Vertragslaufzeit oder Kündigung (§§ 489, 490) – das zur Verfügung gestellte Darlehen (ebenfalls i.d.R. nur wertmäßig) **zurückzahlen**, § 488 I 2 Alt. 2.

**16** Das Gesetz trifft in **§ 246** u. **§ 352 HGB** Regelungen zur **Zinshöhe**.

**17** Haben die Parteien eine Zinszahlungspflicht des Darlehensnehmers vereinbart und keine ausdrückliche Regelung insb. zu deren **Fälligkeit** getroffen, greift **§ 488 II** ein. Danach sind Zinsen grds. nach Ablauf je eines Jahres (bzw. hilfsweise bei der Rückzahlung) zu entrichten.

**18** Anders als im Normalfall ist die **Rückzahlung** eines Darlehens jdf. bei Vorliegen eines *entgeltlichen* Gelddarlehensvertrags (vgl. § 488 III 3) gem. § 488 III 1 nicht ohne Weiteres **vor Fälligkeit** möglich (erfüllbar). Dies dient der Sicherung des Zinsanspruchs des Darlehensgebers aus § 488 I 2 Alt. 1. **§ 488 III** 1 ist insofern *lex specialis* zu § 271 II.

**19** Bei **Verbraucherdarlehen** (§ 491) hingegen ist die Rückzahlungspflicht des Darlehensnehmers gem. **§ 500 II jederzeit erfüllbar**, wobei dann eine Vorfälligkeitsentschädigung zu leisten ist, § 502.

### 3. Form

**20** Ein „normaler“ Gelddarlehensvertrag kann grds. **formfrei** abgeschlossen werden. **Verbraucherdarlehen** i.S.v. § 491 (dazu Rn. 27 ff.) hingegen müssen nach **§ 492 I 1** schriftlich abgeschlossen werden; zusätzlich muss der Vertrag alle Angaben i.S.v. Art. 247 §§ 6–13 EGBGB enthalten, **§ 492 II**. Auch die Erteilung einer entsprechenden Vollmacht durch den Verbraucher bedarf dieser Form, § 492 IV 1.

**21** Die **Rechtsfolgen** eines etwaigen Formverstoßes regelt **§ 494**. Nach § 494 I tritt im Falle eines Formverstoßes grds. **Gesamtnichtigkeit** ein (nicht jedoch bei Fehlen „von“ Art. 247 §§ 7, 8, 9 EGBGB). Ein etwaiger Formmangel wird jedoch nach **§ 494 II** – ggf. allerdings unter Vertragsänderung zugunsten des Verbrauchers, § 494 II–VI – **geheilt**, wenn das Darlehen empfangen oder in Anspruch genommen wird.

### 4. Sittenwidrigkeit, § 138

**22** Ein Darlehensvertrag kann im Einzelfall gem. **§ 138 sittenwidrig** und damit unwirksam sein. Insofern kommt einerseits eine Sittenwidrigkeit nach § 138 II wegen **Wuchers**, andererseits aus sonstigen Gründen gem. § 138 I (z.B.: **wucherähnliches** Rechtsgeschäft) in Betracht.

23 Ein tatsächlicher Wucher i.S.v. **§ 138 II** setzt neben (**1.**) einem **auffälligen Leistungsmissverhältnis** auch (**2.**) die **Ausbeutung** einer besonderen, in § 138 II genannten Schwäche des Vertragspartners voraus. Ein auffälliges Leistungsmissverhältnis liegt nach dem BGH jdf. dann und i.d.R. vor, wenn der effektive den marktüblichen Jahreszins entweder **relativ** um 100 % oder **absolut** um 12 Prozentpunkte übersteigt.

24 Liegt **objektiv** ein derartiges (oder ggf. ein anderes) Missverhältnis vor, fehlt es jedoch an einer „Ausbeutung" i.S.v. § 138 **II** (bzw. ist, wie in der Praxis allzu oft, deren Nachweis nicht möglich), kann der Darlehensvertrag gleichwohl („insbesondere") als „wucherähnliches Rechtsgeschäft" nach **§ 138 I** unwirksam sein. Voraussetzung hierfür ist, dass der Darlehensgeber im Einzelfall **subjektiv** z.B. die wirtschaftliche Unterlegenheit des Darlehensnehmers ausgenutzt hat. Und auch eine Einschränkung der wirtschaftlichen Bewegungsfreiheit (**„Knebelung"**) des Darlehensnehmers kann zu Sitenwidrigkeit führen.

25 Ist ein Darlehensvertrag gem. **§ 138** nichtig und wurde die Darlehenssumme bereits ausgezahlt, steht **§ 817 S. 2** einer Rückforderung des Darlehens nach § 812 I 1 Alt. 1 **nicht** entgegen. Wegen § 817 S. 2 kann der Darlehensgeber allerdings (da gerade die Überlassung „auf Zeit" geschuldet war) die Rückzahlung **nicht sofort**, sondern gem. dem vertraglichen Zeitplan verlangen (s. auch Kap. 9 Rn. 15).

### 5. Beendigung

26 Gem. § 488 III 1 **endet** die Laufzeit eines Darlehensvertrags – und wird damit die Rückzahlungspflicht des Darlehensnehmers aus § 488 I 2 Alt. 2 **fällig** – entweder mit (**1.**) Ablauf der vereinbarten Vertragslaufzeit oder aber (**2.**) mit Kündigung. Insofern sehen § 488 III 1 (bei Fehlen einer verabredeten Laufzeit) bzw. andernfalls § 489 ein (unabdingbares, § 489 IV 1) **ordentliches** und § 490 ein **außerordentliches** Kündigungsrecht vor. Die Kündigungsfrist einer ordentlichen Kündigung nach § 488 III 1 beträgt i.d.R. 3 Monate, § 488 III 2.

### 6. Verbraucherdarlehensvertrag, §§ 491 ff.

27 Ein – entgeltlicher (ansonsten: § 514) – Gelddarlehensvertrag zwischen einem **Verbraucher** (§ 13) als Darlehensnehmer und einem **Unternehmer** (§ 14) als Darlehensgeber, der keine der Ausnahmen des § 491 II 2 erfüllt, ist gem. § 491 II 1 ein sog. **„Allgemein-Verbraucherdarlehensvertrag"** und damit nach § 491 I 2 zugleich ein „Ver-

braucherdarlehensvertrag". Auf diesen finden zusätzlich bzw. vorrangig zu den §§ 488 ff. gem. § 491 I 1 die **§§ 491–505e** Anwendung.

**28** Eine weitere Erscheinungsform des Verbraucherdarlehensvertrags ist der **„Immobiliar-Verbraucherdarlehensvertrag"**, § 491 III.

**29** Wichtigste Rechtsfolge des Vorliegens eines Verbraucherdarlehensvertrags ist – neben der oben Rn. 20 f. dargestellten **Formbedürftigkeit** gem. §§ 492, 494 – insb. das etwaige Bestehen eines **Widerrufsrechts** nach § 355 iVm **§ 495 I** zugunsten des Darlehensnehmers.

**30** Zusätzlich wird der Verbraucher im Falle eines Widerrufs nach **§§ 358–361** *dann* besonders geschützt, wenn der Verbraucherdarlehensvertrag der Finanzierung eines Kaufvertrags (etc.) dient *und* beide eine wirtschaftliche Einheit bilden i.S.v. § 358 III 1 (sog. **verbundene Verträge**). S. dazu näher z.B. SchR AT, Kap. 10 Rn. 28 ff.

## II. Sachdarlehen

**31** Der Sachdarlehensvertrag ist in den **§§ 607–609** geregelt. Im Gegensatz zum Gelddarlehen schuldet der Darlehensgeber beim Sachdarlehen die Überlassung – d.h. Übergabe und **Übereignung** – einer **vertretbaren Sache**, gem. § 607 II nicht jedoch von (Bar-)Geld.

**32** Ein Sachdarlehen liegt z.B. vor, wenn eine Person **Eier** oder Mehl bei ihrem Nachbarn (umgangssprachlich) **„ausleiht"**. Auch die Überlassung von – jdf. nicht individualisierten – **Mehrwegverpackungen** (Pfandflaschen etc.) ist nach h.M. ein Sachdarlehen.

**33** Da logischerweise und gem. § 91 nur **bewegliche Sachen** vertretbar sein können, findet das Sachdarlehensrecht keine Anwendung auf Grundstücke (etc.). Im Übrigen kann auch das Sachdarlehen entweder **entgeltlich** oder **unentgeltlich** ausgestaltet werden (Rn. 10 und § 609).

**34** Der Darlehensnehmer schuldet beim Sachdarlehen neben einem etwaigen Darlehens**entgelt** (§ 607 I 2 Alt. 1) bei Fälligkeit des Rückerstattungsanspruchs des Darlehensgebers aus **§ 607 I 2 Alt. 2** die Übereignung Sachen gleicher Art, Güte und Menge. Die **Fälligkeit** des Rückerstattungsanspruchs tritt entweder mit (**1.**) Ablauf der vereinbarten Laufzeit oder aber durch (**2.**) – ordentliche (§ 608) bzw. außerordentliche (§ 314) – Kündigung ein.

# Kapitel 6. Werkvertragsrecht

## A. Einführung

**Literatur:** *Eichel*, JuS 2011, 1064; *Greiner*, AcP 211, 221; *Lorenz*, NJW 2013, 3132; *Omlor*, JuS 2016, 967; *Schwab*, JuS 2017, 964; *Teichmann*, JuS 2002, 417.

Das Werkvertragsrecht ist im BGB in §§ 631–650o geregelt. Herzstück dieser Regelung sind die allgemeinen, für alle Werkverträge geltenden Vorschriften in **§§ 631–650**. Diese wurden – ebenso wie die §§ 433 ff. – i.R.d. Schuldrechtsmodernisierung zum 1.1.2002 komplett neu gefasst und dabei einerseits mit dem allgemeinen Leistungsstörungsrecht des Schuldrecht AT (v.a. den §§ 280 ff. und §§ 323 ff.) verzahnt sowie andererseits dem Kaufrecht angeglichen. Anders als das Kauf- dient das Werkvertragsrecht allerdings nicht – mit Ausnahme von § 650 (Art. 1 IV VerbrGKRL) – der Umsetzung von Unionsrecht. 1

Ergänzend zu den §§ 631–650 enthalten die zum **1.1.2018** neu geschaffenen §§ 650a–650h besondere Vorschriften für **Bauverträge**, d.h. Werkverträge, die die (Wieder-)Herstellung, Beseitigung oder den Umbau eines Bauwerks (etc.) zum Gegenstand haben, § 650a I 1; die §§ 650a ff. treten damit in direkte Konkurrenz zur **VOB/B**. Handelt es sich dabei um einen Verbraucherbauvertrag i.S.v. § 650i I, gelten ergänzend noch die §§ 650i II–650o. An sich ebenfalls ein Werkvertrag ist der in §§ 650p–650t geregelte **Architekten- oder Ingenieurvertrag**, auch wenn ihn das Gesetz – ebenso wie den Bauträger- (§§ 650u, 650v) und den Reisevertrag (§§ 651a ff.; hierzu Kap. 7, C.) – als eigenen Vertragstyp behandelt. 2

### I. Charakteristik

Gem. § 631 ist der Werkvertrag ein **synallagmatischer** Austauschvertrag, durch den sich ein [Werk]-Unternehmer zur Herstellung eines **Werks** und der Besteller zur Zahlung einer Vergütung (§ 632; umgangssprachlich: Werklohn) sowie (i.d.R., vgl. § 646) zur Abnahme des vertragsmäßig hergestellten Werks (§ 640 I) verpflichtet. Gegenstand eines Werkvertrags ist m.a.W. die entgeltliche **Herbeiführung eines bestimmten Erfolges** (des „Werks“). Obwohl der Leistungsaus- 3 tausch dabei i.d.R. zeitlich gestreckt stattfindet (sog. „Langzeitschuldverhältnis“), ist der Werkvertrag im gesetzlichen Regelfall kein Dauerschuldverhältnis. Der Begriff des Unternehmers i.S.v. § 631 I ist nicht gleichbedeutend mit demjenigen von § 14; auch ein Verbraucher kann (Werk-)Unternehmer sein. Werkverträge können **idR formfrei** geschlossen werden (Ausnahme: § 650i II).

4 Den §§ 631 ff. unterfallen viele unterschiedlich(st)e Lebenssachverhalte, und zwar (wohl) mehr als jedem anderen schuldrechtlichen Vertragstyp. § 631 II stellt ausdrücklich klar, dass **Gegenstand** eines Werkvertrags „sowohl die Herstellung oder Veränderung einer Sache als auch ein anderer durch Arbeit oder Dienstleistung herbeizuführender Erfolg sein“ kann. Allgemein gesprochen betreffen die §§ 631 ff. entweder die Erbringung **körperlicher** (etwa: Errichtung eines Bauwerks, § 650a) oder **unkörperlicher** Werke (Theateraufführung, Beratung etc.). Auch die bloße Einwirkung auf Sachen (z.B.: Reparatur eines Kfz, Renovierung eines Hauses) bzw. Personen (etwa: Haarschnitt) kann ein Werk konstituieren; ärztliche Behandlungen hingegen unterfallen i.d.R. (als dienstvertragsähnlich) den §§ 630a ff. Auch Mischformen wie die Erstellung eines schriftlichen Gutachtens oder die Entwicklung eines Prototyps unterfallen den §§ 631 ff., wenn die geistige Leistung im Vordergrund steht (sonst: §§ 433 ff. oder § 650).

## II. Werklieferungsvertrag, § 650

5 Eine besondere Behandlung erfährt die Herstellung oder Erzeugung *beweglicher* Sachen; obwohl an sich ebenfalls ein „Werk“ (daher: **Werklieferungsvertrag**), ordnet § 650 S. 1 insofern – u.a. wegen Art. 1 IV VerbrGKRL – die Geltung von Kaufrecht an. Aus § 650 S. 2 ersichtlich gilt dies auch dann, wenn der Besteller das zur Herstellung erforderliche Material bereitstellt. Wird allerdings eine nicht vertretbare Sache (§ 91) hergestellt, finden gem. § 650 S. 3 neben §§ 433 ff. bestimmte Vorschriften des Werkvertragsrechts Anwendung.

## III. Veräußerung neu errichteter Gebäude oder Wohnungen

6 Die **Herstellung *unbeweglicher* Sachen** hingegen unterfällt stets den §§ 631 ff. Handelt es sich dabei um ein Bauwerk und schuldet der Unternehmer neben dessen Errichtung auch die Übertragung des Eigentums am Grundstück, liegt ein **Bauträgervertrag** i.S.v. **§ 650u I 1** vor, der jedoch insofern gem. § 650u I 2 ebenfalls den §§ 631 ff. unterfällt. Noch weitergehend ordnete die Rspr. vor der SchuldRMod sogar den „Kauf“ neu errichteter (bzw. renovierter) Immobilien selbst dann noch als Werk- und nicht Kaufvertrag ein, wenn die Errichtung bzw.

der Umbau bereits vor (!) Abschluss des Veräußerungsvertrages **abgeschlossen** war. Hintergrund waren die damals wesentlich größeren Unterschiede zwischen Werkvertrags- und Kaufrecht. Wegen der zwischenzeitlich erfolgten Angleichung beider Rechtsgebiete (insb. auch hinsichtlich der Verjährung) ist diese „Fiktion" eines Werkvertrags m.E. hinfällig (h.Lit.; unentschieden: BGH NJW 2016, 1572).

### IV. Abgrenzung zum Dienstvertrag

Durch seine Erfolgsbezogenheit unterscheidet sich der Werkvertrag 7
insb. vom **Dienstvertrag** (§§ 611 ff.). Zwar sind beide Vertragstypen tätigkeitsbezogen; beim Dienstvertrag wird jedoch nur das Tätigwerden *an sich* geschuldet, unabhängig von der Herbeiführung eines (u.U. dennoch intendierten) Erfolgs. Andersherum schuldet der Unternehmer beim Werkvertrag nur die Erfolgsherbeiführung selbst und die hierzu erforderliche Tätigkeit allenfalls mittelbar. Gleichwohl kann die Abgrenzung bisweilen schwierig sein; in Grenzfällen kommt es darauf an, ob ein Erfolg aus Sicht der Parteien ungewiss ist (dann: Dienstvertrag) oder ob es der Verpflichtete selbst in der Hand hat, ihn herbeizuführen.

## B. Die Pflichten von Besteller und Unternehmer

Gem. **§ 631 I** wird durch einen Werkvertrag „der Unternehmer zur 8
Herstellung des versprochenen Werkes [und] der Besteller zur Entrichtung der vereinbarten Vergütung verpflichtet". Diese Aufzählung ist – anders als z.B. diejenige in § 433 – in zweierlei Hinsicht **unvollständig**: Zum einen fehlt (1.) ein Hinweis auf die – mittelbar in § 633 I geregelte – Verschaffungspflicht des Unternehmers; zum anderen zählt (2.) im Werkvertragsrecht nach h.M. auch die Abnahmepflicht des Bestellers zu dessen Hauptpflichten; gleichwohl ist sie nicht in § 631, sondern erst in § 640 I geregelt. Im Kaufrecht wiederum ist die Abnahmepflicht des Käufers (§ 433 II Alt. 2) nur eine Nebenleistungspflicht.

Eine weitere Besonderheit der §§ 631 ff. betrifft die Anwendbarkeit 9
von **§ 320 I**: Zwar ist der Werkvertrag ein gegenseitiger Vertrag i.S.d. §§ 320 ff. Dessen ungeachtet findet die Einrede des nicht erfüllten Vertrags (§ 320 I) i.R.d. Werkvertragsrechts **nur eingeschränkt** Anwendung: Denn beim Werkvertrag ist – bezüglich (nur) der Herstellung des Werks – grds. der Unternehmer **vorleistungspflichtig**; dies folgt aus § 641 I, wonach die Werklohnforderung im Regelfall erst bei Abnahme fällig wird. M.a.W. erfolgt i.d.R. (Ausnahme: z.B. § 632a) nicht die Herstellung des Werkes, sondern erst dessen Ablieferung bzw. Verschaffung (dazu Rn. 11) Zug-um-Zug gegen Zahlung der Vergütung.

Überdies wird § 320 I im Werkvertragsrecht bei Bestehen eines Nacherfüllungsanspruchs durch **§ 641 III** als *lex specialis* konkretisiert.

## I. Die Pflichten des Unternehmers

### 1. Hauptpflichten

**10** Die wichtigste Haupt(leistungs)pflicht des Unternehmers beim Werkvertrag nennt § 631 I **Alt. 1**: Danach ist der Unternehmer „zur **Herstellung** des versprochenen Werkes“ verpflichtet. Anders als beim Dienstvertrag muss er den vereinbarten Erfolg allerdings nur dann (**ausnahmsweise**) **persönlich** herbeiführen, wenn dies ausdrücklich bzw. konkludent – z.B. bei expliziter Beauftragung gerade eines *bestimmten* Künstlers oder Handwerkers – vereinbart wurde.

**11** Obwohl in § 631 I Alt. 1 nicht genannt, trifft den Unternehmer i.d.R. neben der Herstellungspflicht auch – als weitere Hauptpflicht – eine **Verschaffungs-** bzw. **Ablieferungspflicht** hinsichtlich des jeweiligen Werks. Dies folgt nicht zuletzt aus § 633 I a.E. sowie – spiegelbildlich – aus der Abnahmepflicht des Bestellers gem. § 640 I. Welche Handlungen für eine Verschaffung erforderlich sind (d.h. **wie**, **wann** und **wo** der Unternehmer dem Besteller das Werk zur Verfügung stellen muss), hängt von der Art des jeweiligen Werks ab. So ist z.B. bei einem körperlichen Werk i.d.R. eine Übergabe (so etwa bei bloßen Reparaturleistungen) sowie u.U. sogar eine Übereignung (z.B. im Falle einer Neuherstellung oder Verarbeitung) erforderlich.

**12** Die Hauptpflichten des Unternehmers werden – wie im Kaufrecht in § 433 I 2 – durch **§ 633 I näher konkretisiert**. Danach muss der Unternehmer dem Besteller „das Werk frei von Sach- und Rechtsmängeln“ verschaffen; andernfalls ist das Werk nicht vertragsgemäß und der Besteller kann i.d.R. die Abnahme (§ 640 I 1) **verweigern** (geschäftsähnliche Handlung). Nur bei „unwesentlichen Mängeln“ darf er dies nicht, § 640 I 2. Ob ein Mangel **unwesentlich** ist, hängt von einer Abwägung der jeweiligen Parteiinteressen unter Berücksichtigung von Art und Umfang des Mangels ab; der Begriff ist **eng** auszulegen.

### 2. Neben(leistungs)pflichten

**13** Daneben treffen den Unternehmer gem. § 242 auch – je nach den Umständen des Einzelfalls – bestimmte **Nebenleistungspflichten**, z.B. hinsichtlich Beratung bzw. Obhut und Verwahrung. Als (bloße) **Nebenpflicht** i.S.v. § 241 II ist der Unternehmer zudem naturgemäß zu Aufklärung, Sicherung und besonderer Fürsorge verpflichtet.

Zur allgemeinen Unterscheidung zwischen (Haupt- und Neben-) **Leistungspflichten** (i.S.v. § 241 I) sowie **Nebenpflichten** (i.S.v. § 241 II) i.R.v. vertraglichen Schuldverhältnissen s. Kap. 2 Rn. 9 ff. 14

## II. Die Pflichten des Bestellers

### 1. Vergütungspflicht

Den Besteller trifft bei einem Werkvertrag gem. § 631 I **Alt. 2** zunächst die Hauptpflicht zur „Errichtung der vereinbarten **Vergütung**". Anders als beim Kaufvertrag (sonst: Tausch) muss diese nicht notwendigerweise aus Geld bestehen; auch **jede andere Gegenleistung** ist grds. möglich. Handelt jemand hingegen umsonst, liegt kein Werkvertrag, sondern ein Auftrag (§ 662) oder eine Schenkung (§§ 516 ff.) vor. 15

Hierfür genügt allerdings nicht das bloße Fehlen einer Vereinbarung über die Vergütung bzw. deren Höhe. Denn nach **§ 632 I** gilt eine Vergütung „als **stillschweigend vereinbart**, wenn die Herstellung des Werks den Umständen nach nur gegen eine Vergütung zu erwarten ist" (i.d.R. wird bereits eine konkludente Vergütungsabrede vorliegen). § 632 I schließt zugleich (neben einem Dissens) auch eine Irrtumsanfechtung nach § 119 I aus. Die **Höhe der Vergütung** richtet sich dann gem. § 632 II entweder (sofern eine hoheitliche Preisfestsetzung, z.B. nach der HOAI, besteht) nach der „taxmäßigen", hilfsweise nach der „üblichen" Vergütung. Die Üblichkeit bemisst sich dabei anhand der Vergütung, die am Ort der Werkleistung bisher „in zahlreichen Einzelfällen" für Leistungen gleicher Art, Güte und Umfangs gezahlt wurde. 16

Ein **Kosten(vor)anschlag** wiederum ist nach § 632 III im Zweifel weder zu vergüten noch, u.a. aus den in § 649 geregelten Rechtsfolgen ersichtlich, verbindlich (im Gegensatz zur sog. „Fixpreisabrede"). 17

Zur in § 641 I 1 geregelten **Fälligkeit** der Vergütung (i.d.R. erst bei Abnahme) s. Rn. 9. Die hierdurch begründete **Vorleistungspflicht** des Unternehmers wird für bestimmte Fälle durch § 641 I 2 (Teilabnahme) und § 632a (Abschlagszahlungen) sowie spezielle Sicherungsrechte (dazu Rn. 27 ff.) abgemildert. Überdies soll die Vergütungspflicht nach dem Rechtsgedanken von § 323 II Nr. 1 auch dann fällig werden, wenn der Besteller sich **endgültig** und **grundlos** weigert, seiner vertraglichen Abnahmepflicht (§ 640 I) nachzukommen (h.M.). § 641 II hingegen regelt die (sog. „Durchgriffs"-)Fälligkeit i.R.v. Leistungsketten. 18

### 2. Abnahmepflicht

Gem. **§ 640 I 1** ist der Besteller grds. dazu verpflichtet, das jeweils „vertragsmäßig hergestellte Werk" auch **„abzunehmen"**. Diese Pflicht 19 besteht gem. § 633 I („vertragsmäßig“) nur, wenn der Unternehmer ihm das jeweilige Werk frei von Sach- und Rechtsmängeln verschafft; andernfalls kann der Besteller grds. die Abnahme verweigern (zur Ausnahme gem. § 640 I 2 bei unwesentlichen Mängeln, s. Rn. 12).

**20** Die Abnahmepflicht ist im Werkvertragsrecht sowohl – wie im Kaufrecht – eine *echte* Rechtspflicht als auch – anders als dort – eine ***Haupt*pflicht** des Bestellers. Denn die Bedeutung der Abnahme i.S.v. § 640 I erschöpft sich nicht in ihrer Entledigungsfunktion; vielmehr zeitigt sie mannigfache weitere Rechtsfolgen, z.B. Fälligkeit der Vergütung (§ 641 I), Übergang der Vergütungsgefahr (§ 644 I 1) und Beginn der Verjährung, § 634a II; zum maßgeblichen Zeitpunkt des Vorliegens eines Mangels s. Rn. 39. Keinen Einfluss hat die Abnahme hingegen – außer bei positiver Kenntnis, § 640 III – auf etwaige Mängelrechte.

**21** Der **Begriff der Abnahme** ist im Gesetz nicht definiert. Nach ganz h.M. ist er grds. **zweigliedrig** und erfordert im Regelfall neben (**1.**) der körperlichen **Entgegennahme** des Werks (d.h. einer Besitzübertragung) auch (**2.**) dessen **Billigung** als *im Wesentlichen* vertragsgemäße Leistung. Durch Letzteres unterscheidet sich die werkvertragliche Abnahme von derjenigen des Kaufrechts. Die Billigung kann – als geschäftsähnliche Handlung (umstr.) – ohne Weiteres auch **konkludent** erfolgen, etwa durch Zahlung des Werklohns.

**22** Ist die körperliche Entgegennahme eines Werks hingegen **nicht möglich** (z.B. bei Renovierung eines weiterhin bewohnten Hauses), genügt sogar die **bloße Billigung** (dann: *eingliedriger* Abnahmebegriff).

**23** Noch weitergehend ist bei bestimmten (meist auf immateriellen Erfolg gerichteten) Werken sogar – nach deren Beschaffenheit – eine Billigung entweder unmöglich oder jedenfalls nach der Verkehrssitte nicht zu erwarten (z.B. Konzert oder Personenbeförderung). Dann wiederum tritt gem. **§ 646** die **Vollendung** des Werks an die Stelle der Abnahme.

**24** Nimmt der Besteller ein Werk dagegen **nicht** ab, kann der Unternehmer ggf. nach **§ 640 II 1** die Abnahme **fingieren**. Voraussetzung dieser zum 1.1.2018 neu gefassten Vorschrift ist, dass (**1.**) der Unternehmer dem Besteller nach „Fertigstellung“ (wohl: Herstellung) des Werks eine angemessene Frist zur Abnahme setzt und (**2.**) der Besteller die Abnahme nicht innerhalb dieser Frist unter Angabe mindestens eines [konkreten, etwaigen] Mangels verweigert. Ist der Besteller **Verbraucher**, gilt dies nach § 640 II 2 nur, wenn der Unternehmer ihn zusammen mit der Aufforderung zur Abnahme in Textform auf die etwaige Abnahmefiktion hingewiesen hat. Anders als seine Vorgängernorm (§ 640 I 3 a.F.) ist § 640 II nicht auf unwesentliche Mängel beschränkt.

| Regelfall: **Abnahme, § 640 I** | | | **Vollendung** | **Abnahmefiktion** |
|---|---|---|---|---|
| idR 2gliedrig | uU 1gliedrig | Teilabnahme § 641 I 2 | § 646 | § 640 II |

***Übersicht 12:*** *Die Abnahme und ihre Surrogate im Werkvertragsrecht*

### 3. Neben(leistungs)pflichten und Obliegenheiten

25 Auch den Besteller treffen beim Werkvertrag gem. § 242 bestimmte **Neben-** und **Nebenleistungspflichten**, insb. zur Beratung oder Aufklärung über ihm bekannte gefahrerzeugende Umstände sowie zur Inobhutnahme von Arbeitsgeräten etc. Setzt ein Unternehmer sich oder seine Rechtsgüter bei Erfüllung seiner Pflichten in besonderem Maße dem Einfluss des Bestellers aus, etwa bei Arbeiten in dessen Wohnung oder bei Benutzung von diesem bereitgestellter Arbeitsgeräte, obliegt dem Besteller sogar eine (nach h.M. jedoch abdingbare) **Fürsorgepflicht analog § 618** (beachte insb. § 618 III iVm §§ 842 ff.).

26 Bedarf es zur Herstellung eines Werks der **Mitwirkung des Bestellers** (z.B. wenn dieser persönlich [etwa beim Friseur] erscheinen oder einen Gegenstand herausgeben bzw. zugänglich machen muss), trifft den Besteller zudem die **Obliegenheit** zur Mitwirkung; verletzt er diese, gerät er i.d.R. gem. § 295 S. 1 Alt. 2 oder § 296 S. 1 in Annahmeverzug. In Ergänzung der §§ 293 ff. ordnet **§ 642** dann eine **Ersatzpflicht** („angemessene Entschädigung“) des Bestellers (nur) für diejenigen Kosten an, die dem Unternehmer durch seine fruchtlose Wartezeit entstanden sind. Weitere Rechtsfolgen regeln § 643 (Kündigungsrecht) und § 645 I 2. Eine tatsächliche *Pflicht* zur Mitwirkung besteht hingegen nur, wenn dies gesondert vereinbart wurde (h.M.).

## III. Die Sicherung des Vergütungsanspruchs

27 Da der Unternehmer im Werkvertragsrecht grds. **vorleistungspflichtig** ist, hat er i.d.R. ein besonderes Interesse daran, seinen Vergütungsanspruch zu **sichern**. Klassischerweise wird der Erhalt der Gegenleistung bei gegenseitigen Verträgen (u.a.) durch § 320 I gesichert; wiederum als Konsequenz der Vorleistungspflicht findet die Einrede des nicht erfüllten Vertrags beim Werkvertrag nur eingeschränkt An-

wendung (s. Rn. 9). Die dadurch hinterlassene Schutzlücke schließt das Gesetz (partiell) in **§ 647** und **§ 647a** sowie – bei Vorliegen u.a. eines Bauvertrags i.S.d. §§ 650a ff. – in **§ 650e** und **§ 650f**.

### 1. § 647 und § 647a

28 Gem. **§ 647** erwirbt der Unternehmer u.U. – ähnlich einem Vermieter nach § 562 – ein gesetzliches **(Werk-)Unternehmerpfandrecht** (i.S.v. § 1257) für seine Forderungen aus dem Werkvertrag an von ihm reparierten, veränderten oder auch – falls der Besteller im Einzelfall als Hersteller i.S.v. § 950 anzusehen ist (umstr.) – hergestellten **beweglichen Sachen** des Bestellers. I.B.a. **eingetragene Schiffe** ist hingegen § 647a (Einräumung einer Schiffshypothek) vorrangig (s. dessen S. 3). Keine Anwendung findet § 647 beim Werklieferungsvertrag, § 650.

29 Das Unternehmerpfandrecht i.S.v. § 647 ist an **vier Voraussetzungen** geknüpft: (**1.**) Das Vorliegen eines körperlichen Werks, dessen Gegenstand oder Substrat eine „hergestellte oder ausgebesserte" **bewegliche Sache** sein muss (z.B.: Kfz-Reparatur). Die betreffende Sache muss zudem (**2.**) im **Eigentum des Bestellers** stehen; an Sachen Dritter, etwa einem gemieteten oder geleasten Kfz, entsteht nach h.M. – anders als beim Pächterpfandrecht gem. § 583 I – *kein* Unternehmerpfandrecht, es sei denn, der Besteller hat ein Anwartschaftsrecht inne. Ein gutgläubiger Erwerb analog § 1207 scheidet nach h.M. im Umkehrschluss zu § 366 III HGB aus (umstr.), ebenso eine entsprechende Anwendung von § 1207 über § 1257. Denn § 1257 setzt ein bereits „kraft Gesetzes *entstandenes* Pfandrecht" voraus. Auch eine (analoge) Anwendung von § 185 I (bei Einverständnis des Eigentümers mit dem Werkvertragsschluss) lehnt die h.M. ab. Schließlich muss die Sache (**3.**) „bei der Herstellung oder zum Zwecke der Ausbesserung" (**4.**) in den (zumindest mittelbaren) **Besitz** des Unternehmers gelangt sein.

30 Gem. §§ 1253 S. 1 iVm 1257 **erlischt** das Unternehmerpfandrecht mit der willentlichen Herausgabe der jeweiligen Sache durch den Unternehmer an den Besteller bzw. einen bevollmächtigten Dritten.

31 Überdies ist zu beachten, dass das Unternehmerpfandrecht stets nur (vertragliche) Forderungen aus dem (jeweils) ***konkreten*** **Werkvertrag** sichert. Wollen die Parteien den Kreis der gesicherten Forderungen erweitern, bleibt ihnen nur die – in den Grenzen von §§ 305 ff. mögliche – Vereinbarung eines **vertraglichen (Faust-)Pfandrechts** i.S.v. §§ 1204 ff.; (nur) auf dieses findet dann § 1207 (direkt) Anwendung.

### 2. § 650e und § 650f

Ist Gegenstand eines Werkvertrags hingegen ein **Bauwerk** (etc.), d.h. bei Vorliegen eines Bauvertrags i.S.v. §§ 650a ff. (dazu Rn. 114 ff.), sehen § 650e und § 650f besondere Sicherungsrechte vor: Nach **§ 650e** (= 648 a.F.) kann der Unternehmer die Einräumung einer **Sicherungshypothek** an dem Baugrundstück des Bestellers für seine (vor Fertigstellung: anteiligen) Forderungen aus dem Bauvertrag verlangen. Dies ist jedoch i.d.R. nutzlos, wenn das Grundstück bereits mit anderen, vorrangigen Grundpfandrechten belastet ist oder aber gar nicht dem Besteller gehört. Daher gewährt **§ 650f** (≈ 648a a.F.) dem Unternehmer zusätzlich einen Anspruch auf Leistung auch anderer Sicherheiten (vgl. §§ 232 ff.), z.B. einer Bankbürgschaft, § 650f II 1 (sog. **Bauhandwerkersicherung**). 32

## C. Pflichtverletzungen im Werkvertragsrecht

Zum Begriff der Pflichtverletzung s. oben Kap. 2 Rn. 18. Wie im Kaufrecht kann auch die Verletzung von Pflichten aus einem **Werkvertrag** grob in **2 Phasen** unterteilt werden; deren zeitliche Abgrenzung ist gesetzlich nicht geregelt und daher sehr umstr. (dazu Rn. 60): 33

(**1.**) Verletzt der **Unternehmer** seine Hauptpflicht aus § 631 I Alt. 1 zur Herstellung (insb. wenn er das Werk *gar nicht* herstellt) und/oder aus § 633 I zur Verschaffung des Werks *insgesamt* bzw. lediglich Nebenleistungspflichten i.S.v. § 241 I oder Nebenpflichten i.S.v. § 241 II, findet grds. nur das **allgemeine Leistungsstörungsrecht** Anwendung. Das Gleiche gilt für sämtliche Pflichtverletzungen des **Bestellers**, z.B. wenn er die Vergütung nicht zahlt (§ 633 I Alt. 2) oder das Werk pflichtwidrig nicht abnimmt (§ 640 I).

(**2.**) Verletzt hingegen der **Unternehmer** seine Hauptpflicht zur Herstellung und Verschaffung eines mangelfreien Werks u.a. aus **§ 633 I**, beurteilt sich seine Haftung – grds. ab dem Zeitpunkt der Abnahme (Rn. 60) – nach dem **besonderen, werkvertragsspezifischen Leistungsstörungsrecht** in §§ 634–639. Insb. § 634 Nr. 2 und 3 verweist dabei wegen der Verzahnung von Schuldrecht AT und BT vielfach auf das allgemeine Leistungsstörungsrecht zurück.

## D. Mangel des Werks, § 633

34 Gem. **§ 633 I** muss der Unternehmer dem Besteller „das Werk frei von Sach- und Rechtsmängeln [herstellen bzw. jedenfalls] verschaffen“. Der Begriff des **Sachmangels** wird – in weitgehender, nicht jedoch vollständiger Übereinstimmung mit § 434 – in § 633 **II**, derjenige des **Rechtsmangels** in § 633 **III** (entspricht § 435) bestimmt.

### I. Sachmangel, § 633 II

35 Der Sachmangel wird in § 633 II definiert. Die Regelung entspricht derjenigen in § 434 I 1 und 2 sowie III. Danach setzt ein Sachmangel auch im Werkrecht eine negative **Abweichung** der tatsächlichen **(Ist-)** von der geschuldeten **(Soll-)Beschaffenheit** (§ 633 II 1 und 2 Nr. 2, Alt. 2) bzw. -**Verwendbarkeit** (§ 633 II 2 Nr. 1 und 2, Alt. 1) voraus.

36 § 633 II statuiert – wie auch § 434 – vorrangig einen **subjektiven** und nur hilfsweise einen **objektiven Mangelbegriff**. Maßgeblich ist daher primär eine etwaig zwischen den Parteien (u.U. konkludent) getroffene Beschaffenheitsvereinbarung, § 633 II 1. Der Begriff der **Beschaffenheitsvereinbarung** ist dabei wie bei § 434 zu verstehen (vgl. daher Kap. 2 Rn. 29 ff.). Zur vereinbarten **Beschaffenheit** zählen alle Eigenschaften des Werks, die nach der Parteivereinbarung den vertraglich geschuldeten Erfolg herbeiführen sollen, etwa die vereinbarte Ausführungsart oder Leistung (Qualität, Menge etc.; dazu näher Kap. 2 Rn. 23 ff.). Zusätzlich ist als werkrechtliche Besonderheit zu beachten, dass nach dem BGH (NJW 2008, 511) zum vertraglich geschuldeten Erfolg – entgegen dessen Wortlaut – **auch i.R.v. § 633 II 1** neben der vereinbarten Beschaffenheit zusätzlich und sogar vorrangig die vereinbarte oder vorausgesetzte **Funktionstauglichkeit** zählt (sog. **funktionaler Mangelbegriff**; umstr.). Entsprechend ist ein Werk selbst dann mangelhaft, wenn es zwar vereinbarungsgemäß und/oder nach den anerkannten Regeln der Technik hergestellt, jedoch z.B. eine technisch gar nicht mögliche Funktionstauglichkeit (z.B. eine bestimmte Wärmedämmung) vereinbart wurde. Das Gleiche gilt bei Vereinbarung einer für die gewünschte Funktion untauglichen Ausführungsart.

36a Fehlt es an einer Beschaffenheitsvereinbarung, ist gem. § 633 II 2 Nr. 1 zunächst auf die u.U. nach dem Vertrag *vorausgesetzte* **Verwendbarkeit**, d.h. Funktionstauglichkeit (vgl. Kap. 2 Rn. 33 f.) abzustellen. Wiederum hilfsweise kommt es nach § 633 II 2 Nr. 2 auf die Eignung für die *gewöhnliche* Verwendung sowie – kumulativ – das Vorliegen einer Beschaffenheit an, die bei Werken gleicher Art üblich ist (vgl. Kap. 2 Rn. 35 ff.). Anders als im Kaufrecht (§ 434 I 3) sieht § 633 II keine – explizite – Haftung für Werbeaussagen (und Montagefehler etc.) vor; Werbeaussagen (auch Dritter) können jedoch im Einzelfall zu einer stillschweigenden Beschaffenheitsvereinbarung führen oder aber (umstr.) die objektive Verkehrserwartung prägen.

Nach **§ 633 II 3** schließlich steht die Herstellung eines anderen als des vereinbarten bzw. des Werks in zu geringer Menge einem Sachmangel im Wege der Fiktion gleich (≈ § 434 III, s. Kap. 2 Rn. 44 ff.). **37**

**Prüfungsschema 26:** Vorliegen eines Sachmangels i.S.v. § 633 II **38**

1. § 633 II 1: Abweichung v. vertraglich vereinbart. Beschaffenheit
2. § 633 II 2 Nr. 1: Eignung für vertraglich vorausges. Verwendung
3. § 633 II 2 Nr. 2: Eignung für die gewöhnliche Verwendung etc.
4. § 633 II 3: Falsch- oder Zuweniglieferung

Anders als § 434 I 1 nennt § 633 II **nicht den Zeitpunkt**, zu dem ein mangelhafter Zustand (sog. Mangelerscheinung) vorliegen muss, um überhaupt einen Sachmangel i.S.v. § 633 II zu konstituieren. Richtigerweise kommt es – wie im Kaufrecht – grds. auf den (u.U. hypothetischen) **Übergang der Gegenleistungsgefahr** gem. §§ 644 f. an, d.h. im Regelfall auf die Abnahme (h.M.); spätestens dann geht nämlich auch die Leistungsgefahr über und tritt damit eine Konkretisierung ein (s. Rn. 42). Wandelt sich ein Vertragsverhältnis bereits zuvor in ein Abrechnungsverhältnis um, kann ein Besteller Mängelrechte auch ohne Abnahme geltend machen (so der BGH, s. Rn. 60); dann dürfte es auf die zugrundeliegende Gestaltungserklärung (z.B. § 281 IV) ankommen. **39**

## II. Rechtsmangel, § 633 III

Ein Rechtsmangel liegt gem. § 633 III vor, wenn **Dritte** gegenüber dem Besteller **Rechte in Bezug auf das Werk** geltend machen können, ohne dass dies vertraglich vereinbart wurde. Zu den Einzelheiten vgl. Kap. 2 Rn. 47 ff. Von besonderer Relevanz sind insofern fremde Immaterialgüterrechte, z.B. Urheber- oder Patentrechte. Auch **öffentlich-rechtliche Beschränkungen** der Verfügungsfreiheit (etwa: Beschlagnahmebefugnis) können einen Rechtsmangel statuieren. **Zeitlich** muss auch ein Rechtsmangel – grds. – bei Gefahrübergang vorliegen. **40**

## E. Gefahrtragung beim Werkvertrag

41 Mit **„Gefahr"** bezeichnet das BGB die Zuordnung bestimmter wirtschaftlicher Rechtsfolgen eines **zufälligen** – d.h. von keiner der Parteien zu vertretenden – **Untergangs** (bzw. Verschlechterung usw.) von Leistungsgegenständen i.R.v. Schuldverhältnissen. Die Gefahrtragung ist mithin ein Mittel zur schuldrechtlichen Risikoverteilung. Das Gesetz unterscheidet **drei Erscheinungsformen** der Gefahr: Leistungs-, Gegenleistungs- und Sachgefahr (dazu Kap. 2 Rn. 54 ff.).

### I. Leistungsgefahr

42 Die Leistungsgefahr ist einerseits – auch für Werkverträge – im Schuldrecht AT, v.a. § 275, andererseits ***mittelbar*** in §§ 644 f. geregelt.

Zwar regeln **§ 644** und **§ 645** in direkter Anwendung nur die **Gegenleistungsgefahr**; diese kann jedoch denklogisch erst dann übergehen, wenn *zuvor* die Leistungsgefahr auf den Besteller übergegangen ist. Daher führt – spätestens – der Übergang der Gegenleistungsgefahr auch (**mittelbar**) zum **Übergang der Leistungsgefahr**.

Folglich trägt beim Werkvertrag – vorbehaltlich § 275 – der **Unternehmer** bis zur Abnahme (oder einem gleichgesetzten Zeitpunkt, Rn. 23 f.) die Leistungsgefahr. Denn bis dahin trifft ihn das **Herstellungsrisiko**: Gem. §§ 631 I bleibt er nämlich zur Herbeiführung des jeweiligen Erfolgs verpflichtet, wenn das Werk vor Abnahme (etc.) zufällig zerstört oder beschädigt wird (usw.), es sei denn, dies ist unmöglich.

### II. Gegenleistungsgefahr

43 Die Gegenleistungsgefahr (beim Werkvertrag auch: Vergütungsgefahr) regelt die Frage, ob der Besteller trotz zufälligen Untergangs des Werks (etc.) die vereinbarte **Vergütung entrichten** muss oder nicht. Nach allgemeinen Grundsätzen (§ 326 I 1) trägt diese „Gefahr" an sich bis zur vollständigen Erfüllung der Unternehmer. Im Werkvertragsrecht führen jedoch **§§ 644 und z.T. 645** als die Vergütungspflicht erhaltende Normen zu einem früheren Übergang der Vergütungsgefahr.

44 Nach **§ 644 I 1** geht die Gegenleistungsgefahr (und damit ggf. mittelbar auch die Leistungsgefahr, s. Rn. 42) im Grundsatz mit der **Abnahme** eines Werks (§ 640 I, dazu Rn. 19 ff.) auf den Besteller über.

Diese Regelung unterscheidet sich insofern von der „Grundnorm der Gefahrtragung“ in § 326 I 1, als die Abnahme nicht zwangsläufig zu einer vollständigen Erfüllung führt; ein Unternehmer kann z.B. trotz Abnahme weiterhin zur Übereignung bzw. Mängelbeseitigung (etc.) verpflichtet sein. Der Abnahme gleichgestellt ist – auch i.R.v. § 644 I 1 – die Fiktion der Abnahme gem. § 640 II (s. Rn. 24) sowie eine etwaig nach § 646 an die Stelle der Abnahme tretende Vollendung (Rn. 23).

Gerät der Besteller hingegen in **Annahmeverzug** (§§ 293 ff.), geht die Gegenleistungsgefahr gem. **§ 644 I 2** auch ohne Abnahme auf ihn über. Hierfür genügt m.E. – entgegen der wohl h.Lit. – lediglich ein (Annahme-)Verzug des Bestellers mit der Entgegennahme des fertig **hergestellten** Werks (umstr.). Ein vor Fertigstellung des Werks einsetzender Annahmeverzug wegen Verletzung der Mitwirkungsobliegenheit des Besteller i.S.v. § 642 (dazu Rn. 26) genügt m.E. nicht (**a.A.** die h.Lit.); andernfalls würde der Unternehmer über Gebühr (und mehr als z.B. nach § 300 II) privilegiert. Im Übrigen verdrängt § 644 I 2 als *lex specialis* § 326 II 1 Alt. 2. Auch i.R.v. § 644 I 2 muss sich der Unternehmer jedoch (**analog**) **§ 326 II 2** die infolge der Befreiung von seiner Leistungspflicht ersparten Aufwendungen etc. anrechnen lassen. 45

Nach dem (z.T. als **systemwidrig** kritisierten) **§ 644 II** findet die Gefahrtragungsregel zum Versendungskauf in **§ 447** auch auf Werkverträge Anwendung. Danach geht die Gegenleistungsgefahr bereits mit Auslieferung eines „Werks“ an den Spediteur (etc.) auf den Besteller über, wenn (**1.**) die Parteien (u.U. konkludent und nachträglich, s. Wortlaut: „auf Verlangen des Bestellers“) eine **Schickschuld** vereinbart haben und (**2.**) das Werk zu diesem Zeitpunkt bereits **abnahmereif**, jedoch noch nicht abgenommen war; vgl. näher Kap. 2 Rn. 61 ff. 46

Schließlich enthält auch **§ 645 I** eine auf **Billigkeitserwägungen** fußende Regelung der Gegenleistungsgefahr. Anders als § 644 enthält § 645 I sogar eine eigenständige Anspruchsgrundlage (umstr.) und führt lediglich zu einer Spaltung der Gegenleistungsgefahr: Gem. § 645 I 1 kann ein Unternehmer (nur) **anteilige Vergütung** (nebst Auslagenersatz) verlangen, wenn ein Werk vor Abnahme infolge eines Mangels des von dem Besteller gelieferten Stoffes oder dessen Anweisung untergeht oder sich verschlechtert bzw. sonst unausführbar wird *und* den Unternehmer keine (Mit-)Verantwortung trifft. Das Gleiche gilt nach § 645 I 2, wenn der Unternehmer den Werkvertrag nach § 643 wegen unterlassener Mitwirkung des Bestellers i.S.v. § 642 **kündigt**. 47

Im Übrigen ist umstr., inwiefern der hinter § 645 stehende **Sphärengedanke** verallgemeinerungsfähig ist. Nach h.M. kann § 645 I vorsichtig **analog** angewendet werden, wenn eine Handlung des Bestellers bzw. Ursache in seiner Person zum Untergang (etc.) eines Werks führt. 48

### III. Sachgefahr

49 § 644 I 3 regelt die **Sachgefahr**, d.h. das Risiko des zufälligen Untergangs bzw. der zufälligen Verschlechterung einer Sache. Diese trifft grds. den jeweiligen Eigentümer (*casum sentit dominus*). Nichts anderes besagt **§ 644 I 3**: Danach trägt der Besteller (und nicht der Unternehmer) die Sachgefahr für von jenem an diesen gelieferte „Stoffe", d.h. Gegenstände, mit oder aus denen (etc.) ein Werk herzustellen ist.

## F. Die Rechte des Bestellers gem. § 634

50 Wie das parallel aufgebaute Kaufrecht (in §§ 437–445b) kennt auch das Werkvertragsrecht in **§§ 634–639** ein **besonderes Leistungsstörungsrecht** mit eigener Verjährungsregelung in § 634a. Dieses werkvertragliche Gewährleistungsrecht" beinhaltet definitionsgemäß nur eine Haftung des Unternehmers **wegen Mängeln**; sonstige Rechte des Bestellers bzw. auch Rechte des Unternehmers wegen Pflicht- oder Obliegenheitsverletzungen des Bestellers richten sich hingegen i.d.R. (**Ausnahme**: §§ 642 I, 648 und 648a) nach allgemeinem Schuldrecht.

### I. Überblick

51 Der Übersichtlichkeit halber zählt § 634 die (meisten) Gewährleistungsrechte eines Bestellers auf. § 634 fungiert damit – ebenso wie die Parallelnorm im Kaufrecht, § 437 – als **„Brückennorm"** des werkvertraglichen Gewährleistungsrechts. Als Rechtsfolge spricht § 634 eine **Rechtsgrundverweisung** auf die in Nr. 1–4 genannten, meist (Ausnahme: Nacherfüllung) von weiteren Voraussetzungen abhängigen und großteils im Schuldrecht AT (§§ 280 ff., 323 ff.) geregelten Rechte aus.

52 Welche Rechte einem Besteller im Einzelfall zustehen, hängt maßgeblich davon ab, ob der jeweils haftungsauslösende **Mangel behebbar ist oder nicht**. Solange nämlich die Nacherfüllung – als **primäres Mängelrecht** – noch möglich ist, kann der Besteller grds. erst nach erfolglosem Ablauf einer (zur Nacherfüllung) gesetzten Frist auf die sonstigen, **sekundären Mängelrechte** (Selbstvornahme, Rücktritt, Minderung und SESL bzw. Aufwendungsersatz) zurückgreifen. Dadurch erhält der Unternehmer eine zweite Chance, sich die vereinbarte Vergütung zu verdienen (sog. „Recht" zur zweiten Andienung).

53 Ist die Nacherfüllung hingegen **unmöglich** (§ 275), kann der Besteller **sofort** und – wenn deren jeweilige Voraussetzungen vorliegen – in **elektiver Konkurrenz** (d.h. nach freier Wahl) sämtliche sekundären

Mängelrechte geltend machen. Ein Recht zur Selbstvornahme steht ihm dann freilich nicht zu. Zugleich sieht das allgemeine Leistungsstörungsrecht bei Unmöglichkeit einer Leistung jeweils gesonderte Vorschriften für Rücktritt (§ 326 V) und SESL (§ 283 oder § 311a II) vor.

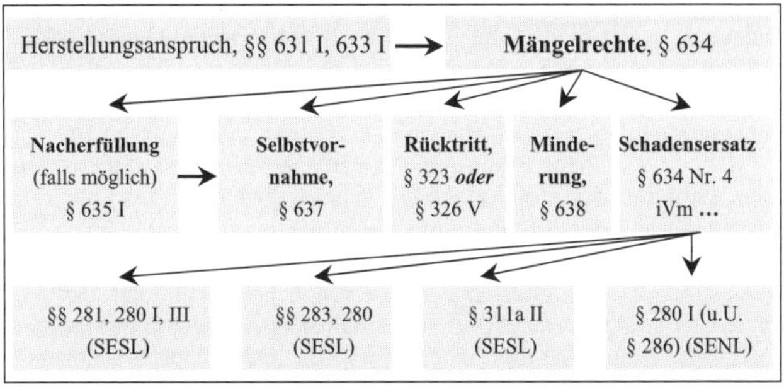


***Übersicht 13:*** *Rechte des Bestellers gem. § 634 (ohne §§ 284 und 641 III)*

## II. Die Brückennorm des § 634

„Einstiegstor" in jede werkvertragsrechtliche Gewährleistungsprüfung ist § 634. Als **Rechtsgrundverweisung** gewährt diese Norm *selbst* allerdings keine Rechte; vielmehr müssen zusätzlich die in den verwiesenen Normen genannten **weiteren Voraussetzungen** vorliegen. Z.T. decken sich jedoch deren Voraussetzungen mit denen von § 634. **54**

§ 634 hat **vier Voraussetzungen**: Zunächst muss (**1.**) entweder ein wirksamer Werkvertrag (u.U. in Gestalt eines [Verbraucher-]Bauvertrags i.S.v. § 650a bzw. § 650i) oder ein Architekten- (§ 650p) bzw. Bauträgervertrag (§ 650u) vorliegen. Weiterhin muss das entsprechende Werk (**2.**) mangelhaft (gewesen) sein (vgl. Rn. 34 ff.), und zwar bereits (**3.**) zum maßgeblichen Zeitpunkt (nämlich bei [hypothetischem] Gefahrübergang, s. Rn. 39 f.). Nicht ausdrücklich geregelt ist hingegen, (**4.**) ab wann § 634 überhaupt **zeitlich anwendbar** ist. **55**

**Hintergrund:** Vor der SchRMod konnte ein Besteller Gewährleistungsrechte schon vor Abnahme geltend machen, d.h. allgemeines und besonderes Leistungsstörungsrecht standen nebeneinander. Seit der Neufassung der §§ 631 ff. i.R.d. SchRMod ist **hochumstr.**, ab wann § 634 Anwendung findet. Dies ist v.a. deshalb von Belang, weil das allgemeine (anders als das besondere) Leistungsstörungsrecht keine Nacherfüllung, Selbstvornahme und Minderung kennt. **56**

**57** Sowohl das Gesetz als auch die Gesetzesmaterialien schweigen zur etwaigen zeitlichen Zäsur. Entsprechend breit ist das Spektrum der vertretenen Meinungen. Weitgehend Einigkeit besteht im Grundsatz (nur) darüber, dass § 634 jedenfalls **nicht vor abgeschlossener Herstellung** des Werks anwendbar ist; denn insb. die Nacherfüllung tritt ja rechtstechnisch an die Stelle (und nicht neben) den urprünglichen (Erst-)Erfüllungsanspruch. Nur eine absolute **M.M.** möchte dem Besteller – wie vor der SchRMod – schon während der Herstellungsphase, d.h. neben dem Herstellungsanspruch aus § 631 I, Mängelrechte zugestehen.

**58** Manche Stimmen wollen § 634 bereits ab vollendeter **Herstellung** oder **Anbieten des abnahmereifen Werks** anwenden; denn damit sei ein Werk nach der Parteivereinbarung objektiv als „fertig" anzusehen und habe der Unternehmer das seinerseits Erforderliche getan. Andere stellen auf die **Fälligkeit** des werkvertraglichen Erfüllungsanspruchs ab; andernfalls wäre der Besteller mittelbar gezwungen, auch mangelhafte Werke zunächst (und wegen § 640 III unter Vorbehalt) abzunehmen.

**59** Die **h.M.** hingegen sieht – z.T. kategorisch, meist jedoch nur als Ausgangspunkt – die **Abnahme** bzw. die dieser (gem. § 640 II oder § 646) gleichgestellten Zeitpunkte als Grenze an. Einige wiederum sehen – allgemeiner – den Gefahrübergang (§ 644) als maßgeblich an.

**60** Nachdem er die Frage lange Zeit offen gelassen hatte, hat sich der **BGH** jüngst (NJW 2017, 1604 und 1607) der **h.M.** angeschlossen. Danach findet § 634 **grds.** erst ab **Abnahme** (bzw. [m.E.] §§ 640 II, 646) Anwendung. Erst dann stehe i.d.R. die Mangelhaftigkeit eines Werks fest, und bis dahin könne der Unternehmer frei wählen, wie er den Anspruch des Bestellers auf mangelfreie Herstellung erfülle. Bloßer Annahmeverzug (oder § 644 II) genügt m.E. nicht (umstr.).

**Ausnahmsweise** sei § 634 auch **ohne Abnahme** anwendbar, wenn der Besteller **nicht mehr** Erfüllung des Vertrags verlangen kann und das Vertrags- in ein **Abrechnungsverhältnis** übergegangen ist (d.h. dem Vergütungsanspruch nur noch auf Geldzahlung gerichtete Sekundäransprüche gegenüberstehen, **nicht:** vollständige Rückabwicklung). Dies gelte jdf. dann, wenn der Unternehmer das Werk als fertiggestellt zur Abnahme angeboten hat und der Besteller mindert oder kleinen SESL verlangt (nicht jedoch beim Vorschussverlangen, § 637 III, es sei denn, der Besteller verweigere endgültig die Annahme der (Nach-)Erfüllung). Dies gibt freilich nur **Sinn**, wenn man entweder die Minderungserklärung (bzw. u.U. § 637 III) als **Selbstermächtigung** versteht, die erst ggf. zur zeitlichen Anwendbarkeit des eingeforderten Rechtsbehelfs führt, oder die Minderung (und Selbstvornahme) bereits *vor* Abnahme (analog § 634) zulässt.

**M.E.** ist danach erforderlich, dass ein Werk (**1.**) bereits vor der Abnahme mangelhaft ist, der Unternehmer sich jedoch weigert, diesen vorab zu beheben (oder dies unmöglich ist), und (**2.**), abgesehen von der Abnahme, auch die sonstigen **Voraussetzungen** eines Rechtsbehelfs des Bestellers vorliegen, welcher eine **weitere** (Nach-)Erfüllung ausschließt [insb. kleiner SESL oder Minderung, ggf. auch 648a II; **nicht** jedoch § 637 III, da ein Vorschussverlangen den (Nach-)Erfüllungsanspruch grds. unberührt lässt]. Überdies muss der Besteller den Anspruch auf weitere (Nach-)Erfüllung (**3.**) **entweder** (**a**) durch das Verlangen nach kleinem SESL gem. § 281 IV bzw. Teilkündigung verloren **oder** (**b**) durch eine vorab (vor zeitlicher Anwendbarkeit von § 634 Nr. 3) erklärte Minderungserklärung gezeigt haben, dass er nach gedachter Abnahme mindern werde, wodurch dann das (allein fehlende) zeitliche Erfordernis der Abnahme [als bloße Förmelei] entfällt, **oder** (**c**) beim Vorschussverlangen (§ 637 III) ausdrücklich bzw. konkludent zum Ausdruck gebracht haben, keinesfalls mehr eine (Nach-)Erfüllung akzeptieren zu wollen (und er dies auch nicht muss).

Zum **Prüfungsaufbau** werkvertraglicher Gewährleistungsansprüche **61**
in der Falllösung vgl. die Ausführungen zu § 437 in **Kap. 2 Rn. 75**.

**Prüfungsschema 27:** Voraussetzungen von § 634 **62**

1. Werk- (§ 631), Bau- (§ 650a) oder Architektenvertrag (§ 650p)
2. Zeitliche Anwendbarkeit: **hochumstr.**; BGH: grds. Abnahme (**P**) ausnahmsweise davor? BGH: „Abrechnungsverhältnis“
3. Mangel des Werks: Sach- (§ 633 II) o. Rechtsmangel (§ 633 III)
4. Vorliegen des Mangels im maßgeblichen Zeitpunkt (§§ 644, 645)
5. **Rechtsfolge:** Rechts**grund**verweis auf Rechte iSv § 634 Nr. 1–4

## III. Der Anspruch des Bestellers auf Nacherfüllung

Der Nacherfüllungsanspruch aus § 635 I iVm § 634 Nr. 1 ist auch **63**
im Werkvertragsrecht das **primäre Mängelrecht** des Bestellers. Seine Voraussetzungen decken sich mit denjenigen von § 634, d.h. der Anspruch ist an keine zusätzlichen (positiven) Voraussetzungen geknüpft; insb. ist *kein Vertretenmüssen* des Unternehmers erforderlich.

**64** Rechtstechnisch ist der Nacherfüllungsanspruch eine **Modifizierung** des ursprünglichen Erfüllungsanspruchs aus §§ 631 I Alt. 1, 633 I; mit der Abnahme (bzw. ihrer Fiktion [§ 640 II] oder Vollendung, § 646) tritt er daher – vorbehaltlich § 640 III – an dessen Stelle. Folglich steht (auch) der Nacherfüllungsanspruch im synallagmatischen **Gegenseitigkeitsverhältnis** zum Vergütungsanspruch des Unternehmers. Der Besteller kann daher gem. § 641 III (als Konkretisierung von § 320 I), gestützt auf § 635 I iVm § 634 Nr. 1, die Vergütung zurückbehalten.

**65** Inhaltlich ist der Nacherfüllungsanspruch – in den Grenzen von § 275 – entweder auf Beseitigung des betreffenden Mangels (**Nachbesserung**) oder auf **Neuherstellung** des Werks gerichtet. Bezüglich der Einzelheiten vgl. die Ausführungen zu § 439 (Kap. 2 Rn. 82 ff.). Anders als im Kaufrecht steht das **Wahlrecht** zwischen beiden Varianten der Nacherfüllung beim Werkvertrag allerdings dem Schuldner (d.h. dem Unternehmer) zu (elektive Konkurrenz). Denn dieser kann als Hersteller i.d.R. besser beurteilen, welche Variante kostengünstiger ist. Dessen ungeachtet setzt auch § 635 I grds. ein **Nacherfüllungsverlangen** voraus (zu dessen Anforderungen vgl. Kap. 2 Rn. 87). Erst damit wird der Nacherfüllungsanspruch – als verhaltener Anspruch – fällig.

**66** Gem. **§ 635 II** muss der Unternehmer die „erforderlichen" Aufwendungen der Nacherfüllung tragen. § 635 II beinhaltet insofern m.E. neben einer **Kostentragungsregel** auch – wie § 439 II – eine eigenständige Anspruchsgrundlage. Darunter fallen insb. Transport- und Mangelauffindungskosten, ggf. auch (umstr.) die Kosten der Beseitigung von bei der Nacherfüllung entstandenen Schäden (z.B. Neuanstrich der reparierten Wand), soweit [m.E.] der ursprünglich geschuldete Zustand wiederhergestellt wird (Umkehrschluss zu § 439 III). Ist der Besteller (oder der von ihm gelieferte Stoff) für das Entstehen eines Mangels **mitverantwortlich**, muss er sich analog § 254 an den Kosten beteiligen bzw. dürfte der Anspruch bei alleiniger (oder weit überwiegender) Verantwortlichkeit analog § 323 VI Alt. 1 ganz ausgeschlossen sein.

**67** **§ 635 III** gewährt dem Unternehmer das Recht, die Nacherfüllung zu **verweigern**, wenn sie mit **unverhältnismäßigen Kosten** verbunden ist. Dazu näher Kap. 2 Rn. 98 ff. Anders als § 439 IV unterscheidet § 635 III nicht zwischen relativer und absoluter Unverhältnismäßigkeit.

**68** Im Falle einer Neuherstellung kann der Unternehmer zudem das mangelhafte Werk gem. **§§ 346 ff.** iVm § 635 IV **zurückverlangen**. Ist eine Rückgabe (wie so oft) nach der Natur des Werks nicht möglich (z.B. bei Reparaturen), kommt allenfalls Wertersatz (§ 346 II 1 Nr. 1) in Betracht; dieser wird i.d.R. nach § 346 III ausgeschlossen sein.

**Prüfungsschema 28:** Nacherfüllungsanspruch, §§ 635 I, 634 Nr. 1 69

1. Voraussetzungen von § 634 (s. oben Prüfungsschema 27)
2. Nacherfüllungsverlangen des Bestellers
3. Kein Ausschluss des Nacherfüllungsanspruchs:
   a) Vertraglich (Grenze: § 639 und §§ 305 ff.)
   b) Ausschluss der Gewährleistung insgesamt: § 640 III
   c) Ausschluss der Nacherfüllung: § 275 und § 635 III
4. Verjährung des Nacherfüllungsanspruchs: § 214 I iVm § 634a

## IV. Aufwendungsersatz nach Selbstvornahme

Wie das Mietrecht (§ 536a II) und anders als das ansonsten weitgehend parallel aufgebaute Kaufgewährleistungsrecht kennt das Werkvertragsrecht mit § 637 ein **Selbstvornahmerecht** des Bestellers. Liegen dessen Voraussetzungen vor, kann ein Besteller entweder (**1.**) einen Mangel selbst beseitigen und nach § 637 I iVm § 634 Nr. 2 Ersatz der „erforderlichen Aufwendungen" oder (**2.**) bereits vorab einen entsprechenden **Vorschuss** verlangen, § 637 III iVm § 634 Nr. 2. Ein bloßes Vorschuss*verlangen* i.S.v. § 637 III führt dabei i.d.R. noch nicht zum Erlöschen des Nacherfüllungsanspruchs (außer ggf. bei gleichzeitiger endgültiger und ernsthafter Annahmeverweigerung, s. Rn. 60). 70

Ein Selbstvornahmerecht i.S.v. § 637 setzt neben (**1.**) den Voraussetzungen von **§ 634** zunächst (**2.**) das **Bestehen eines Nacherfüllungsanspruchs** des Bestellers aus § 635 I iVm § 634 Nr. 1 voraus. M.a.W. scheidet ein Anspruch aus § 637 I (oder III) aus, wenn die Nacherfüllung bereits vor einer etwaigen Selbstvornahme nach § 275 I ausgeschlossen war oder der Unternehmer die Nacherfüllung gem. § 275 II oder III bzw. § 635 III zu Recht verweigert (hat). Zudem muss der Besteller dem Unternehmer i.d.R. (**3.**) **erfolglos** eine angemessene **Frist** zur Nacherfüllung gesetzt haben; eine sofortige („voreilige") Selbstvornahme führt daher i.d.R. zu keinerlei Aufwendungsersatz- oder Vorschussanpruch des Bestellers. Allerdings ist eine Fristsetzung gem. § 637 II 1 unter den Voraussetzungen von § 323 II (dazu Kap. 2 Rn. 115 ff.) **entbehrlich**; das Gleiche gilt nach § 637 II 2, wenn die Nacherfüllung fehlgeschlagen oder dem Besteller unzumutbar ist (≈ § 440, s. Kap. 2 Rn. 121 f.), z.B. wegen Eilbedürftigkeit (Rohrbruch), oder weil sich der Unternehmer als sehr unzuverlässig erwiesen hat. 71

**Ersatzfähig** sind nach § 637 I neben der an Dritte zur Mängelbeseitigung gezahlten Vergütung (≠ ersparte Aufwendungen) auch eigene Arbeitsleistungen des Bestellers sowie die Kosten des Auffindens einer 72

Mangelursache. **Erforderlich** sind diese **Aufwendungen** dann, wenn ein vernünftig und wirtschaftlich denkender Besteller sie ebenfalls getätigt hätte (selbst wenn sie letztlich erfolglos geblieben sind). Nach zweifelhafter Ansicht des BGH (NJW 2018, 1463) besteht das Selbstvornahmerecht (inkl. Vorschussanspruch) **ungeachtet § 281 IV** selbst dann fort, wenn der Besteller nach Fristablauf kleinen SESL verlangt.

73 **Prüfungsschema 29:** Aufwendungsersatz, § 637 I iVm § 634 Nr. 2

1. Voraussetzungen von § 634 (s. oben Prüfungsschema 27)
2. Kein Ausschluss des Nacherfüllungsanspruchs (§ 275 o. § 635 III)
3. Erfolglose Fristsetzung zur Nacherfüllung
   a) *Setzung* einer *angemessenen* Frist
   b) Nichtvornahme der letzten geschuldeten Leistungs*handlung*
4. Entbehrlichkeit der Fristsetzung, § 323 II iVm §§ 637 II 1, 637 II 2
5. Kein Ausschluss des Aufwendungsersatzanspruchs:
   a) Vertraglich (Grenze: § 639 und §§ 305 ff.)
   b) Ausschluss der Gewährleistung insgesamt: § 640 III
6. **Rechtsfolge:** Aufwendungsers./Vorschuss (III); (**P**) Reichweite
7. Verjährung des Anspruchs: § 214 I iVm § 634a

## V. Das Rücktrittsrecht des Bestellers

74 Für den Rücktritt eines Bestellers wegen Mängeln eines Werkes verweist **§ 634 Nr. 3** (**Alt. 1**) auf das *allgemeine* Leistungsstörungsrecht (nämlich **§§ 323** und **326 V**) zurück; je nachdem, ob eine Nacherfüllung möglich ist oder nicht, beurteilt sich das Rücktrittsrecht des Bestellers entweder nach § 323 oder, bei Unmöglichkeit, nach § 326 V, jeweils iVm § 634 Nr. 3. Für sonstige Pflichtverletzungen des Unternehmers bzw. solche des Bestellers finden §§ 323 ff. hingegen direkt (d.h. ohne § 634 Nr. 3) Anwendung. Ein etwaiger Rücktritt nimmt dem Besteller gem. **§ 325** nicht das Recht, Schadensersatz zu verlangen.

75 Ist eine Nacherfüllung **möglich**, kann der Käufer nach § 323 I Alt. 2 iVm § 634 Nr. 3 im Regelfall erst nach **erfolglosem Ablauf** einer angemessenen, vom Besteller auch – anders als im (der Umsetzung der VerbrGKRL dienenden) Kaufrecht – tatsächlich zu *setzenden* **Frist** zur Nacherfüllung zurücktreten; zu den Voraussetzungen einer derartigen Fristsetzung (als geschäftsähnlicher Handlung) vgl. Kap. 2 Rn. 111 ff. (Nur) ausnahmsweise ist eine Fristsetzung jedoch gem. **§ 323 II** Nr. 1–3

(dazu Kap. 2 Rn. 115 ff.) **entbehrlich** und damit sogar ein sofortiger Rücktritt möglich. **§ 636** erweitert diese Ausnahmen speziell für das Werkvertragsrecht um drei weitere Tatbestände; danach ist eine Fristsetzung auch dann entbehrlich, wenn (1.) der Unternehmer die Nacherfüllung gem. § 635 III verweigert oder (2.) die Nacherfüllung fehlgeschlagen bzw. (3.) dem Besteller unzumutbar ist (was wiederum nach BGH JuS 2019, 810 von den Voraussetzungen her mit § 323 II Nr. 3 und § 281 II Alt. 2 identisch sein soll). § 636 entspricht § 440 S. 1; vgl. hierzu daher Kap. 2 Rn. 119 ff.

**Prüfungsschema 30:** Rücktrittsrecht gem. **§ 323 I** iVm § 634 Nr. 3 **76**

I. Bestehen eines Rücktrittsrechts
  1. Voraussetzungen von § 634 (s. oben Prüfungsschema 27)
  2. Erfolglose Fristsetzung zur Nacherfüllung
    a) *Setzung* einer *angemessenen* Frist
    b) Nichtvornahme der letzten geschuldeten Leistungs*handlung*
  3. Entbehrlichkeit der Fristsetzung gem. § 323 II oder § 636
  4. Kein Ausschluss des Rücktrittsrechts:
    a) Vertraglich (Grenze: §§ 639, 305 ff.)
    b) Ausschluss der Gewährleistung insgesamt: § 640 III
    c) Ausschluss des Rücktrittsrechts: § 323 V 2 oder VI

II. Wirksame Rücktrittserklärung, § 349 (+ z.B. §§ 218, 105 ff.)

III. **Rechtsfolge:** Rückgewährschuldverhältnis gem. §§ 346 ff.

Ist die Nacherfüllung hingegen (gleichgültig, ob anfänglich oder nachträglich) **unmöglich**, ist keine Nachfristsetzung nötig, § 326 V. **77**

**Prüfungsschema 31:** Rücktrittsrecht gem. **§ 326 V** iVm § 634 Nr. 3 **78**

I. Bestehen eines Rücktrittsrechts
  1. Voraussetzungen von § 634 (s. oben Prüfungsschema 27)
  2. Unmöglichkeit *beider* Arten der Nacherfüllung: § 275 I–III
  3. Kein Ausschluss des Rücktrittsrechts:
    a) Vertraglich (Grenze: § 639 und §§ 305 ff.)
    b) Ausschluss der Gewährleistung insgesamt: § 640 III
    c) Ausschluss Rücktritt: § 323 V 2/VI, jeweils iVm § 326 V

II. Wirksame Rücktrittserklärung, § 349 (+ z.B. §§ 218, 105 ff.)

III. **Rechtsfolge:** Rückgewährschuldverhältnis gem. §§ 346 ff.

79 Zu weiteren **Einzelheiten** hinsichtlich des Rücktrittsrechts, insb. den Ausschlussgründen in § 323 V 2 und VI sowie den Rücktrittsfolgen (§§ 346 ff.), vgl. die Ausführungen zum Kaufrecht, **Kap. 2 Rn. 104 ff.**

## VI. Das Minderungsrecht des Bestellers

80 „Statt zurückzutreten" kann ein Besteller gem. **§ 638 I 1** iVm § 634 Nr. 3 (Alt. 2) wahlweise auch **mindern**. Die Minderung tritt dabei – wie im Kauf- und anders als im Mietrecht (§ 536) – nicht automatisch ein, sondern durch **Erklärung** gegenüber dem Unternehmer.

81 Aus der Bezugnahme auf den Rücktritt ersichtlich unterliegt das Minderungsrecht **denselben Voraussetzungen wie der Rücktritt**. Da sich Rücktritt und Minderung grds. gegenseitig ausschließen, ist eine Minderung allerdings nur möglich, wenn der Besteller das Rücktrittsrecht **noch nicht ausgeübt** hat. Die herkömmliche Meinung geht dabei wohl davon aus, dass nur ein gewährleistungsrechtliches Rücktrittsrecht (i.S.v. § 634 Nr. 3 Alt. 1) eine Minderung ermöglicht; der BGH (NJW 2017, 1607 Rn. 58) lässt jedoch womöglich auch ein nach allgemeinem Leistungsstörungsrecht (d.h. vor Abnahme) bestehendes Rücktrittsrecht genügen. **M.E.** folgt daraus nicht, dass auch die Minderung bereits in der Herstellungsphase (d.h. unabhängig von § 634 Nr. 3 Alt. 2) möglich ist (h.Lit.; umstr.; vgl. hierzu insb. Rn. 60).

82 Aus der Rückkoppelung der Minderung an den Rücktritt folgt, dass die rücktrittsrechtlichen **Ausschlussgründe** grds. auch die Minderung ausschließen. Lediglich der Ausschluss des Rücktritts bei unerheblicher Pflichtverletzung (§ 323 V 2) gilt für die Minderung nicht, **§ 638 I 2**.

83 Die **Erklärung** der Minderung führt zu einer **Umgestaltung** des Vertragsverhältnisses: Hat der Besteller die Vergütung noch nicht bezahlt, erlischt seine Vergütungspflicht anteilig; andernfalls gewährt ihm § 638 IV 1 einen **Rückzahlungsanspruch** i.B.a. den jeweiligen Minderungsbetrag. Dessen Höhe berechnet sich gem. § 638 III ebenso wie im Kaufrecht (§ 441 III; vgl. dazu Kap. 2 Rn. 139). Bei Beteiligung **mehrerer** auf Besteller- oder Unternehmerseite kann die Minderung gem. § 638 II „nur von allen oder gegen alle erklärt werden".

84 **Prüfungsschema 32:** Minderungsrecht gem. § 638 iVm § 634 Nr. 3

I. Bestehen des Minderungsrechts

1. Voraussetzungen von § 634 (s. oben Prüfungsschema 27)
2. *Bestehen* eines Rücktrittsrechts, § 323 *oder* § 326 V iVm § 634
3. Kein Ausschluss d. Rücktritts (vorh. Schema außer § 323 V 2)
4. Keine *Erklärung* des Rücktritts

II. Wirksame Minderungserklärung, § 638 I 1 (+ z.B. §§ 218, 105)
III. **Rechtsfolge:** Teilerlöschen Vergütungsanspr./Teilrückgewähr

## VII. Der Anspruch des Bestellers auf Schadensersatz

Bei Vorliegen eines mangelhaften Werks (und ggf. weiteren Pflichtverletzungen) stehen einem Besteller unter den Voraussetzungen von §§ 280 ff. bzw. § 311a II, jeweils iVm § 634 Nr. 4 (Alt. 1), auch **Schadensersatzansprüche** zu. Für Pflichtverletzungen des Bestellers sowie solche des Unternehmers *ohne* Bezug zur etwaigen Mangelhaftigkeit eines Werks (z.B.: Beschädigung eines Kfz in einer Waschanlage) gelten die §§ 280 ff. hingegen direkt. Zur **Systematik** der §§ 280 ff. sowie zur **Abgrenzung** der verschiedenen Anspruchsgrundlagen und Schadensarten vgl. die Ausführungen zum insofern wesensverwandten Kaufrecht (dort: Rn. 141 ff.). **Nota bene**: Ansprüche aus § 634 Nr. 4 werden *nicht* vom Gewährleistungsausschluss i.S.v. § 640 III erfasst! **85**

**Grundtatbestand** (fast) aller (vertraglichen) Schadensersatzansprüche ist **§ 280 I**; nur für den Fall anfänglicher Unmöglichkeit ist stattdessen [wegen Fehlens einer Pflichtverletzung] **§ 311a II** einschlägig. **86**

Das Werkgewährleistungsrecht kennt insgesamt **fünf verschiedene Anspruchsgrundlagen** für Schadensersatz. Welche davon einschlägig ist, hängt primär von der Art des zu ersetzenden Schadens sowie (ggf.) sekundär der jeweils verletzten Pflicht ab. Begehrt ein Besteller **SESL**, kommen hierfür drei verschiedene Anspruchsgrundlagen in Betracht, nämlich §§ 281 I 1, 280 I, III, wenn eine Nacherfüllung möglich ist, andernfalls entweder (bei *nachträglicher* Unmöglichkeit der Nacherfüllung) §§ 283 S. 1, 280 I, III oder, bei *anfänglicher* Unmöglichkeit, § 311a II. Begehrt der Besteller hingegen **SENL**, ist entweder § 280 I oder aber §§ 280 I, II, 286 I, jeweils iVm § 634 Nr. 4, die richtige Anspruchsgrundlage. Zum jeweiligen **Bezugspunkt** des Vertretenmüssens s. Kap. 2 Rn. 166 ff.; allgemein zum Vertretenmüssen dort Rn. 208 ff. **87**

### 1. Schadensersatz neben der Leistung (SENL)

Die geringsten Anforderungen hat der **einfache Schadensersatz** i.S.v. § 280 I iVm § 634 Nr. 4. Darunter fallen insb. Mangelfolgeschäden, d.h. Schäden, die außerhalb des reinen Leistungsinteresses des Bestellers an dessen **sonstigen Rechtsgütern** und Interessen („Integritätsinteresse„) entstehen, z.B. durch eine mangelhafte Reparatur verursachte Körper- bzw. Sachschäden (Alarmanlage fällt aus, Hei- **88** zung fängt Feuer) sowie mangelbedingter **Nutzungsausfallsschaden** (dazu Kap. 2 Rn. 160a und 165). Neben §§ 280 I iVm 634 Nr. 4 ist stets an deliktische Ansprüche („Weiterfresserproblematik") zu denken. Bei anfänglicher Unmöglichkeit wird § 280 I laut BGH von § 311a II verdrängt.

90 **Prüfungsschema 33:** Einfacher SE gem. § 280 I iVm § 634 Nr. 4

1. Voraussetzungen von § 634 (s. oben Prüfungsschema 27)
2. **(P)** daneben Pflichtverletzung iSv § 241 II erforderlich? h.M. **(-)**
3. Vertretenmüssen, §§ 280 I 2, 276–278; **(P)** Bezugspunkt?
4. Kein vertraglicher Ausschluss (mit Grenze: § 639 und §§ 305 ff.)
5. **Rechtsfolge**: Schadensersatz nach Maßgabe der §§ 249 ff.
   **(P)** Abgrenzung SESL + SENL („Zauberformel") sowie zu § 286
6. Verjährung des Schadensersatzanspruchs: § 214 I iVm § 634a

90 Derjenige Schaden, der sich lediglich aus einer bloßen Verzögerung der Pflicht zur **Nacherfüllung** aus § 635 I (iVm § 634 Nr. 1) ergibt, ist hingegen nach §§ 280 I, II, 286 I iVm § 634 Nr. 4 zu ersetzen (dazu ausführlich Kap. 2 Rn. 201 ff. sowie Prüfungsschema 14).

### 2. Schadensersatz statt der Leistung (SESL)

91 Ersatz seines **Erfüllungsinteresses** kann der Besteller nur im Wege des („großen" oder „kleinen") Schadensersatzes *statt* der Leistung erhalten. Zu substituierende Leistung ist dabei im Gewährleistungsrecht die Nacherfüllung (§ 635 I). Ist diese noch möglich, d.h. bei Vorliegen eines behebbaren Mangels, kann der Besteller SESL nur unter den Voraussetzungen von **§§ 281 I 1**, 280 I, III iVm § 634 Nr. 4 verlangen. Danach ist grds., ebenso wie beim Rücktritt nach § 323 I, eine erfolglose Fristsetzung zur Nacherfüllung erforderlich (dazu ausführlich Kap. 2 Rn. 168 ff.). Ausnahmsweise kann diese nach § 281 II (dazu Kap. 2 Rn. 167) bzw. – speziell im Werkvertragsrecht – § 636 entbehrlich sein (s. Rn. 75). **Bezugspunkt** des Vertretenmüssens ist *entweder* die Nichtvornahme der Nacherfüllung *oder* – alternativ – die Mangelhaftigkeit des Werks (s. Kap. 2 Rn. 172 ff.).

92 **Prüfungsschema 34:** SESL gem. §§ 281, 280 I, III iVm § 634 Nr. 4

1. Voraussetzungen von § 634 (s. oben Prüfungsschema 27)
2. Erfolglose Fristsetzung zur Nacherfüllung, § 281 I 1

a) *Setzung* einer *angemessenen* Frist
b) Nichtvornahme der letzten geschuldeten Leistungs*handlung*

3. Entbehrlichkeit der Fristsetzung gem. § 281 II oder § 636

4. Vertretenmüssen, §§ 280 I 2, 276–278
**(P)** Bezugspunkt (Nichtvornahme § 635 I o. alternativ § 633 I?)

5. Kein vertraglicher Ausschluss (mit Grenze: § 639 und §§ 305 ff.)

6. **Rechtsfolge:** Schadensersatz nach Maßgabe der §§ 249 ff.
**(P1)** Abgrenzung SESL und SENL (h.Lit.: „Zauberformel")
**(P2)** „kleiner" oder „großer" SESL (§ 281 I 3)

7. Verjährung des Schadensersatzanspruchs: § 214 I iVm § 634a

Ist die Nacherfüllung hingegen gem. § 275 unmöglich und ist die Unmöglichkeit erst **nachträglich**, d.h. nach Vertragsschluss, eingetreten, ist §§ 283 S. 1, 280 I, III iVm § 634 Nr. 4 die richtige Anspruchsgrundlage. Danach bedarf es naturgemäß keiner Fristsetzung zur Nacherfüllung. Zur Problematik des **Bezugspunkts** des Vertretenmüssens, falls die Nacherfüllung erst nach Verschaffung des Werks (d.h. i.d.R. nach Abnahme) unmöglich wird, vgl. Kap. 2 Rn. 186. 93

**Prüfungsschema 35:** SESL gem. §§ 283, 280 I, III iVm § 634 Nr. 4 94

1. Voraussetzungen von § 634 (s. oben Prüfungsschema 27)

2. Unmöglichkeit (§ 275 I–III) i.B.a. § 633 I *oder* Nacherfüllung

3. Nachträglichkeit: Unmöglichkeitseintritt *nach* Vertragsschluss

4. Vertretenmüssen (§§ 280 I 2, 276 ff.) des Unmöglichkeitseintritts
**(P)** Bezugspunkt bei Unmöglichkeitseintritt *nach* Abnahme etc.?

5. Kein vertraglicher Ausschluss (mit Grenze: § 639 und §§ 305 ff.)

6. **Rechtsfolge:** Schadensersatz nach Maßgabe der §§ 249 ff.
**(P1)** Abgrenzung SESL und SENL (h.Lit.: „Zauberformel")
**(P2)** „kleiner" o. „großer" Schadensersatz (§§ 281 I 3, 283 S. 2)

7. Verjährung des Schadensersatzanspruchs: § 214 I iVm § 634a

Zum SESL wegen **anfänglicher Unmöglichkeit** der mangelfreien Herstellung und Verschaffung gem. § 311a II iVm § 634 Nr. 4 vgl. Prüfungsschema 11. Darunter fallen insb. Sachverhalte, in denen eine technisch gar nicht zu erreichende Werkbeschaffenheit vereinbart wird. Für das Vertretenmüssen kommt es dann auf die bei Vertragsschluss bestehende positive **Kenntnis oder zu vertretende Unkenntnis** des 95

Unternehmers vom (i.d.R. erst späteren, da ein Werk bei Vertragsschluss in aller Regel noch gar nicht existiert) Leistungshindernis *und* dessen Unbehebbarkeit an. Nach BGH NJW 2014, 3365 verdrängt § 311a II zudem die §§ 280 ff. i.B.a. Mängel vollständig, d.h. § 311a II unterfallen auch (eigentlich als SENL einzuordnende) **Mangelfolgeschäden**.

**95a** Der Besteller hat auch im Werkvertragsrecht grds. – außer bei Vorliegen eines unerheblichen Mangels (dann: nur kleiner SESL) – die Wahl, ob er Schadensersatz statt der ganzen Leistung (unter Rückgewähr des mangelhaften Werks) oder nur **„kleinen" SESL** verlangt. Dieser ersetzt nicht die *ganze* vom Unternehmer geschuldete Leistung, sondern lediglich die Nacherfüllung, d.h. der Besteller behält das mangelhafte Werk und wird nur für die unterbliebene (erfolgreiche) Nacherfüllung entschädigt. Der kleine SESL kann nach allgemeinen Prinzipien entweder in Gestalt des (**1.**) mangelbedingten Minderwerts (bzw. ggf. Mindererlöses) oder – außer in Fällen von deren Unmöglichkeit bzw. Unverhältnismäßigkeit (§ 635 III) – (**2.**) der Nachbesserungskosten verlangt werden. Im Jahr **2018** hat der **BGH** (VII. Senat) in einer viel beachteten, ausdrücklichen Rechtsprechungsänderung (NJW 2018, 1463) entschieden, dass der Besteller Ersatz von Nachbesserungskosten bei Vorliegen eines Werkvertrags nur dann verlangen kann, wenn sie tatsächlich angefallen sind; ein Ersatz **fiktiver Nachbesserungskosten** i.R.d. kleinen SESL ist danach im Werkrecht nunmehr ausgeschlossen. Ob der (VIII.) Kaufrechtssenat dem auch für den Bereich des **Kaufrechts** folgen wird, wird sich voraussichtlich am 13.3.2020 i.R.d. Rechtssache **V ZR 33/19** zeigen; in der Lit. ist dies sehr umstritten.

## VIII. Der Anspruch auf Ersatz vergeblicher Aufwendungen

**96** Nach **§ 284** iVm § 634 Nr. 4 (Alt. 2) schließlich kann ein Besteller „anstelle des Schadensersatzes statt der Leistung" auch **Ersatz vergeblicher Aufwendungen** verlangen. Beide Ansprüche stehen zueinander in einem Verhältnis strenger Alternativität. Zu den Voraussetzungen von § 284 vgl. Kap. 2 Rn. 221 ff. sowie Prüfungsschema 15.

## IX. § 320 bzw. § 641 III

**97** Die Rechtsnatur der Nacherfüllung als modifizierte Fortsetzung des ursprünglichen (Erst-)Erfüllungsanspruchs hat zur Folge, dass der Besteller dem Vergütungsanspruch des Unternehmers auch nach Abnahme noch, gestützt auf § 635 I (iVm § 634 Nr. 1), grds. die **Einrede des nicht erfüllten Vertrags** i.S.v. **§ 320** entgegenhalten kann.

Im werkvertraglichen Gewährleistungsrecht wird § 320 allerdings **durch § 641 III modifiziert**, der insofern § 320 I (und II) als *lex specialis* verdrängt (h.M.). Danach kann ein Besteller, dem (**1.**) ein Anspruch auf Nacherfüllung zusteht [d.h. dieser darf weder unmöglich (§ 275 I) noch ausgeschlossen (§ 640 III) noch berechtigterweise gem. § 275 II, III bzw. § 635 III verweigert worden sein], (**2.**) nach deren Fälligkeit (d.h. i.d.R. nach Abnahme) (**3.**) die Zahlung eines „angemessenen Teils der Vergütung verweigern". Gem. § 641 III HS. 2 gilt dabei i.d.R. „das Doppelte der für die Beseitigung des Mangels erforderlichen Kosten" (sog. „Druckzuschlag") als **angemessen**. **98**

## G. Ausschluss, Grenzen und Erweiterung der Mängelrechte

Die Mängelrechte eines Bestellers sind – in den Grenzen von §§ 305 ff. und § 639 (sowie §§ 138, 242) – **kein zwingendes Recht**. Sie können daher grds. ohne Weiteres vertraglich erweitert oder beschränkt bzw. ausgeschlossen werden. Zudem kennt das Werkvertragsrecht mit § 640 III einen eigenen gesetzlichen „Ausschluss"tatbestand (h.M.: Einrede) für die Gewährleistungsrechte aus § 634 (Ausnahme: Schadensersatz!) sowie mit § 634a eine **besondere Verjährungsregel**. **99**

### I. Ausschluss der Gewährleistung

Nach **§ 640 III** verliert ein Besteller die „in § 634 Nr. 1 bis 3 [**nicht:** 4!] bezeichneten Rechte", wenn er (oder sein Vertreter, § 166 I) ein mangelhaftes Werk **in Kenntnis eines Mangels abnimmt**, es sei denn, er behält „sich seine Rechte wegen des Mangels bei der Abnahme" vor. **100**

**„Abnahme"** i.S.v. § 640 III ist dabei nur die rechtsgeschäftliche Abnahme nach § 640 I; eine bloß fingierte Abnahme (§ 640 II) oder die Vollendung eines Werkes (§ 646) genügen nicht. Im Übrigen schadet nur **positive Kenntnis**. Grob fahrlässige Unkenntnis hingegen ist – anders als im Kaufrecht (§ 442 I 2) – unschädlich; auch die Kenntnis nur von Mangel*symptomen* genügt daher nicht. Wird der Besteller bei Abnahme vertreten, kommt es auf die Kenntnis des Vertreters an, § 166 I. **101**

Der Gewährleistungsausschluss nach § 640 III erstreckt sich nach seinem klaren Wortlaut **nicht auf Schadensersatzansprüche** (bzw. Aufwendungsersatz) i.S.v. § 634 **Nr. 4**. Insofern stellt sich die **Folgefrage**, ob ein Ausschluss des Nacherfüllungsanspruchs nach § 640 III dazu führt, dass der Besteller SESL nach §§ 281, 280 I, III iVm § 634 Nr. 4 sofort, d.h. ohne Fristsetzung, verlangen kann, oder ob er ungeachtet des Ausschlusses dennoch **zuvor erfolglos eine Frist** zur an **102** sich ausgeschlossenen Nacherfüllung setzen muss. Richtigerweise ist dies zu bejahen; andernfalls käme ihm die als Sanktion gedachte Rechtsfolge des § 640 III mittelbar zugute: Denn nach h.M. begründet § 640 III lediglich eine **Einrede** zugunsten des Unternehmers (a.A.: § 640 III schließt mittelbar auch den SESL [nicht: SENL] aus, M.M.).

103 Vereinbaren die Parteien eines Werkvertrags einen vertraglichen Gewährleistungsausschluss, kann sich der Unternehmer darauf gem. **§ 639** insoweit **nicht berufen**, als er den Mangel **arglistig** verschwiegen oder eine **Garantie** (i.S.v. § 276 I 1; umstr.) übernommen hat. Dies entspricht § 444 (und § 536d); vgl. daher Kap. 2 Rn. 254. Im Übrigen erfasst ein vertraglicher Ausschluss der Sachmängelhaftung grds. nur Mängel i.S.v. § 633 II 2, nicht jedoch i.S.v. § 633 II 1.

## II. Zeitliche Grenzen der Mängelrechte

104 (Nur) die Gewährleistungsrechte des Bestellers aus § 634 unterliegen gem. § 634a einer **besonderen Verjährung** bzw. – im Falle der Gestaltungsrechte i.S.v. § 634 Nr. 3 – „Gestaltungsverjährung". § 634a entspricht § 438 (vgl. daher Kap. 2 Rn. 256 ff.). Anders als dort unterliegt jedoch die Verjährung von Mängelansprüchen bei **unkörperlichen Werken** nach § 634a I **Nr. 3** der regelmäßigen Verjährung.

105 Nach § 634a I **Nr. 1** [entspricht § 438 I Nr. 3] beträgt die Verjährungsfrist „bei einem Werk, dessen Erfolg in der Herstellung [beachte § 650], Wartung oder Veränderung einer [meist: beweglichen] Sache oder in der Erbringung von Planungs- oder Überwachungsleistungen hierfür besteht", **zwei Jahre**. Nur wenn es sich bei dieser Sache um ein **Bauwerk** handelt (d.h. bei – i.d.R. – Vorliegen eines Bau- [§§ 650a ff.], Architekten- [§§ 650p ff.] oder ggf. Bauträgervertrags [§§ 650u f.]), beträgt die Frist gem. § 634a I **Nr. 2** [entspricht § 438 I Nr. 2] **fünf Jahre**. In beiden Fällen beginnt die Verjährung nach § 634a **II** mit der Abnahme zu laufen, wobei alternativ auch deren Fiktion (§ 640 II) oder die Vollendung (§ 646) genügt. Hat der Unternehmer jedoch den haftungsbegründenden Mangel **arglistig** verschwiegen, findet die regelmäßige Verjährung Anwendung, § 634a III 1 (beachte § 634a III 2 – lesen!).

106 Für die an sich (vgl. § 194 I) nicht der Verjährung unterliegenden **Rücktritts-** sowie **Minderungsrechte** ordnen § 634a IV resp. § 634a V (jeweils über die Verweisung auf § 218) einen Gleichlauf mit der Verjährung nach § 634a I–III (sog. **„Gestaltungsverjährung"**) an.

## III. Erweiterung der Bestellerrechte durch Garantie

107 Obwohl im Werkvertragsrecht eine dem § 443 entsprechende Regelung fehlt, ist auch dort eine **Erweiterung** der Rechte des Bestellers

(u.a. wegen Mängeln) durch „Übernahme" einer **Garantie** (auch durch Dritte) möglich. Insofern gilt das Gleiche wie beim Kaufvertrag; zu den Einzelheiten vgl. daher die Ausführungen in Kap. 2 Rn. 267 ff.

## H. Die Beendigung des Werkvertrags

Neben den allgemeinen Bestimmungen, die eine **irreguläre bzw. vorzeitige Vertragsbeendigung** als Konsequenz von Leistungsstörungen bzw. Willensmängeln (etc.) ermöglichen, kennt das Werkvertragsrecht mit §§ 643, 648 und 648a weitere besondere, **werkvertragsspezifische Kündigungsrechte**. Eine Kündigung ist dabei grds. formfrei möglich; u.a. beim Bauvertrag schreibt jedoch **§ 650h** Schriftform vor. Kündigen ausnahmsweise einmal beide Parteien den Werkvertrag und zeitigen die Kündigungen (etwa hinsichtlich der Fortzahlung des Werklohns) unterschiedliche Rechtsfolgen, soll nach umstrittener Ansicht des KG (NJW 2018, 3721) nicht die zeitlich frühere Kündigung, sondern vielmehr analog § 323 VI die jeweils materiell vorrangige Kündigung wirksam sein. **108**

### I. Kündigung durch den Unternehmer, § 643

Kann ein Werk nur unter Mithilfe des Bestellers hergestellt werden kann, trifft den Besteller insofern eine **Mitwirkungsobliegenheit**. Gerät er wegen deren Verletzung in Annahmeverzug (§§ 293 ff.), muss er dem Unternehmer nach § 642 eine angemessene Entschädigung zahlen. Gleichzeitig räumt **§ 643** dem Unternehmer ein **Kündigungsrecht** ein. Dafür muss er dem Besteller (**1.**) eine angemessene Frist zur Nachholung der Handlung setzen und dies (**2.**) mit der Erklärung verbinden, dass er den Vertrag bei Ausbleiben der Mitwirkung kündige. Holt der Besteller die Mitwirkung dann nicht bis Fristablauf nach, wird das Vertragsverhältnis gem. § 643 S. 2 automatisch (*ex nunc*) beendet, wobei der Unternehmer nach § 645 I 2 Anspruch auf (Teil-)Vergütung behält. **109**

### II. Kündigung durch den Besteller, § 648 und § 649 I

Anders als dem Unternehmer räumt das Werkvertragsrecht dem Besteller in **§ 648 S. 1** ein **freies Kündigungsrecht** ein; m.a.W. kann der Besteller einen Werkvertrag jederzeit und ohne besonderen Grund *ex nunc* kündigen (z.B. wegen Interessenfortfall). Tut er dies, schuldet er dem Unternehmer gleichwohl die vereinbarte Vergütung, § 648 S. 2; dieser muss sich aber ersparte Aufwendungen etc. anrechnen lassen. Hat der Besteller in einem solchen Fall bereits mehr als die letztlich **110** geschuldete Vergütung bezahlt, kann er das Zuvielgezahlte analog § 638 IV 1 (umstr.) zurückverlangen.

**110a** Das freie Kündigungsrecht des Bestellers gem. § 648 ist grds. **abdingbar**. Wegen §§ 307 ff. ist dies jedoch i.d.R. nur **individualvertraglich**, nicht jedoch durch **AGB** möglich. Eine Besonderheit gilt indes bei (Werk-)Verträgen, die eine **Personenbeförderung mit einem Massenverkehrsmittel** (z.B.: Flugzeug) zum Gegenstand haben. In Bezug auf solche Beförderungsverträge gehört das freie Kündigungsrecht des Bestellers nämlich laut dem BGH – anders als bei „normalen" Werkverträgen – nicht zu deren wesentlichen Grundgedanken (§ 307 II Nr. 1). Somit kann § 648 S. 1 „dort" auch durch AGB (d.h. die Beförderungsbedingungen) wirksam ausgeschlossen werden, ohne dass darin eine unangemessene Benachteiligung iSv § 307 I 1 zu erblicken ist.

**111** Liegt dem Vertrag ein **Kosten(vor)anschlag** zugrunde, kann der Besteller zudem, wenn dieser wesentlich überschritten wird, auch nach **§ 649 I** kündigen, außer bei Übernahme einer Richtigkeitsgewähr.

### III. Kündigung aus wichtigem Grund, § 648a

**112** Nach dem zum 1.1.2018 neu eingeführten § 648a I schließlich können sowohl der Besteller als auch der Unternehmer den gesamten Vertrag **aus wichtigem Grund** ohne Einhaltung einer Kündigungsfrist kündigen; gem. § 648a II ist grds. – bei Abgrenzbarkeit – auch eine Teilkündigung möglich. Ein wichtiger Grund liegt gem. § 648a I 2 vor, wenn einer Partei „unter Berücksichtigung aller Umstände des Einzelfalls und unter Abwägung der beiderseitigen Interessen die Fortsetzung des Vertragsverhältnisses […] **nicht zugemutet** werden kann".

**113** § 648a entspricht weitgehend und verdrängt daher (m.E.) § 314. Anders als § 314 setzt § 648a kein Dauerschuldverhältnis voraus und gilt daher **für alle Werkverträge**. Bei Vorliegen einer Pflichtverletzung setzt eine § 648a-Kündigung gem. §§ 314 II, 648a III grds. den erfolglosen Ablauf einer zur Abhilfe bestimmten **Frist** bzw. eine erfolglose **Abmahnung** voraus; zur Erklärungsfrist s. §§ 314 III, 648a III.

## I. Sonstige Werk- bzw. werkvertragsähnliche Verträge

**114** Zum 1.1.2018 hat der Gesetzgeber mit dem Bau-, Verbraucherbau-, Architekten- oder Ingenieur- und Bauträgervertrag **fünf neue werkvertrag(sähn)liche Vertragstypen** ins BGB eingeführt. Nach der gesetzlichen Konzeption ist dabei nur der (Verbraucher-)Bauvertrag ein originärer Werkvertrag i.S.v. §§ 631 ff.; auf ihn finden die §§ 650a ff.

sowie ggf. die §§ 650i ff. lediglich ergänzend Anwendung. Architekten-, Ingenieur- und Bauträgerverträge hingegen sind (jedenfalls nach der Gesetzessystematik) eigene, werkvertragsähnliche Vertragstypen. Auch auf diese finden die §§ 631 ff. jedoch – kraft Verweisung in § 650q I bzw. § 650u I 2 – Anwendung, sofern aus den §§ 650p ff. resp. §§ 650u f. nichts anderes folgt. Insofern eignen sich diese Vertragstypen durchaus als **ungewöhnlicher Einstieg** in eine werkvertragliche Klausur.

## I. Bauvertrag, §§ 650a ff.

Ein **Bauvertrag** ist ein Werkvertrag, der die (Wieder-)Herstellung, **114**
Beseitigung, (ggf.: Instandhaltung) oder den Umbau eines Bauwerks (bzw. einer Außenanlage) zum Gegenstand hat, **§ 650a**. **Bauwerke** sind „unbewegliche, durch Verwendung von Arbeit und Material in Verbindung mit dem Erdboden [dauerhaft] hergestellte Sachen" (Rspr.). Der Bauvertrag ist die in der Praxis wohl häufigste Erscheinungsform des Werkvertrags; in den meisten Fällen werden die §§ 631 ff. allerdings großteils durch Vereinbarung der **VOB/B** abbedungen.

Bei Vorliegen eines Bauvertrags ermöglichen §§ 650b–650d – in **115**
Ergänzung der §§ 631 ff. – die Änderung des ursprünglich vereinbarten Leistungsumfangs durch nachträgliche Anordnungen. Zugleich ermöglichen §§ 650e f. in Gestalt von **Sicherungshypothek** und **Bauhandwerkersicherung** (Rn. 32) eine Sicherung des vorleistenden Unternehmers. § 650g ermöglicht eine Zustandsfeststellung bei Abnahmeverweigerung, und **§ 650h** schreibt für Kündigungen **Schriftform** vor. Nach § 650k II schließlich werden bei unklarer oder unvollständiger Baubeschreibung grds. sogar sämtliche vertragsbegleitenden Umstände Vertragsinhalt; dies ist insb. in Abgrenzung zur Formbedürftigkeit von Beschaffenheitsvereinbarungen (gem. §§ 434 I 1, 311b I 1) beim Grundstückskaufvertrag beachtlich, zumal § 650k II gem. § 650u I 2, II auch auf den Bauträgervertrag (dazu Rn. 118) Anwendung findet.

Ist Gegenstand eines Bauvertrags der Bau eines **Gebäudes** (oder er- **116**
hebliche Umbaumaßnahmen daran) durch einen Unternehmer i.S.v. § 14 für einen Verbraucher, gelten zusätzlich die – großteils zwingenden, § 650o – §§ 650i ff. Gebäude sind Bauwerke, die Wohnzwecken dienen. Ein derartiger **Verbraucherbauvertrag** bedarf der Textform (§ 126b), § 650i II. § 650l gewährt dem Verbraucher zudem ein **Widerrufsrecht** nach § 355, es sei denn, der Vertrag wurde notariell beurkundet.

## II. Architektenvertrag, §§ 650p ff.

117 Ein Architekten- oder Ingenieurvertrag setzt gem. § 650p I voraus, dass sich ein Unternehmer zur **Planung und Ausführung** eines Bauwerks oder einer Außenanlage (bzw. deren Überwachung) verpflichtet. Auch auf diesen Vertragstyp finden nach **§ 650q** I grds. die §§ 631 ff. sowie z.T. auch die §§ 650a ff. Anwendung, es sei denn, die §§ 650p ff. stehen dem entgegen. § 650r gewährt den Parteien in den Fällen des § 650p II ggf. ein **Sonderkündigungsrecht**; und nach § 650t kann ein Architekt oder Ingenieur unter bestimmten Voraussetzungen die Leistung verweigern, wenn er neben einem bauausführenden Unternehmer gesamtschuldnerisch für Mängel des geplanten Bauwerks (etc.) haftet.

## III. Bauträgervertrag, §§ 650u f.

118 Der in §§ 650u f. adressierte Bauträgervertrag ist ein **typengemischter Vertrag**, durch den sich ein Unternehmer einerseits (**1.**) zur Errichtung oder zum Umbau eines Hauses bzw. eines vergleichbaren Bauwerks (z.B. einer Eigentumswohnung) sowie andererseits auch (**2.**) zur Eigentums- oder Erbbaurechtsverschaffung verpflichtet. (Nur) auf die Verpflichtung zur Errichtung bzw. zum Umbau finden gem. § 650u I 2 grds. die §§ 631 ff. sowie die 650a ff. Anwendung (zu den Ausnahmen vgl. § 650u II); die Verpflichtung zur Übertragung des Eigentums (oder Erbbaurechts) beurteilt sich hingegen gem. § 650u I 3 nach §§ 433 ff. Beachte zur umstrittenen Einordnung des Kaufs von bei Abschluss des Veräußerungsvertrags **bereits fertiggestellten Bauwerken** vgl. Rn. 6. Zum gerade beim Bauträgervertrag besonders praxisrelevanten **§ 650k II** s. Rn. 115.

# Kapitel 7. Weitere Verträge zur Tätigkeit im fremden Dienst oder Interesse

Neben dem Werkvertrag enthält das Gesetz in den **§§ 611–704** weitere (sowohl vertragliche als auch gesetzliche [z.B.: GoA, §§ 677 ff., oder §§ 701 ff.]) Schuldverhältnisse, die eine Tätigkeit des Schuldners **im fremden Dienst oder Interesse** zum Gegenstand haben. Die wichtigsten dort geregelten Vertragstypen sind der Dienst- (§§ 611 ff.), Arbeits- (vgl. § 611a), Pauschalreise- (§§ 651a ff.) und Auftragsvertrag (§§ 662 ff.). 1

## A. Dienstvertrag

Der in **§§ 611–630** geregelte Dienstvertrag hat die ordnungsgemäße Erbringung einer Dienstleistung – d.h. von menschlicher Arbeit und damit grds. nur ein **Tätigwerden** und kein darüber hinausgehender Erfolg – gegen Entgelt (sonst: Auftrag) zum Gegenstand. Die Dienstleistungspflicht ist höchstpersönlicher Natur **(§ 613)**, d.h. der Dienstverpflichtete (oder: Arbeitnehmer) hat die Dienste selbst zu leisten; zudem ist der Dienstverpflichtete i.d.R. vorleistungspflichtig, § 614. 2

Zur Abgrenzung zw. Dienst- und **Werkvertrag** s. Kap. 6 Rn. 7. 3

Der Dienstvertrag kennt **zwei Unterfälle**: (**1.**) den (freien) **Dienstvertrag** eines Selbständigen und (**2.**) den **Arbeitsvertrag** des abhängige Dienste leistenden Arbeitnehmers (vgl. § 611a I als *lex specialis* zu § 611; s. dazu Rn. 20). Die §§ 611 ff. finden i.d.R. auf beide Vertragstypen Anwendung; **§§ 621 und 627** jedoch gelten nur für den Dienstvertrag (andersherum: s. Rn. 18). Unter diesem Gliederungspunkt wird nur der freie Dienstvertrag behandelt. 4

### I. Charakteristik

Durch den freien Dienstvertrag wird der **Dienstverpflichtete** zur Leistung der versprochenen Dienste und der **Dienstberechtigte** zur Gewährung der vereinbarten Vergütung (s. § 612) verpflichtet, **§ 611 I**. 5

Gegenstand eines Diensvertrags können gem. § 611 II **Dienste jeder Art** sein. Auch die Dauer der Dienstleistung ist grds. bedeutungs- 6 los; selbst ein nur einmaliges Tätigwerden genügt. In einem derartigen Fall ist der Dienstvertrag jedoch – entgegen seiner Grundkonzeption – kein **Dauerschuldverhältnis** (umstr.). Ist der Dienstverpflichtete hingegen weisungsgebunden (§ 611a I 3), liegt ein Arbeitsvertrag vor.

**7** **Freier Dienstvertrag** ist z.B. der anwaltliche Beratungsvertrag oder ein Vertrag mit Steuerberatern bzw. Ärzten (aber: §§ 630a ff.).

## II. Die Haftung des Dienstverpflichteten

**8** Anders als das Kauf-, Miet- oder Werkvertragsrecht beinhalten die §§ 611 ff. **kein Gewährleistungsrecht**, d.h. insb. kein Nacherfüllungs- oder Minderungsrecht. Auf etwaige Leistungsstörungen finden daher nur die **allgemeinen Regeln** Anwendung, insb. die §§ 275 ff. und 320 ff. (Dienst- und Arbeitsverträge sind **gegenseitige** Verträge). Dabei ist zu bedenken, dass der Dienstverpflichtete nur zu einem Tätigwerden verpflichtet ist; eine Schlechtleistung ist bei Vorliegen einer Pflichtverletzung aber möglich, z.B. wenn er zugleich Schutzpflichten verletzt.

**9** Leistet ein Dienstverpflichteter pflichtwidrig **schlecht** und hat er die Schlechtleistung **zu vertreten**, findet daher nach dem Gesagten zwar keine Minderung statt; allerdings steht dem Dienstberechtigten dann ein Schadensersatzanspruch aus **§ 280 I** zu (beachte beim Arbeitsvertrag: § 619a), den er mit Vergütungsansprüchen des Dienstverpflichteten verrechnen kann (auch die Vergütung kann Teil des Schadens sein). Ist eine fehlerhafte Leistung im Einzelfall für den Dienstberechtigten ohne Interesse und völlig unbrauchbar, ist der Schadensersatzanspruch sogar (wenn der Dienstberechtigte seine Gegenleistung noch nicht erbracht hat) unmittelbar auf **Befreiung** von seiner Vergütungspflicht gerichtet. Darüber hinaus setzt sich der Anspruch auf Vergütung auch dann nach **§ 628 I 2 Alt. 2** *ipso iure* entweder herab oder entfällt ganz, wenn der Dienstberechtigte den Dienstvertrag wegen einer vom Dienstverpflichteten zu vertretenden Vertragsverletzung **außerordentlich** gem. § 626 oder § 627 **kündigt** und die Dienstleistung *infolgedessen* für den Dienstberechtigten (ggf. partiell) ohne Interesse ist. Letzteres setzt voraus, dass der Diensberechtigte die Leistung wirtschaftlich nicht mehr verwerten kann, sie also für ihn nutzlos geworden ist. Hat der Diensberechtigte die Vergütung in einem derartigen Fall bereits entrichtet, kann er sie gem. § 346 I iVm § 628 I 3 zurückverlangen.

**10** Leistet der Dienstverpflichtete hingegen **gar nicht**, bleibt entweder der Erfüllungsanspruch des Dienstberechtigten bestehen, oder aber – bei Vorliegen einer **absoluten Fixschuld** (wie i.d.R. beim Arbeitsvertrag) – der Vergütungsanspruch entfällt nach § 326 I 1. Da der Dienstverpflichtete ohnehin zur Vorleistung verpflichtet ist (§ 614), erhält er dann keine bzw. nicht die ganze Vergütung (sonst: §§ 346 I, 326 IV).

## III. Die Vergütungspflicht des Dienstberechtigten

Gem. § 611 I Alt. 2 ist der Dienstberechtigte als Hauptleistungspflicht zur Gewährung der vereinbarten **Vergütung** verpflichtet. Für den Fall, dass sich die Parteien nicht über eine Vergütung (§ 612 I) oder deren Höhe (§ 612 II) geeinigt haben, gilt (= Auslegungsregel; a.A.: Fiktion) nach **§ 612** entweder eine Vergütung insgesamt, wenn die Dienstleistung den Umständen nach nur gegen Vergütung zu erwarten ist, bzw. die taxmäßige bzw. übliche Vergütung als vereinbart. **11**

In Abweichung von den allgemeinen Grundsätzen kennt das Dienstvertragsrecht **zwei Fallgruppen**, in denen ein Dienstberechtigter in Abweichung vom Grundsatz „ohne Arbeit keinen Lohn" einen **Vergütungsanspruch** behält, **auch ohne Dienste** geleistet zu haben: **12**

(**1.**) Nach **§ 615 S. 1** kann der Dienstverpflichtete, wenn der Dienstberechtigte in **Annahmeverzug** gerät (§§ 293 ff.), für die deshalb nicht geleisteten Dienste die vereinbarte Vergütung verlangen, ohne zur Nachleistung verpflichtet zu sein. § 615 S. 1 ist *lex specialis* zu § 326 II 1 Alt. 2 (umstr.) und greift auch ein, wenn eine Dienstleistung an sich nachholbar ist und daher durch Zeitablauf keine Unmöglichkeit eintritt. M.a.W. behandelt § 615 den Dienstvertrag als absolutes Fixgeschäft.

(**2.**) Der Dienstverpflichtete behält nach **§ 616 S. 1** auch dann seinen Vergütungsanspruch, wenn er für eine verhältnismäßig nicht erhebliche Zeit durch einen in seiner Person liegenden Grund (z.B. Krankheit) **ohne Verschulden** an der Dienstleistung verhindert wird. **13**

Anders als im Arbeitsrecht dem Arbeitnehmer (§ 242, Art. 1, 2 GG) steht einem Dienstverpflichteten **kein Beschäftigungsanspruch** zu. **14**

## IV. Beendigung des Dienstvertrags

Ein Dienstvertrag **endet** entweder durch Erfüllung (§ 362 I) und/oder Zeitablauf (§ 620 I), Tod des Dienstverpflichteten (vgl. § 613 S. 1) bzw. durch – ordentliche oder außerordentliche – Kündigung. **15**

Die **ordentliche Kündigung** ist in § 621 geregelt (beim Arbeitsvertrag: § 622), die **außerordentliche Kündigung** in den §§ 624, 626 und 627. Beim Arbeitsvertrag bedarf die Kündigung der Schriftform, **§ 623**. **16**

## B. Arbeitsvertrag

**Literatur:** *Junker*, Grundkurs ArbR, 18. Aufl. 2019; *Maties*, ArbR, 6. Aufl. 2017.

17 Der **Arbeitsvertrag** ist eine Unterform des Dienstvertrags; auf ihn finden daher grds. die **§§ 611–630** Anwendung (außer §§ 621, 627).

18 Mit §§ **611a**, 612a, 613a, 615 S. 3, **619a**, 622 und 623 enthalten die §§ 611 ff. sogar Vorschriften, die ***nur* für Arbeitsverträge** gelten.

19 Das Arbeitsrecht ist – u.a. aus Gründen des **Sozialschutzes** – eine sich vom sonstigen Vertragsrecht des BGB stark unterscheidende Spezialmaterie mit dem Ziel eines gerechten Interessenausgleichs zwischen Arbeitnehmer- und der Arbeitgeberseite. Ein Großteil der (auch individual-) arbeitsvertraglichen Normen findet sich **außerhalb des BGB**, z.B. im **KSchG**, **EFZG**, BUrlG, TzBfG sowie z.T. in Tarifverträgen.

20 Seit 1.4.2017 ist der **Arbeitsvertrag** in **§ 611a** – auf sehr umstr. Weise – definiert als Vertrag, durch den ein Arbeitnehmer im Dienst eines anderen zur Leistung **weisungsgebundener**, fremdbestimmter Arbeit in persönlicher Abhängigkeit gegen Vergütung verpflichtet wird. **Weisungsgebunden** ist nach § 611a I 3, wer nicht im Wesentlichen frei seine Tätigkeit gestalten und seine Arbeitszeit bestimmen kann, wobei ein etwaiges **Weisungsrecht** Inhalt, Durchführung, Zeit und Ort der Tätigkeit betreffen kann, § 611a I 2. Zum **fehlerhaften Arbeitsvertrag** s. z.B. *Junker*, Grundkurs ArbR, § 2 Rn. 188.

## C. Pauschalreisevertrag

**Literatur:** *Paulus*, JuS 2018, 647.

21 **Hinweis:** Das Reisevertragsrecht ist in Umsetzung der **neuen – vollharmonisierenden!** – Pauschalreise-Richtlinie (PRRL) zum **1.7.2018** in den **§§ 651a–651y** völlig **neu gefasst** worden. Seither spricht das Gesetz statt vom Reise- vom „Pauschalreisevertrag".

### I. Charakteristik und Anwendungsbereich

22 Der Pauschalreisevertrag (früher: Reisevertrag) ist ein zwar eigenständiger, jedoch **werkvertragsähnlicher** Vertragstypus (h.M.). Sein

Gegenstand ist gem. § 651a I 1 die entgeltliche **Verschaffung** – und nicht bloß Vermittlung, vgl. §§ 651b, 651v – einer **Pauschalreise** durch einen Unternehmer [i.S.v. § 14], den **Reiseveranstalter**, gegenüber einem **Reisenden**, der als Gegenleistung zur Zahlung des vereinbarten Reisepreises verpflichtet ist, § 651a I 2. Gem. § 651i I muss die Pauschalreise zudem **frei von Reisemängeln** verschafft werden.

23 Die Bestimmungen des Pauschalreisevertragsrechts dienen u.a. dem **Verbraucherschutz**; sie finden allerdings auch dann Anwendung, wenn ein Reisender gar kein Verbraucher i.S.v. § 13 ist (vgl. § 312 VII 2 und § 651a V Nr. 3). Die §§ 651a ff. setzen die neue, vollharmonisierende PRRL um; folglich ist das Gebot **richtlinienkonformer Auslegung** zu beachten. Gem. § 651y S. 1 sind die §§ 651a ff. zugunsten des Reisenden **zwingendes Recht** und finden nach § 651y S. 2 auch dann Anwendung, wenn sie durch anderweitige Gestaltungen umgangen werden.

24 Der **Neufassung** in §§ 651a ff. liegt folgende **Systematik** zugrunde:
- §§ 651a–651c: **Definition Pauschalreise** etc. (≈ § 651a I a.F.)
- § 651d: Informationspflichten; Vertragsinhalt (≈ § 651a III a.F.)
- §§ 651e–g: Vertragsübertragung + -änderung (≈ § 651a IV–b a.F.)
- § 651h: Rücktritt vor Reisebeginn (= § 651i a.F.)
- §§ 651i–651p: **Reisegewährleistungsrecht** (≈ §§ 651c–h a.F.)
- §§ 651r–651t: Insolvenzsicherung etc. (≈ § 651k a.F.)
- § 651u: Gastschulaufenthalte (= § 651l a.F.)
- § 651v + § 651w: Vermittlung (ggf. verbundener Reiseleistungen)
- § 651y: Unabdingbarkeit; Umgehungsverbot (≈ 651m, 651a II aF)

### 1. Pauschalreise

25 Der Begriff der Pauschalreise wird in § 651a II 1 definiert als „Gesamtheit von mindestens ***zwei*** **verschiedenen Arten von Reiseleistungen** für den Zweck derselben Reise“. Verpflichtet sich ein Unternehmer hingegen nur zu einer einzigen Reiseleistung, liegt – mit Ausnahme ggf. von Gastschulaufenthalten, § 651u – keine Pauschalreise vor.

26 Nach dem BGH waren die §§ 651a ff. a.F. **analog** auf Verträge über **einzelne Reiseleistungen** anwendbar, wenn diese veranstaltermäßig vertrieben werden *und* die **Interessenlage** mit derjenigen bei Vorliegen eines Reisevertrags **vergleichbar** ist (z.B.: Buchung eines Ferienhauses oder einer Ferienwohnung bei einem Reiseveranstalter-

anstalter [nicht: dem privaten Eigentümer]). Insofern stellt sich die Frage der **Fortgeltung dieser Rspr.** i.R.d. Neufassung. Richtigerweise ist sie **zu verneinen**; denn entgegen noch dem RefE hat der Gesetzgeber *bewusst* auf deren Kodifizierung verzichtet (BT-Drs. 18/10822, 66).

**27** Der Begriff der „Pauschalreise" jdf. i.S.v. § 651a II 1 entspricht damit vom Grundansatz her demjenigen der „Reise" i.S.v. § 651a I 1 a.F.

**28** Neu ist jedoch die **Legaldefinition der Reiseleistungen** in § 651a III 1; darunter fallen die „Beförderung von Personen" (**Nr. 1**), eine „Beherbergung, außer [zu] Wohnzwecken" (**Nr. 2**), „die Vermietung" von v.a. Autos oder Motorrädern [mit mehr als 50 cm³ Hubraum] (**Nr. 3**) sowie jede andere „touristische Leistung" (**Nr. 4**).

**Touristische Leistungen** i.S.v. § 651a III 1 Nr. 4 sind z.B. Ausflüge, Führungen, Vermietung von Ausrüstung, Wellnessbehandlungen oder Skipässe bzw. Eintrittskarten für Konzerte etc. **Ausgenommen** sind gem. § 651a III 2 jedoch „Reiseleistungen, die wesensmäßig Bestandteil einer anderen Reiseleistung sind", z.B. der Transfer vom Flughafen zum Hotel oder ein Schlafabteil im Zug.

**29** Gem. **§ 651a IV** 1 liegt auch dann **keine Pauschalreise** vor, wenn eine Reiseleistung i.S.v. § 651a III 1 Nr. 1–3 mit touristischen Leistungen i.S.v. Nr. 4 verbunden wird, die entweder (**Nr. 1**) keinen „erheblichen Anteil" (≤ 25 %, § 651a IV 2) vom Gesamtwert *und* kein „wesentliches Merkmal" der Reise darstellen, oder die (**Nr. 2**) erst nach deren Erbringung ausgewählt und vereinbart werden.

**30** In Umsetzung des *Club-Tour*-Urteils des EuGH aus dem Jahr 2002 liegt eine Pauschalreise gem. **§ 651a II 2** auch dann vor, wenn Reiseleistungen „auf Wunsch des Reisenden oder entsprechend seiner Auswahl zusammengestellt wurden" (**Nr. 1**) oder diesem das Recht eingeräumt wird, „die Auswahl der Reiseleistungen aus [dem Angebot des Reiseveranstalters] nach Vertragsschluss zu treffen" (**Nr. 2**).

**31** Unter den Voraussetzungen von § 651a II 2 sind ggf. – leichter als bisher – auch **Reisebüros** oder Betreiber von **Online-Reiseportalen** Reiseveranstalter i.S.v. § 651a I. In diesem Zusammenhang ist die „Reiseveranstaltung" insb. von der **Vermittlung von Reiseleistungen** (= Geschäftsbesorgung, § 675 I) abzugrenzen, die nach § 651b I 1 nicht den §§ 651a ff. (Ausnahme: §§ 651v f.) unterfällt.

**32** Zur **Abgrenzung** zwischen Reisevermittlung und -veranstaltung ist zusätzlich **§ 651b I 2, 3** zu beachten, wonach eine etwaige Vermittlung (i.S.v. § 675 I) selbst dann, wenn z.B. formal zwei Verträge mit anderen Anbietern geschlossen werden, zur **Reiseveranstaltung** wird, wenn „der Reisende die Reiseleistungen in einer einzigen Vertriebsstelle des Unternehmers" (i.S.v. § 651b II) im Rahmen „desselben Buchungsvorgangs" vor Verpflichtung zur Zahlung auswählt (**Nr. 1**), oder wenn „der Unternehmer die Reiseleistungen zu einem Gesamtpreis anbietet" etc. (**Nr. 2**) bzw. „die Reiseleistungen unter der Bezeichnung „Pauschalreise" [etc.] bewirbt o.ä. (**Nr. 3**). Gem. § 651b I 4 zählt jedoch eine vorherige Beratung nicht zur Buchung i.S.v. § 651b I 2 Nr. 1.

**Nicht anwendbar** sind die §§ 651a ff. gem. **§ 651a V** hingegen auf Reisen, die **ohne Gewinnerzielungsabsicht** nur gelegentlich und nur einem begrenzten Personenkreis angeboten werden (**Nr. 1**), auf **Tagesreisen** (unter 24h und 500,01 €) ohne Übernachtung (**Nr. 2**) sowie auf **Geschäftsreisen**, wenn zwischen dem Reisenden (i.S.v. § 14) und dem Unternehmer ein Rahmenvertrag besteht (**Nr. 3**). 33

Losgelöst von § 651a ist ein Unternehmer (i.S.v. § 14), der mit einem Reisenden mittels eines Online-Buchungsverfahrens einen Vertrag über nur *eine* Reiseleistung geschlossen oder vermittelt hat, nach **§ 651c** auch dann als Reiseveranstalter anzusehen, wenn er dem Reisenden **zusätzlich** und **kumulativ** (**1.**) „für den Zweck derselben Reise mindestens *einen* [weiteren] Vertrag über eine andere [Reiseleistungsart] vermittelt, indem er den Zugriff auf das Online-Buchungsverfahren eines *anderen* Unternehmers ermöglicht", **sowie** (**2.**) „den Namen, die Zahlungsdaten und die E-Mail-Adresse des Reisenden an den anderen Unternehmer übermittelt" **und** der weitere Vertrag (**3.**) „spätestens 24 Stunden nach der Bestätigung des Vertragsschlusses über die erste Reiseleistung geschlossen wird" (sog. **„*click-through*-Regelung"**). 34

Von dem soeben beschriebenen, in § 651c geregelten **„verbundenen Online-Buchungsverfahren"** zu unterscheiden ist die neu eingeführte Kategorie der **verbundenen Reiseleistungen (§ 651w)**. Darunter fallen Situationen, in denen keine Pauschalreise zustandekommt, dennoch aber ein verbindendes Element zwischen mehreren gebuchten Reiseleistungen besteht. Den Vermittler verbundener Reiseleistungen treffen gem. § 651w II bestimmte Informationspflichten, bei deren Verletzung er ggf. nach § 651w IV haftet. 35

Das **Zustandekommen** eines Pauschalreisevertrags beurteilt sich nach allgemeinen Grundätzen (d.h. **§§ 145 ff.**); ein Reiseprospekt ist danach grds. als *invitatio ad offerendum* und nicht als Antrag zu werten. Bezüglich des Vertragsinhalts ist zusätzlich **§ 651d III** zu beachten. Ein Pauschalreisevertrag bedarf keiner Form. Kommt der Vertrag 36 in einer **Haustürsituation** zustande, steht dem Reisenden unter den Voraussetzungen von **§§ 312g I, 312 VII 2, 13** ein **Widerrufsrecht** gem. § 355 I 1 zu.

### 2. Die Vertragsparteien und sonstigen Beteiligten

#### a) Reiseveranstalter

37 Schuldner der vertragstypischen Leistungen ist beim Pauschalreisevertrag der **Reiseveranstalter**, § 651a I. Nach bisherigem Verständnis ist dies, wer eine Gesamtheit von Reiseleistungen als eigene anbietet. Als **Folge der Neuregelung** der §§ 651a ff. unterfallen dem Begriff des Reiseveranstalters nunmehr jedoch gem. **§ 651a II 2** ggf. auch sonstige Personen (z.B. Betreiber von **Reisebüros** oder **Online-Buchungsportalen**), die Reiseleistungen auf Wunsch des Reisenden lediglich zusammenstellen o.ä. (s. Rn. 31). Und. gem. **§ 651b I 3** ist eine Person – noch weitergehend – selbst dann (unabhängig davon, ob sie Reiseleistungen an sich nur vermittelt) Reiseveranstalter, wenn jene in ihrer Vertriebsstelle zusammen ausgewählt werden, bevor es zur Zahlung kommt, oder wenn die Reise zu einem Gesamtpreis angeboten bzw. als „Pauschalreise" bezeichnet wird (Rn. 32). Das Gleiche gilt nach **§ 651c** bei verbundenen Online-Buchungsverfahren (Rn. 34).

38 Eine **Einschränkung** hat der Begriff des Reiseveranstalters demgegenüber insofern erfahren, als nunmehr nur noch **Unternehmer i.S.v. § 14** darunter fallen. Auch Gelegenheitsveranstalter, die einem begrenzten Personenkreis ohne Gewinnerzielungsabsicht Reisen anbieten, unterfallen gem. **§ 651a V Nr. 1** nicht den §§ 651a ff.

#### b) Reisender

39 Den Vertragspartner des Reiseveranstalters nennt das Gesetz in § 651a I den **Reisenden**. Diese Bezeichnung ist insofern irreführend, als „Reisender" i.S.v. § 651a I auch sein kann, wer gar nicht selbst **Reiseteilnehmer** ist und eine Pauschalreise zwar im eigenen Namen, jedoch lediglich (i.S.v. **§ 328 I**) zugunsten *Dritter* (z.B. von Familienangehörigen) bucht. Das Gleiche gilt, wenn jemand einen Reisevertrag alleine im eigenen Namen *sowohl* für sich *als auch* zugunsten Dritter (z.B. seiner Kinder) abschließt: Auch dann ist nur er der „Reisende".

40 Wer im Einzelfall „Reisender" und wer lediglich „Reiseteilnehmer" ist, ist oftmals eine Frage der **Auslegung**; bei einer Gruppenreise von Freunden oder Kollegen z.B. wird ein für alle buchender Reiseteilnehmer i.d.R. (anders als bei Familienbuchungen etc.) gem. §§ 133, 157 den Pauschalreisevertrag sowohl im eigenen als auch im fremden

Namen (d.h. als **Vertreter, §§ 164 ff.**) abschließen (und nicht: § 328 I); dann aber sind alle Gruppenteilnehmer auch „Reisende“ i.S.v. § 651a I.

**Nicht erforderlich** ist, dass der Reisende **Verbraucher i.S.v. § 13** ist. Folglich sind die §§ 651a ff. z.T. auch auf Geschäftsreisen anwendbar; gem. § 651a V Nr. 3 gilt dies jedoch nicht, wenn zwischen Reisendem und Unternehmer ein Rahmenvertrag besteht. 41

**c) Reisevermittler**

Auch unter dem neuen Pauschalreisevertragsrecht ist – wenn auch im Vergleich zu früher gem. §§ 651a II 3, 651b I 3 sowie § 651c unter erschwerten Bedingungen (Rn. 31) – gem. **§ 651b I 1** eine bloße Reisevermittlung möglich. **Reisevermittler** ist nach **§ 651v**, wer einen Reisenden – ähnlich einem Makler und i.d.R. entgeltlich – berät und lediglich den Abschluss des Pauschalreisevertrags herbeiführt, ohne selbst Reiseveranstalter zu sein (d.h. Reiseleistungen zu schulden) und ohne die Voraussetzungen der vorgenannten Vorschriften zu erfüllen. 42

Im Falle der Reisevermittlung schließt ein Reisender zwei Verträge – nämlich sowohl einen Vermittlungs- als auch den Pauschalreisevertrag – ab. Ersterer ist nach h.M. ein **Geschäftsbesorgungswerkvertrag** i.S.v. §§ 675 I, 631, aus dem eigene vertragliche Pflichten (wenn auch nicht solche i.S.v. §§ 651a ff.) resultieren. Der Reisevermittler ist dabei i.d.R. zugleich Erfüllungsgehilfe **(§ 278)** des Reiseveranstalters. Ein Reiseveranstalter i.S.v. § 651a kann sich aber nicht durch bloße Vereinbarung zu einem Vermittler „herabstufen“; der Wirksamkeit derartiger **„Vermittlerklauseln“** steht nicht zuletzt § 651y S. 2 entgegen. 43

Einen Reisevermittler treffen die in **§ 651v** genannten Pflichten; gem. § 651v II 2 gilt er ggf. als zur Entgegennahme von Zahlungen und gem. § 651v IV 1 als zur Entgegennahme von Mängelanzeigen sowie sonstigen reisebezogenen Erklärungen **bevollmächtigt** (i.S.v. § 164 III). Gem. **§ 651v III haftet** er sogar – ähnlich § 4 II ProdHaftG – u.a. auf Gewährleistung (§§ 651i ff.), wenn der Reiseveranstalter bei Vertragsschluss seinen Sitz außerhalb der EU oder des EWR hat. Für Vermittler nur verbundener Reiseleistungen (dazu Rn. 35) gilt § 651w. 44

**d) Leistungserbringer**

Leistungserbringer (bzw. – synonym – Leistungsträger) sind demgegenüber diejenigen Personen, die dem Reisenden bzw. Reiseteilnehmern gegenüber **einzelne Reiseleistungen ausführen** (z.B.: Fluggesellschaft, Hotelbetreiber, Fremdenführer), ohne selbst Vertragspartner des Reisenden zu sein (vgl. die Legaldefinition in § 651b I 2). Nach überzeugenderer M.M. erfüllen sie dabei i.d.R. nur ihre Verpflichtungen gegenüber dem Reiseveranstalter, dessen Erfüllungsgehil- 45 fe (i.d.R. nicht jedoch Verrichtungsgehilfe, § 831 I) sie im Verhältnis zum Reisenden bzw. zu etwaigen Reiseteilnehmern sind. Die **h.M.** geht sogar von einem Vertrag zwischen Reiseveranstalter und Leistungsträger zugunsten des Reisenden (etc.) i.S.v. **§ 328 I** aus, muss sich aber wegen des Folgeproblems eines an sich möglichen Einwendungsdurchgriffs nach **§ 334** des Kunstgriffs von dessen konkludenter Abbedingung bedienen.

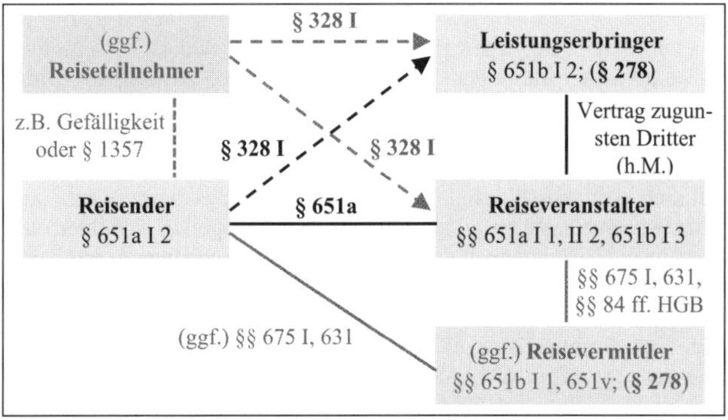


***Übersicht 14:*** *Vertragsbeziehungen beim Pauschalreisevertrag*

## II. Änderung und vorzeitige Auflösung des Vertrags

46 **§ 651e:** Unter den Voraussetzungen von **§ 651e** steht dem Reisenden eine **gesetzliche Ersetzungsbefugnis** zu: Danach kann er – ohne Zustimmung des Reiseveranstalters – dessen Vertragspartner auswechseln, so dass statt seiner – nach h.M. im Wege der **Vertragsübernahme** – ein Dritter in den Pauschalreisevertrag eintritt. Ein Widerspruchsrecht steht dem Reiseveranstalter nur unter den Voraussetzungen von § 651e II zu. Gem. § 651e III 1 haften der alte und neue Reisende als **Gesamtschuldner** für den Reisepreis und etwaige Mehrkosten.

47 **§ 651f:** In der Praxis ist es üblich, dass sich Reiseveranstalter bereits im Pauschalreisevertrag das Recht ausbedingen, **einseitig** bestimmte Vertragsinhalte zu ändern. Gem. § 651f III unterfallen derartige Änderungsvorbehalte i.R.e. AGB-Prüfung nicht den § 308 Nr. 4 und § 309 Nr. 1. Im Gegenzug schränkt **§ 651 f** die **Zulässigkeit** von **einseitigen Vertragsänderungen** ein (≈ §§ 315 ff.), und zwar in § 651f I für den Preis und in § 651f II für sonstige Vertragsbedingungen. § 651f IV enthält ein spiegelbildliches Preisanpassungsrecht des Reisenden.

**§ 651g I 1** statuiert als **Obergrenze** einseitig zulässiger Preisanpassungen 8 %; will der Reiseveranstalter eine höhere Anpassung – oder sonstige erhebliche Vertragsänderungen, § 651g I 3 – erreichen, kann er dem Reisenden gem. § 651g I 2 eine Vertragsänderung anbieten und verlangen, dass dieser entweder die Änderung (oder ggf. eine Ersatzreise, § 651g II) innerhalb angemessener Frist annimmt oder vom Vertrag zurücktritt (zu den jeweiligen Rechtsfolgen: § 651g IV). **48**

Auch unabhängig von Preisänderungen kann ein Reisender gem. **§ 651h I 1 vor Reisebeginn jederzeit** ohne Grund **zurücktreten**; ein Reiseveranstalter hat keinerlei Recht auf Abnahme. M.E. kein (konkludenter) Rücktritt ist der **bloße Nichtantritt** (umstr.). Tritt der Reisende zurück, verliert der Reiseveranstalter gem. § 651h I 2 den Anspruch auf den vereinbarten Reisepreis, kann jedoch nach § 651h I 3 eine angemessene Entschädigung verlangen (Ausnahme: § 651h III). Für deren vertragliche Bemessung gilt § 651h II 1; andernfalls greift § 651h II 2 ein. Ein **Rücktrittsrecht des Reiseveranstalters** vor Reisebeginn besteht demgegenüber nur unter den Voraussetzungen von § 651h IV. **49**

Nunmehr **weggefallen** ist die gesonderte, vorrangige Kündigungsmöglichkeit der Parteien bei Vorliegen **höherer Gewalt** in § 651j a.F. **50**

## III. Gewährleistungsrecht

Das Pauschalreisevertragsrecht kennt – wie das Kauf-, Miet- und Werkvertragsrecht auch – in Gestalt der **§§ 651i–651p** ein eigenständiges, besonderes Leistungsstörungsrecht (zugunsten des Reisenden). Dieses **Gewährleistungsrecht** setzt das Vorliegen eines **Reisemangels** i.S.v. § 651i II und damit einen Verstoß gegen die in § 651i I statuierte Hauptleistungspflicht des Reiseveranstalters, die Pauschalreise frei von Reisemängeln zu verschaffen, voraus. Für andere Pflichtverletzungen des Reiseveranstalters bzw. solche des Reisenden gilt hingegen i.d.R. allgemeines Leistungsstörungsrecht (insb. §§ 280 ff.). **51**

### 1. Überblick

Die Mängelrechte eines Reisenden werden seit der Neufassung der §§ 651a ff. vorab in **§ 651i III** aufgezählt. Diese Norm fungiert – ebenso wie ihre Vorbilder im Kauf- (§ 437) und Werkvertragsrecht (§ 634) – als **„Brückennorm"** des pauschalreiserechtlichen Gewährleistungsrechts; ebenso wie jene Normen spricht nunmehr auch § 651i III eine **Rechtsgrundverweisung** auf die in ihren Nr. 1–7 genannten Rechte aus. Anders als nach §§ 280 ff. iVm §§ 437/634 ist jedoch gleichgültig, ob ein Reisemangel behoben werden kann oder nicht. **52**

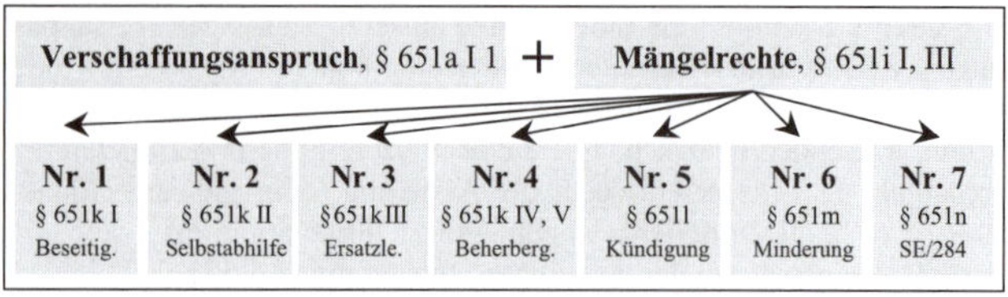


***Übersicht 15:*** *Rechte des Reisenden gem. § 651i III*

53 **Zeitlich** greifen die §§ 651i ff. nach ganz h.M. **bereits ab Vertragsschluss** ein und verdrängen i.R. ihres Anwendungsbereichs (d.h. in Bezug auf Reisemängel) die allgemeinen Vorschriften (d.h. die §§ 280 ff., **nicht**: §§ 823 ff.) vollständig (sog. **Einheitslösung**). Daran ändert auch die Neuregelung nichts, BT-Drs. 18/10822, 78.

54 Die **Verjährung** der Ansprüche aus § 651i III beurteilt sich nach **§ 651j S. 1** und tritt nach **zwei Jahren** ein, gem. § 651j S. 2 gerechnet ab dem Tag, an dem die Pauschalreise nach dem Vertrag **enden** sollte. Anders als früher ist eine Verkürzung nicht mehr möglich, § 651y S. 1; auch die einmonatige Ausschlussfrist nach § 651g a.F. ist weggefallen.

### 2. Reisemangel

55 Seit der Reform der §§ 651a ff. wird der Reisemangel vorab – d.h. den Mängelrechten vorangestellt – **in § 651i II** definiert (≈ § 633 II). Die frühere Unterscheidung zwischen Fehlern und dem Fehlen einer zugesicherten Eigenschaft wurde zwischenzeitlich aufgegeben.

56 Ein Reisemangel liegt nach **§ 651i II 1** vor, wenn die tatsächliche Ist- von der vereinbarten Soll**beschaffenheit** einer Pauschalreise (negativ) abweicht (subjektiver Mangelbegriff). Für den Inhalt einer etwaigen Beschaffenheitsvereinbarung sind dabei neben ausdrücklichen Erklärungen (z.B. „Strandzugang"; „ruhig" [vs. „familienfreundlich" = Kinderlärm]) z.B. auch Angaben oder Bilder im Reiseprospekt, der Gesamtpreis sowie der Charakter bzw. Zielort einer Reise von Bedeutung.

57 Zur – nach ganz h.M. weit zu verstehenden – **Beschaffenheit** einer Pauschalreise zählen neben der Qualität einzelner Reiseleistungen (z.B.: Mietwagenmodell, Zimmergröße bzw. Gepräge der Hotelanlage insgesamt) oder von Teilen davon (z.B.: Hotelabendessen) ggf. auch deren Pünktlichkeit (vgl. § 651i II 3) sowie Umweltbeziehungen (Strandzugang, Straßenlärm) und z.T. sogar Umweltbeeinträchtigungen (Auslegungsfrage, ggf.: gefährliche Quallenplage beim „Badeurlaub")

58 **Nicht** zur Beschaffenheit einer Reise(leistung) zählen dagegen – neben Umständen, die ihre Ursache alleine in der Person des Reisenden ha-

ben – nach der Rspr. **„bloße Unannehmlichkeiten"** (z.B. Abflugverspätungen bis 4 Stunden oder ggf. vereinzeltes Ungeziefer) sowie Erscheinungsformen des **„allgemeinen Lebensrisikos"** (z.B. Taschendiebstahl, unangenehmer Sitznachbar sowie i.d.R. Terroranschläge).

Fehlt hingegen eine (ggf. konkludente) Beschaffenheitsvereinba- **59**
rung, kommt es entweder nach **§ 651i II 2 Nr. 1** auf die Eignung für den nach dem Vertrag *vorausgesetzten* **Nutzen** an (ebenfalls subjektiver Reisemangelbegriff; danach soll z.B. soll ein Reisender bei einer „Eisbrecher-Kreuzfahrt" vom Aufkommen von Packeis ausgehen dürfen), oder aber gem. **§ 651i II 2 Nr. 2** auf die Eignung für den *gewöhnlichen* Nutzen und die *übliche*, nach Art der Reise zu erwartende Beschaffenheit (objektiver Reisemangelbegriff; diesbezüglich sind z.B. die am Zielort üblichen Sicherheitsstandards von Belang).

Gem. **§ 651i II 3** liegt ein Reisemangel schließlich auch dann vor, **60**
wenn Reiseleistungen (selbst aufgrund höherer Gewalt) **gar nicht** oder aber **mit unangemessener** (Rn. 58) **Verspätung** verschafft werden, etwa wenn ein Kreuzfahrtschiff vor Reiseantritt untergeht. Möglich ist dies, da §§ 651i ff. bereits ab Vertragsschluss – und nicht erst Reiseantritt – eingreifen (Rn. 53); auch § 311a II wird insofern verdrängt.

**Prüfungsschema 36:** Vorliegen eines Reisemangels i.S.v. § 651i II

1. § 651i II 1: Abweichung v. vertraglich vereinbart. Beschaffenheit
2. § 651i II 2 Nr. 1: Eignung für nach dem Vertrag vorausg. Nutzen
3. § 651i II 2 Nr. 2: Eignung für den gewöhnlichen Nutzen etc.
4. § 651i II 3: vorübergehende oder dauerhafte Nichtleistung

### 3. Die Brückennorm des § 651i III

„Einstiegstor" in jede pauschalreisevertragsrechtliche Gewährleis- **61**
tungsprüfung ist § 651i III. Als bloße **Rechtsgrundverweisung** gewährt § 651i III *selbst* allerdings keinerlei Rechte; zusätzlich müssen vielmehr (etwaige) in den verwiesenen Normen genannte weitere Voraussetzungen erfüllt sein. § 651i III selbst kennt nur **2 Voraussetzungen**: Zum einen muss (**1.**) ein wirksamer Pauschalreisevertrag (i.S.v. § 651a oder § 651c), zum anderen (**2.**) ein Reisemangel (i.S.v. § 651i II) vorliegen. Die Frage einer **zeitlichen Anwendbarkeit** von § 651i III oder auch § 651 II stellt sich hingegen nicht, da die §§ 651i ff. bereits ab Vertragsschluss eingreifen (Einheitslösung, s. Rn. 53, 60).

62 **Prüfungsschema 37:** Voraussetzungen von § 651i III

1. Zeitliche Anwendbarkeit der §§ 651i ff.: ab Vertragsschluss
2. Wirksamer Pauschalreisevertrag, § 651a oder § 651c
   (**P**) Abgrenzung zur Vermittlung; beachte: §§ 651a II 2, 651b I 2
3. Reisemangel, § 651i II (vgl. Prüfungsschema 36)
4. **Rechtsfolge:** Rechts**grund**verweis auf § 651i III Nr. 1–7 [...]

### 4. Recht auf Abhilfe, § 651k

63 Liegen die Voraussetzungen von § 651i III (insb. ein Reisemangel i.S.v. § 651i II) vor, kann ein Reisender zunächst gem. **§ 651k** Abhilfe verlangen. § 651k beinhaltet **4 verschiedene Anspruchsgrundlagen**.

64 Gem. § 651k I 1 iVm § 651i III **Nr. 1** steht einem Reisenden primär ein **Anspruch auf** Abhilfe in Form der **Mangelbeseitigung** zu.

Beseitigt der Reiseveranstalter den Mangel innerhalb einer etwaig gesetzten angemessenen **Frist** nicht, kann der Reisende zudem den Mangel selbst beseitigen und sodann gem. § 651k II 1 iVm § 651i III **Nr. 2** Ersatz der erforderlichen **Aufwendungen** verlangen.

Abhilfe in Gestalt anderer Reiseleistungen (in § 651i III Nr. 3 legaldefiniert als **Ersatzleistungen**) kann der Reisende demgegenüber nur verlangen, wenn der Reiseveranstalter die Mangel*beseitigung* nach § 651k I 2 verweigern kann und der Reisemangel einen erheblichen Teil der Reiseleistungen betrifft, § 651k III 1 iVm § 651 III **Nr. 3**. Mangelbeseitigung und Ersatzleistung stehen somit *nicht* gleichberechtigt nebeneinander (**Vorrang der Mangelbeseitigung**).

Schuldet der Reiseveranstalter Rückbeförderung und ist diese aufgrund unvermeidbarer, außergewöhnlicher Umstände nicht möglich, hat der Reiseveranstalter schließlich gem. § 651k IV iVm § 651i III **Nr. 4** die Kosten etwaig **notwendiger Beherbergung** des Reisenden für bis zu drei Nächte (Ausnahme: § 651k V) zu tragen.

65 Rechtstechnisch handelt es sich bei dem Anspruch auf Abhilfe im Grundsatz um einen Nacherfüllungsanspruch; jdf. die Ansprüche aus § 651k I 1 sowie III 1 stellen damit (vergleichbar §§ 439 I, 635 I) eine **Modifizierung des ursprünglichen Verschaffungsanspruchs** dar. Anders als bislang folgt aus der PRRL zudem wohl auch ein Recht *des Reiseveranstalters* zur Abhilfe, selbst gegen den Willen des Reisenden

### a) Anspruch auf Mangelbeseitigung

Gem. **§ 651k I 1 iVm § 651i III Nr. 1** hat ein Reiseveranstalter bei Vorliegen eines Reisemangels primär Abhilfe in Form der **Mangelbeseitigung** zu leisten; Abhilfe in Form von Ersatzleistungen hingegen unterfällt nunmehr § 651k III. Die Voraussetzungen von § 651k I 1 decken sich mit denjenigen von § 651i III. Zusätzlich setzt § 651k I 1 jedoch i.d.R. ein **Abhilfeverlangen** voraus; dieses ist rechtstechnisch von der (für § 651k unbeachtlichen) Mängelanzeige i.S.v. § 651o I zu trennen, wobei diese stets in jener (da weitergehend) mitenthalten ist. **66**

Die Kosten der Abhilfe hat naturgemäß (analog § 635 II) der Reiseveranstalter zu tragen. Dieser kann die Abhilfe jedoch gem. **§ 651k I 2 verweigern**, wenn sie (**Nr. 1**) unmöglich (§ 275 [inkl. II und III]) oder (**Nr. 2**) mit unverhältnismäßigen Kosten verbunden ist (≈ § 635 III). **67**

### b) Aufwendungsersatzanspruch nach Selbstabhilfe

Reisenden steht es frei, dem Reiseveranstalter über das bloße Abhilfeverlangen hinaus auch eine (angemessene) **Frist** zur Abhilfe **zu setzen**. Hilft dieser dann dem Reisemangel nicht innerhalb der Frist ab, kann jener selbst Abhilfe schaffen und nach **§ 651k II 1 iVm § 651i III Nr. 2** Ersatz der dafür erforderlichen **Aufwendungen** verlangen. Ist die gesetzte Frist zu kurz oder unbestimmt („möglichst schnell"), beginnt gleichwohl eine – wenn auch längere – Frist zu laufen. Und nach § 651k II 2 ist eine Fristsetzung **entbehrlich**, wenn der Reiseveranstalter die Abhilfe verweigert oder (z.B. aus gesundheitlichen Gründen bei Schimmelbefall im Hotelzimmer) sofortige Abhilfe notwendig ist. **68**

Der bloße Ablauf einer gar nicht gesetzten Frist genügt dabei – anders als beim Rückritt i.R.e. Verbrauchsgüterkaufs – i.R.v. § 651k II 1 nicht, Art. 13 IV 1 PRRL. Ob die früher von der h.M. über den Wortlaut hinaus befürwortete Vorschusspflicht auch i.R.d. Neufassung gilt, ist angesichts Art. 13 IV 1 PRRL („Rückzahlung") zweifelhaft. **69**

**Prüfungsschema 38:** Anspr. aus § 651k II 1 iVm § 651i III Nr. 2 **70**

1. Voraussetzungen von § 651i III (s. oben Prüfungsschema 37)
2. Kein Ausschluss d. Beseitigungsanspruchs, §§ 651k I 2, (275)
3. Abhilfeverlangen sowie erfolglose Fristsetzung zur Abhilfe
4. Entbehrlichkeit der Fristsetzung, § 651k II 2
5. **Rechtsfolge:** Aufwendungsersatz; **(P)** Reichweite; Vorschuss
6. Verjährung des Anspruchs: § 214 I iVm § 651j

### c) Anspruch auf angemessene Ersatzleistungen

71 Bislang umfasste der früher in § 651c II 1 a.F. normierte Anspruch auf „Abhilfe" grds. sowohl die Mangelbeseitigung als auch – je nach Einzelfall sowie ggf. Wahl des Reiseveranstalters – die Erbringung einer gleichwertigen und zumutbaren Ersatzleistung. Abweichend davon besteht nunmehr ein Vorrang der Abhilfe in Gestalt der Mangelbeseitigung. Ein Anspruch auf **Abhilfe durch Erbringung anderer Reiseleistungen** (= Ersatzleistungen, § 651i III Nr. 3) besteht demgegenüber gem. **§ 651k III 1 iVm § 651i III Nr. 3** nur dann, wenn diese (**1.**) angemessen sind und (**2.**) der Reiseveranstalter die Mangelbeseitigung nach § 651k I 2 verweigern kann sowie (**3.**) der zu behebende Reisemangel einen erheblichen Teil der Reiseleistungen ausmacht. Andernfalls kann der Reisende grds. auf einer Mangelbeseitigung bestehen.

72 Sind die Ersatzleistungen im Vergleich zur ursprünglich geschuldeten Leistung nicht mindestens gleichwertig, kann der Reisende vom Reiseveranstalter nach **§ 651k III 2** eine (nach Maßgabe von § 651m I 2) **angemessene Herabsetzung** des Reisepreises (durch Vertragsänderung) verlangen. Und gem. **§ 651k III 3** kann der Reisende eine Ersatzleistung (nur) dann **berechtigterweise ablehnen**, wenn sie entweder nicht den ursprünglich geschuldeten Leistungen vergleichbar oder die vom Reiseveranstalter angebotene Preisreduzierung nicht angemessen ist; gem. **§ 651k III 4** treten dann (und bei Unmöglichkeit der Ersatzleistung) die Rechtsfolgen einer Kündigung (§ 651l II, III) ein.

### d) Anspruch auf Kostentragung für Ersatzunterkunft

73 Gem. **§ 651k IV iVm § 651i III Nr. 4** schließlich kann der Reisende verlangen, dass ein Reiseveranstalter die Kosten einer notwendigen, möglichst gleichwertigen **Beherbergung** des Reisenden für grds. (Ausnahme: § 651k V) **höchstens drei Nächte** übernimmt, falls jener eine „Rückbeförderung" des Reisenden schuldet und diese aufgrund unvermeidbarer, außergewöhnlicher Umstände (s. § 651h III 2; nicht: vom Veranstalter zu vertretende Nichtbeförderung) nicht möglich ist.

## 5. Kündigung, § 651l

74 Gem. **§ 651l I iVm § 651i III Nr. 5** steht dem Reisenden bei Vorliegen eines **schwerwiegenden Reisemangels** ein **Kündigungsrecht** zu. Voraussetzung hierfür ist neben (**1.**) den Voraussetzungen von § 651i III, dass die Pauschalreise durch den Reisemangel – ggf. auch zukünftig, da § 651l ab Vertragsschluss anwendbar ist – (**2.**) „erheblich beeinträchtigt" wird (§ 651l I 1). Zudem ist eine Kündigung nach § 651i I 2 i.d.R. erst (**3.**) nach **erfolglosem Ablauf** einer angemessenen

**Frist** zur Abhilfe (vgl. dazu Rn. 68) zulässig, wobei auch hier die Fristsetzung (**4.**) in den Fällen des § 651k II 2 entbehrlich ist; bei Unmöglichkeit der Abhilfe greift bereits § 651k III 4 Alt. 2 ein. Vor Reisebeginn besteht daneben ein Kündigungsrecht gem. **§ 651h I 1**.

Ob eine **erhebliche Beeinträchtigung** vorliegt, bemisst sich – unter **75** Würdigung aller Umstände und aus Sicht des Reisenden (umstr.; a.A.: objektiv) – anhand des Zwecks und Charakters der Reise; nach dem BGH kann eine hohe Minderungsquote (≈ 50%; umstr.) ein Indiz dafür sein. Entgegen der früheren Rechtslage besteht das Kündigungsrecht auch im Falle höherer Gewalt. Vertretenmüssen ist nicht erforderlich.

Als **Rechtsfolge** einer Kündigung **entfällt** nach **§ 651l II 2** der An- **76** spruch des Reiseveranstalters auf den vereinbarten Reisepreis hinsichtlich der nicht mehr zu erbringenden Reiseleistungen; wurde er bereits entrichtet, gewährt § 651l II 2 HS. 2 dem Reisenden einen Rückgewähranspruch. Anders als bisher **bleibt** der Anspruch auf den vereinbarten Reisepreis jedoch gem. **§ 651l II 1** hinsichtlich bereits erbrachter und ggf. noch zu erbringender Reiseleistungen **bestehen**. Und gem. § 651l III muss der Reiseveranstalter weiterhin infolge der Vertragsaufhebung notwendige Maßnahmen (z.B.: Rückbeförderung) treffen.

### 6. Minderung des Reisepreises, § 651m

Gem. **§ 651m I 1 iVm § 651i III Nr. 6** mindert sich der Reisepreis **77** für die Dauer eines Reisemangels **automatisch**. Wie bei § 536 I 1 und anders als nach § 638 I bedarf es dazu keiner Minderungserklärung.

**Rechtsfolge** der Minderung ist eine Herabsetzung des Reisepreises **78** in *dem* Verhältnis, in dem der Wert der Pauschalreise ohne Mangel – bei Vertragsschluss – zum tatsächlichen Wert gestanden hätte, § 651m I 2 (ggf. ist zu schätzen, § 651m I 3). Hat der Reisende bereits mehr als den geminderten Reisepreis gezahlt, kann er das Zuvielgezahlte nach §§ 346 I (347 I), 651m II iVm § 651i III Nr. 6 **zurückverlangen**.

Für den Fall, dass der Reisende (**1.**) schuldhaft eine **Mängelanzeige** **79** (§ 651o I) unterlässt und der Reiseveranstalter (**2.**) *infolgedessen* (nicht z.B. wegen Unmöglichkeit!) dem Reisemangel nicht abhelfen konnte, ist eine Minderung gem. **§ 651o II Nr. 1** ausgeschlossen. Alleine die Tatsache, dass der Reiseveranstalter den Mangel kennt, macht eine Mängelanzeige nicht *per se* entbehrlich; etwas anderes dürfte bei einer eindeutigen Abhilfeverweigerung gelten (s. allgemein EG 34 PRRL).

### 7. Schadensersatz, § 651n I

Entsteht einem Reisenden infolge eines Reisemangels (oder weil **80** einem Reisemangel nicht abgeholfen wird) ein Schaden, kann er nach **§ 651n I iVm § 651i III Nr. 7** Schadensersatz verlangen. Danach ersatzfähig sind sowohl **Mangel- als auch Mangelfolgeschäden** inkl.

etwaiger immaterieller Schäden i.S.v. § 253 II (d.h. Schmerzensgeld). Anders als i.R.v. §§ 280 ff., die durch § 651n I in Bezug auf Reisemängel vollständig verdrängt werden (und ebenso wie nach § 536a I sowie auch § 311a II) ist daher für § 651k I keinerlei Differenzierung zwischen SESL und SENL bzw. Erfüllungs und Integritätsinteresse erforderlich. Überdies kann der Anspruch ausdrücklich („unbeschadet") neben einer Minderung und Kündigung bestehen (vgl. § 325).

**81** Obwohl der Wortlaut von § 651n I – anders als § 651f I a.F. – nicht ausdrücklich ein **Vertretenmüssen des Reiseveranstalters** vorauszusetzen scheint, statuiert § 651n I doch – jedenfalls nach Ansicht des Gesetzgebers – einen „verschuldensabhängigen Schadensersatzanspruch mit Beweislastumkehr„ (BT-Drs. 18/10822, 83). M.a.W. scheint § 651n I ein Vertretenmüssen des Reiseveranstalters vorauszusetzen, welches jedoch **vermutet wird**. Allerdings ist die Haftung gegenüber den „normalen" Vorschriften insofern verschärft, als dem Reiseveranstalter eine **Widerlegung** der Vermutung nur in den **abschließend** in § 651n I Nr. 1–3 genannten Fällen gestattet ist. Danach kann er sich nur dadurch **entlasten**, dass der Reisemangel entweder (**Nr. 1**) vom Reisenden verschuldet ist [ggf.: § 254] **oder** (**Nr. 2**) von einem gänzlich Dritten (der weder Leistungserbringer noch sonst an der Erbringung der Reiseleistungen beteiligt ist), *und* dies für ihn weder vorhersehbar noch vermeidbar war, **oder** (**Nr. 3**) durch unvermeidbare, außergewöhnliche Umstände (i.S.v. § 651h III 2) verursacht wurde. Vor diesem Hintergrund statuiert § 651n letztlich rechtstechnisch doch – entgegen der Ansicht des Gesetzgebers – keine Verschuldens-, sondern eine Art (eingeschränkter) **Garantiehaftung**.

**82** Einen etwaigen Schadensersatzanspruch hat der Reiseveranstalter gem. § 651p III unverzüglich – d.h. entgegen § 271 I nicht sofort – zu leisten (vgl. § 475 I). Anstelle von Schadensersatz kann ein Reisender ggf. **wahlweise** auch, wie nunmehr § 651i III Nr. 7 Alt. 2 ausdrücklich klarstellt, Ersatz vergeblicher Aufwendungen nach **§ 284** verlangen. Unterlässt der Reisende schuldhaft eine Mängelanzeige, ist der Anspruch ggf. nach **§ 651o II Nr. 2** ausgeschlossen (s. dazu Rn. 79).

**83** **Prüfungsschema 39:** Schadensersatz, §§ 651n **I** iVm 651i III Nr. 7

1. Voraussetzungen von § 651i III (s. oben Prüfungsschema 37)
2. Widerlegung des vermuteten „Vertretenmüssens" durch:
   a) Verschulden des Reisenden (§ 651n I Nr. 1)
   b) Verschulden Dritter + nicht vorhersehbar etc. (§ 651n I Nr. 2)
   c) unvermeidbare, außergewöhnliche Umstände (§ 651n I Nr. 3)
3. Kein Ausschluss gem. § 651o II Nr. 2 (keine Mängelanzeige)

4. **Rechtsfolge:** Schadensersatz nach Maßgabe der §§ 249 ff., 253 II ggf. nach § 651p zulässige Haftungsbeschränkung; sonst: § 651y
5. Verjährung des Anspruchs: § 214 I iVm § 651j

**8. Entschädigung wg. nutzlos aufgewendeter Urlaubszeit, § 651n II**

84 Über den „normalen" Schadensersatzanspruch in § 651n I hinaus gewährt **§ 651n II iVm § 651i III Nr. 7** dem Reisenden im Falle einer Vereitelung oder erheblichen Beeinträchtigung der Pauschalreise zusätzlich einen Anspruch auf angemessene Geldentschädigung wegen nutzlos aufgewendeter Urlaubszeit. In Abweichung von der Grundregel in § 253 I statuiert § 651n II einen Anspruch auf **immateriellen Schadensersatz**. Dabei ist nach dem BGH unbeachtlich, ob die Urlaubszeit tatsächlich nutzlos aufgewendet wurde; tritt ein Reisender auf eigene Faust eine andere Reise an (o.ä.), führt dies daher *nicht* zu einer Kürzung.

85 Eine **Vereitelung** i.S.v. § 651n II liegt vor, wenn der Reisende die Pauschalreise überhaupt nicht antreten kann oder sofort nach der Ankunft wieder nach Hause zurückkehren muss. Wird hingegen als Abhilfemaßnahme (§ 651k) eine andere Reise gebucht, liegt keine Vereitelung, sondern allenfalls eine **erhebliche Beeinträchtigung** vor; vgl. zu diesem Begriff die Ausführungen zu **§ 651l I 1** (Rn. 75). Entsprechend schließt das Verlangen von Entschädigung wegen Vereitelung der Reise die kumulative Geltendmachung etwaiger Mehrkosten einer Ersatzreise sowohl als Aufwendungsersatz nach § 651k II als auch als Schadensersatz (§ 651n I) aus.

86 Die Berechnung der angemessenen Entschädigung erfolgt anhand des **Reisepreises**, nicht etwa des Arbeitseinkommens des Reisenden. Hat der Reisende schuldhaft eine Mängelanzeige unterlassen, ist der Anspruch ggf. nach **§ 651o II Nr. 2** ausgeschlossen (s. dazu Rn. 79).

**Prüfungsschema 40:** Schadensersatz, § 651n **II** iVm § 651i III Nr. 7 87

1. Voraussetzungen von § 651i III (s. oben Prüfungsschema 37)
2. Vereitelung *oder* erhebliche Beeinträchtigung der Pauschalreise
3. Widerlegung d. Vermutung d. Vertretenmüssens, § 651n I Nr. 1–3
4. Kein Ausschluss gem. § 651o II Nr. 2 (keine Mängelanzeige)
5. **Rechtsfolge:** Ersatz nach Maßgabe des § 253 I ggf. nach § 651p zulässige Haftungsbeschränkung; sonst: § 651y
6. Verjährung des Anspruchs: § 214 I iVm § 651j

### 9. Ausschluss und Grenzen der Mängelrechte

88 Zur – anders als bislang nicht verkürzbaren – **Verjährung** s. bereits Rn. 54. Die Gewährleistungsrechte in §§ 651i ff. sind gem. **§ 651y S. 1 unabdingbar**; (nur) für den Anspruch auf Schadensersatz aus § 651n iVm § 651i III Nr. 7 lässt **§ 651p** ggf. eine Haftungsbeschränkung zu.

## D. Auftrag

**Literatur:** *Coester-Waltjen*, JURA 2001, 567; *Lorenz*, JuS 2012, 6.

89 Gegenstand des in **§§ 662–674** geregelten Auftrags(vertrags) ist eine unentgeltliche Geschäftsbesorgung (jdf. auch) für einen anderen.

90 Der Begriff der **Geschäftsbesorgung** i.S.v. § 662 ist – anders als i.R.v. § 675 I (dazu Rn. 104) – nach h.M. **sehr weit** zu verstehen.

Darunter fällt **jegliche fremdnützige Tätigkeit**, egal ob rechtsgeschäftlicher oder tatsächlicher Art. Für die (aus Sicht des Beauftragten zu beurteilende) Fremdnützigkeit genügt, wenn das Tätigwerden nicht *nur*, sondern ***auch*** im Interesse des Auftraggebers geschieht.

91 Damit ist der Auftrag gleichsam das unentgeltliche Gegenstück zum Dienst- und Werkvertrag (oder zur entgeltlichen Geschäftsbesorgung).

92 In einer Klausur muss sorgfältig geprüft werden, ob der etwaig Beauftragte wirklich unentgeltlich tätig werden soll, oder ob nicht **konkludent** ein **Entgelt vereinbart** wurde (vgl. **§ 612** und **§ 632**).

### I. Charakteristik

93 Durch den Auftrag wird der **Beauftragte** zur **unentgeltlichen** Besorgung eines ihm vom **Auftraggeber** übertragenen Geschäfts verpflichtet. Damit ist der Auftrag – wie Schenkung, zinsloses Darlehen, Leihe und unentgeltliche Verwahrung auch – ein **Gefälligkeitsvertrag**.

94 Der Auftrag ist daher **abzugrenzen** von **unverbindlichen Gefälligkeiten** im gesellschaftlichen Bereich (etwa: Einladung zu einer Feier). Die Abgrenzung erfolgt dabei anhand eines etwaigen (objektiven) **Rechtsbindungswillens**, dessen Vorhandensein i.R.d. Auslegung etwaiger Willenserklärungen aus Sicht des jeweiligen Empfängers zu beurteilen ist. Liegt – wie i.d.R. – keine ausdrückliche Erklärung vor, sind die **Umstände** und **Interessenlage** entschei-

dend; die bloße Unentgeltlichkeit alleine genügt jdf. nicht. Abzustellen ist vielmehr auf die Art, den Umfang, Grund, Zweck sowie die wirtschaftliche (extremes Haftungsrisiko?) und rechtliche Bedeutung der Gefälligkeit. Dazu näher – am Beispiel einer Tischreservierung im Restaurant – *Paulus*, JuS 2015, 496.

Der Vertragsschluss beurteilt sich nach **§§ 145 ff.** Dabei besteht un- **95**
ter den Voraussetzungen von **§ 663** (als *lex specialis* zu § 311 II) ggf. – ausnahmsweise – die Pflicht, einen Antrag auf Abschluss eines Auftragsvertrags unverzüglich abzulehnen; andernfalls haftet der „fast Beauftragte" nach §§ 280 I, 663 auf Ersatz des **negativen** Interesses.

## II. Die Pflichten der Parteien

### 1. Pflichten des Beauftragten

Nach **§ 662** schuldet der Beauftragte dem Auftraggeber primär die **96**
vereinbarte Geschäftsbesorgung. Diese Pflicht darf er gem. **§ 664 I 1** im Zweifel nicht **Dritten** übertragen. Damit gemeint ist jedoch keine strenge Höchstpersönlichkeit i.S.v. § 613, sondern die „Substitution" (= Vertragsübernahme durch Dritte); aus § 664 I 3 ersichtlich darf sich der Beauftragte durchaus eines Erfüllungsgehilfens bedienen. Andersherum enthält § 664 II ein Abtretungsverbot. Und aus **§ 665** folgt, dass der Beauftragte grds. an **Weisungen** des Auftraggebers gebunden ist.

Daneben ist der Beauftragte dem Auftraggeber gem. **§ 666** – je **97**
nachdem, in welchem Ausführungsstadium sich der Auftrag befindet – entweder zur Benachrichtigung (Alt. 1), Auskunftserteilung (Alt. 2) oder – nach Auftragsdurchführung – **Rechenschaftslegung** (Alt. 3) verpflichtet (s. auch §§ 259–261). Letzteres ermöglicht dem Auftraggeber (u.a.) die Bezifferung einer etwaigen **Herausgabepflicht** des Beauftragten nach **§ 667**. Und **§ 668** statuiert eine **Verzinsungspflicht**, wenn der Beauftragte Geld zweckentfremdet für sich verwendet.

Anders als die anderen Gefälligkeitsverträge (§§ 521, 599, 690) **98**
sieht das Auftragsrecht **keine Haftungserleichterung** zugunsten des Beauftragten vor. Dies war eine bewusste Entscheidung des Gesetzgebers; jene Vorschriften gelten daher ***nicht*** **analog**!

### 2. Pflichten des Auftraggebers

Wegen seiner Unentgeltlichkeit schuldet der Auftraggeber dem Be- **99**
auftragten **keine Gegenleistung** für dessen Tätigwerden; dennoch ist der Auftrag kein einseitig, sondern – wie Leihe und unentgeltliches Darlehen – ein **unvollkommen zweiseitig verpflichtender Vertrag**.

**100** Denn nach **§ 670** ist der Auftraggeber verpflichtet, dem Beauftragten Aufwendungen zu ersetzen, die dieser für die Ausführung des Auftrags getätigt hat und die er den Umständen nach für erforderlich halten durfte; gem. **§ 669** muss er dabei ggf. sogar **Vorschuss** leisten.

**101** **Aufwendungen** sind (in Abgrenzung zum *unfreiwilligen* Schaden) *freiwillige* Vermögensopfer; nach § 670 ersatzfähig sind daher z.B. bei der Auftragsausführung angefallene Fahrt- oder Einkaufskosten, **nicht** jedoch die eigene **Arbeitsleistung**, selbst wenn sie zum Beruf des Beauftragten gehört (§ 1835 III gilt nur i.R.d. GoA analog), **außer** deren Erforderlichkeit stellt sich nach Vertragsschluss heraus.

Über dessen Wortlaut hinaus kann ein Beauftragter nach § 670 (analog?) ausnahmsweise – in Anlehnung an § 110 I Alt. 2 HGB – auch Ersatz solcher ***Schäden*** verlangen, in denen sich gerade das **typische Risiko** der jeweils geschuldeten Tätigkeit verwirklicht hat.

## III. Beendigung des Auftrags

**102** Die Beendigung eines Auftrags beurteilt sich nach **§§ 671–674**. Danach endet dieser entweder durch **Tod** des Beauftragten (§ 673, i.d.R. nicht jedoch des Auftraggebers, § 672) oder durch – jederzeit möglichen – **Widerruf** (des Auftraggebers, § 671 I) bzw. Kündigung (des Beauftragten, § 671 II). Nach § 671 II darf (nur) die Kündigung grds. nicht zur Unzeit erfolgen. Andernfalls ist sie zwar dennoch wirksam, der Beauftragte jedoch zum Schadensersatz verpflichtet, § 671 II 2. **§ 674** hingegen **fingiert** das Fortbestehen des Auftrags zugunsten des Beauftragten im Falle einer Beendigung anders als durch Widerruf.

# E. Geschäftsbesorgungsvertrag

**103** Der in **§§ 675–675b** geregelte **Geschäftsbesorgungsvertrag** wird in § 675 I definiert als Dienst- oder Werkvertrag, der eine Geschäftsbesorgung zum Gegenstand hat. Der Geschäftsbesorgungsvertrag ist somit kein eigenständiger Vertragstyp; auf ihn finden lediglich nach § 675 I – zusätzlich zu den §§ 611 ff. bzw. §§ 631 ff. – die meisten Vorschriften des Auftrags entsprechende Anwendung.

**104** Der Begriff der **Geschäftsbesorgung** i.S.v. § 675 I ist nach h.M deutlich **enger** zu verstehen als derjenige von § 662 („Trennungstheorie"; a.A. BAG: „Einheitstheorie"). Der Geschäftsbesorgungsvertrag ist daher nicht bloß ein „entgeltlicher Auftrag"; andernfalls würde nämlich jeder Dienst- oder Werkvertrag § 675 I unterfallen.

Geschäftsbesorgung i.S.v. § 675 ist nur eine **selbständige Tätigkeit wirtschaftlicher Art** zur Wahrnehmung fremder Vermögensinteressen (z.B.: Bankgeschäfte, Steuerberatung oder Schiedsrichtertätigkeit). 105

**§ 675 II** begründet eine widerlegliche **Vermutung**, dass im Falle der **Erteilung von Rat** kein Rechtsbindungswille vorliegt. 106

Eine Sonderform des Geschäftsbesorgungsvertrags ist der in Umsetzung der **ZDRL** in **§§ 675f–675i** geregelte **Zahlungsdienstevertrag**; dieser betrifft u.a. den bargeldlosen Zahlungsverkehr. Daher ist z.B. ein Vertrag über die Führung eines **Girokontos** (als Dauerschuldverhältnis) zugleich Zahlungsdiensterahmenvertrag i.S.v. § 675f II. 107

## F. Maklervertrag und Partnervermittlung

Der Maklervertrag ist – äußerst knapp – in **§§ 652–655** geregelt. Im Regelfall finden daher auf ihn ergänzend zu den §§ 652 ff. auch noch **andere Vorschriften**, etwa die §§ 93 ff. HGB oder – in Bezug auf die Vermittlung von Mietverträgen über **Wohnraum** – das Wohnungsvermittlungsgesetz (WoVermG), Anwendung. 108

Durch einen Maklervertrag verpflichtet sich ein Auftraggeber, dem Makler für den **Nachweis** einer Gelegenheit zum Abschluss eines (Haupt-)Vertrags oder für dessen **Vermittlung** einen **Lohn** (synonym: Courtage, Provision; dazu §§ 653 ff.) zu zahlen (grds. *nicht* jedoch zum Abschluss des Hauptvertrags). Der Makler hingegen wird i.d.R. nicht zu einem Tätigwerden verpflichtet: Der Makler- ist daher nach der Gesetzeskonzeption ein lediglich **einseitig verpflichtender** Vertrag. 109

Der Provisionsanspruch des Maklers entsteht grds. nur, wenn (**1.**) tatsächlich ein (Haupt-)Vertrag – wirksam – **abgeschlossen** wurde, und dies (**2.**) gerade **infolge** der Tätigkeit des Maklers geschah, d.h. insofern ein **Kausalzusammenhang** besteht. Hierfür genügt allerdings ein wesentlicher, mitursächlicher *Beitrag* des Maklers. 110

Wird der **Hauptvertrag** jedoch **mit dem Makler** selbst geschlossen, entsteht kein Provisionsanspruch. Das Gleiche gilt, wenn der Makler **eng** mit der anderen Hauptvertragspartei **„verflochten“** ist. 111

Eine Unterform des Maklervertrages ist der in **§ 656** geregelte **Ehevermittlungsvertrag**, d.h. ein Maklervertrag, der mit dem Ziel des Abschlusses einer Ehe abgeschlossen wird. § 656 I stuft aus einem derartigen Vertrag erwachsende Leistungsansprüche des (Heirats-)Maklers gegen seine jeweiligen Kunden (neben Lohn- insb. auch Aufwendungsersatzansprüche i.S.v. § 652 II) als **„Naturalobligationen“** (Ter- 111a minologie umstr.) ein, d.h. als unvollkommene Verbindlichkeiten. Diese sind zwar nicht prozessual durchsetzbar, stellen jedoch im Falle der freiwilligen Bezahlung (zumindest) einen **Rechtsgrund zum Behaltendürfen** dar. Grund hierfür ist, dass Ehevermittlungsverträge zur Zeit der Schaffung des BGB als anstößig angesehen wurden; heutzutage wird der **Normzweck** des § 656 eher im Schutz der Intimsphäre der Ehegatten erblickt.

**111b** Während § 656 mittlerweile *direkt* kaum mehr zur Anwendung kommt, hat die Vorschrift in jüngerer Zeit doch eine gewisse Bedeutung wiedererlangt: Denn der BGH wendet **§ 656 I analog auf Partner(schafts)vermittlungsverträge** an (umstr.). Aus derartigen Verträgen erwachsende Leistungsansprüche von Vermittlern gegen ihre Kunden sind somit ebenfalls Naturalobligationen.

## G. Sonstige Schuldverhältnisse

**112** Der seit 2013 in den **§§ 630a–630h** geregelte, dienstvertragsähnliche **Behandlungsvertrag** hat die medizinische Behandlung eines Menschen gegen Entgelt zum Gegenstand (*Schneider*, JuS 2013, 104). Bei Vorliegen eines Behandlungsvertrags trifft § 630h erhebliche Beweiserleichterungen zugunsten des Patienten.

**113** Eine (in **§ 661a** geregelte) **Gewinnmitteilung** begründet – als geschäftsähnliche Handlung – ein gesetzliches Schuldverhältnis (umstr.) zugunsten von Verbrauchern. Sie hat die Gerichte jüngst v.a. im internationalen Rechtsverkehr (i.R.d. IPR und IZVR) beschäftigt.

**114** Durch den in **§§ 688–700** normierten **Verwahrungsvertrag** wird der **Verwahrer** verpflichtet, eine ihm vom sog. **Hinterleger** übergebene bewegliche Sache aufzubewahren. Die Verwahrung kann dabei entweder entgeltlich (§ 689) oder unentgeltlich (§ 690) erfolgen; geschieht die Verwahrung unentgeltlich, haftet der Verwahrer nur für **eigenübliche Sorgfalt** (§ 277).

**115** Die **§§ 701–704** betreffen die **Einbringung** von Sachen bei **Gastwirten**. Durch eine solche entsteht ein gesetzliches Schuldverhältnis, kraft dessen den Gastwirt eine Erfolgshaftung trifft, die nach h.M. **Gefährdungshaftung** ist (a.A.: garantieähnliche Risikozurechnung).

**116** **Gastwirt** ist der Inhaber eines Unternehmens, in dem gewerbsmäßig Fremde zur Beherbergung – d.h. zur Gewährung von **Unterkunft**, selbst für nur eine Stunde, nicht jedoch zum bloßen Restaurantaufenthalt – aufgenommen werden.

# Kapitel 8. Schuldverhältnisse ohne Interessengegensatz

1 Während sich bei den meisten Schuldvertragstypen des BGB zwei Personen mit jeweils verschiedenen Interessen (z.B.: Kaufen – Verkaufen usw.) gegenüberstehen, kennt das BGB auch Schuldverhältnisse **ohne** einen derartigen (wesensimmanenten) **Interessengegensatz**.

2 Wichtigstes Beispiel eines derartigen Schuldverhältnisses ist der in §§ 705 ff. geregelte **Gesellschaftsvertrag**: Durch einen solchen schließen sich zwei bzw. oftmals sogar mehr Personen zur **Förderung eines vereinbarten gemeinsamen Zwecks** zusammen; entsprechend ist ein Gesellschafts- auch ganz grds. kein „gegenseitiger Vertrag" i.S.d. §§ 320 ff. Und auch das Schuldverhältnis der **(Bruchteils-)Gemeinschaft** i.S.d. §§ 741 ff. entsteht durch die gerade gemeinschaftliche Innehabung eines Rechts durch mehrere Rechtsträger zu ideellen Bruchteilen und setzt daher ebenfalls keinen Interessengegensatz voraus.

## A. Gesellschaftsvertrag

**Literatur:** *Grunewald*, GesR, 10. Aufl. 2017; *Kindler*, Grundkurs Handels- und GesR, 9. Aufl. 2019; *Maties/Wank*, Handels- und GesR, 4. Aufl. 2016; *K.Schmidt*, GesR, 5. Aufl. 2020 (i.Ersch.); *Windbichler*, GesR, 24. Aufl. 2017.

3 Der in §§ 705–740 geregelte Gesellschaftsvertrag erfasst äußerst vielfältige Sachverhalte: Eine Gesellschaft (bürgerlichen Rechts, **GbR**) liegt nach § 705 nämlich bereits immer dann vor, wenn sich mindestens zwei Personen gegenseitig versprechen, die Erreichung eines **gemeinsamen Zwecks** irgendwie, insb. durch Beiträge (z.B.: Geld, Einbringung von Sachen oder Mitarbeit, §§ 706 f.), zu **fördern**. Dieser Zweck muss wegen §§ 134, 138 I zwar erlaubt, jedoch kein dauerhafter sein; auch **vorübergehende** Zwecke (z.B.: gemeinsame Fahrt zur Arbeit oder in Urlaub) reichen aus. Allerdings darf kein Handelsgewerbe i.S.v. § 1 HGB betrieben werden; andernfalls liegt eine oHG vor. Zum sog. **fehlerhaften Gesellschaftsvertrag** vgl. *Kindler*, § 10 Rn. 31 ff.

4 Dementsprechend **unterfallen den §§ 705 ff.** potentiell nicht etwa nur wirtschaftlich motivierte Zusammenschlüsse von Kleingewerbetreibenden oder Freiberuflern (etwa: Ärzte oder Rechtsanwälte;

ARGE) etc., sondern – abhängig vom **Rechtsbindungswillen** – ggf. auch Wohn-, Fahr-, Tipp- und Lottospielgemeinschaften usw.

5 Da die §§ 705 ff. im Regelfall **weder** eine **Form** vorschreiben **noch** eine **Registereintragung** vorsehen, ist ein Gesellschaftsvertrag oftmals (ggf. konkludent) „schneller" geschlossen als mancher denken mag.

6 Die GbR ist eine **Personengesellschaft** und als solche die **Grundform** anderer Personengesellschaften wie insb. der **oHG** (§§ 105 ff. HGB) und der **KG** (§§ 161 ff. HGB), deren Regelungen jeweils auf den §§ 705 ff. aufbauen (vgl. § 105 III HGB sowie § 161 II HGB).

7 Als Personengesellschaft ist die GbR nach h.M. **keine juristische Person** und daher streng z.B. von der GmbH oder AG zu unterscheiden. Deren Grundform ist nicht die GbR, sondern der Verein, §§ 21 ff.

8 Personengesellschaften zeichnen sich im Vergleich zu juristischen Personen durch eine stärkere mitgliedschaftliche Bindung sowie eine andere organisatorische Struktur (z.B.: sog. Selbstorganschaft) aus. Mit Ausnahme von bloßen Innengesellschaften (die nicht als solche nach außen in Erscheinung treten) sind jedoch **auch Personengesellschaften** i.d.R. **rechtsfähig** (§ 14 II). Trotz vormals jahrzehntelang anderslautender Rspr. des BGH gilt dies **seit 2001** auch für die (Außen-)GbR.

9 Eine weitere Besonderheit der Personengesellschaften ist das i.d.R. **gesamthänderisch gebundene Vermögen** der Gesellschafter (§ 719). Dieses unterliegt als Sondervermögen einer besonderen **dinglichen** Bindung, so dass die Gesellschafter nicht frei darüber verfügen können. Eine derartige Bindung kennt das BGB auch i.R.d. Erbengemeinschaft (§ 2032) sowie der (optionalen) ehelichen Gütergemeinschaft (§ 1416).

## B. Gemeinschaft

10 Streng genommen kein *vertragliches* Schuldverhältnis ist das in §§ 741–758 geregelte Schuldverhältnis der (sog. Bruchteils-)**Gemeinschaft**. Diese entsteht nämlich unabhängig vom Willen der Parteien **kraft Gesetzes**. Voraussetzung ist alleine, dass mehreren (mindestens zwei) Personen **ein Recht**, z.B. das Eigentum an einer Sache (dann: Miteigentum, §§ 1008 ff.) oder die Inhaberschaft einer Forderung, **gemeinschaftlich zusteht**, ohne dass eine gesamthänderische Bindung besteht (die §§ 705 [und 2032] ff. gehen den §§ 741 ff. vor).

11 Auch ob die gemeinsame Rechtsinnehabung aufgrund Vertrags oder Gesetzes entstanden ist, ist gleichgültig; Letzteres ist der Regelfall: Die meisten Bruchteilsgemeinschaften entstehen durch **Verbindung** (§§ 946 f.), **Vermischung** (§ 948) oder **Verarbeitung** (§ 950).

Liegt eine Bruchteilsgemeinschaft vor, regeln die §§ 743 ff. die **gemeinsame Verwaltung** des betreffenden Gegenstands und die §§ 749 ff. die Aufhebung der Gemeinschaft. Mangels Gesamthand können die Parteien dabei weiterhin frei über ihren Anteil verfügen, § 747 S. 1. **12**

# Kapitel 9. Verträge über ein Risiko

1 Verträge über ein Risiko zeichnen sich dadurch aus, dass ihre jeweiligen Rechtsfolgen von **ungewissen**, z.T. **zufälligen Ereignissen** abhängen. Der bedeutsamste Risikovertrag innerhalb des BGB ist die Bürgschaft; denn das Paradebeispiel eines Vertrags über ein Risiko, der **Versicherungsvertrag**, ist außerhalb des BGB (im VVG) geregelt.

2 Daneben hat auch die in §§ 759–761 normierte **Leibrente** ein Risiko zum Gegenstand; denn ihre Vertrags*dauer* hängt im Zweifel vom Tod des Gläubigers (als hinsichtlich seines Zeitpunkts ungewissem Ereignis) ab, § 759 I. Ebenfalls „hierhin" gehört die in §§ 657–661a geregelte **Auslobung**; diese ist jedoch kein Vertrag, sondern ein einseitiges, durch nicht empfangsbedürftige Willenserklärung zustande kommendes Rechtsgeschäft.

## A. Spiel und Wette; Lotterievertrag

3 Weniger „seriöse" Ziele verfolgen demgegenüber die in **§ 762** geregelten Spiel- und Wettverträge: Während eine **Wette** immerhin noch der Bekräftigung eines ernst gemeinten Meinungsstreits (d.h. einer Behauptung) dient, geht es beim **Spiel** nur um die Erzielung von Vermögensvorteilen zu Lasten anderer Beteiligter, und zwar basierend auf Geschicklichkeit (Geschicklichkeitsspiel) oder Zufall (Glücksspiel).

4 **§ 762 I 1** stuft Spiel- und Wettverträge als **Naturalobligationen** („unvollkommene Verbindlichkeiten"; die genaue dogmatische und terminologische Einordnung ist umstr.; s. auch Kap. 7 Rn. 111a) ein, d.h. – obwohl wirksam – begründen sie keine gerichtlich durchsetzbaren Erfüllungsansprüche. Wird ein derartiger Vertrag allerdings dennoch erfüllt, schließt **§ 762 I 2** eine Rückforderung (nur) insoweit aus, als diese auf dem Nichtbestehen einer Verbindlichkeit gründet. M.a.W. bildet ein (wirksamer) Spiel- und Wettvertrag jdf. einen Rechtsgrund zum Behaltendürfen.

5 Eine Sonderregelung trifft **§ 763** für solche Spielverträge, die i.R.e. *staatlich genehmigten* **Lotterie** (wenn der Gewinn in Geld besteht) oder **Ausspielung** (= Sach- oder Warenlotterie) abgeschlossen werden: Diese sind für beide Parteien in vollem Umfang verbindlich.

## B. Bürgschaftsvertrag

**Literatur:** *Braun*, JURA 2004, 474; *Lorenz*, JuS 1999, 1145; *Musielak*, JA 2015, 161; *Reinicke/Tiedtke*, Bürgschaftsrecht, 3. Aufl. 2008.

6 Der in den §§ 765–778 geregelte Bürgschaftsvertrag ist ein Mittel der **Kreditsicherung**, und zwar – in Abgrenzung von den sog. Realsicherheiten wie z.B. der Grundschuld oder Hypothek – in Gestalt einer **Personalsicherheit**: Denn durch eine Bürgschaft erhält ein Kreditgeber für seine jeweils gesicherte(n) Forderung(en) – zum Schutz vor deren Ausfall insb. wegen Insolvenz – in Gestalt des Bürgen neben dem Hauptschuldner einen weiteren Schuldner (z.B. eine Bank, einen Gesellschafter oder die Ehefrau eines Darlehensnehmers bzw. die Eltern eines Mieters); Bürgschaftsfälle sind stets **Dreipersonenverhältnisse**.

7 § 765 ist oft von **anderen** Personalsicherheiten **abzugrenzen**:

**1.** Eine **Schuldübernahme** (§§ 414 f.) liegt vor, wenn der Gläubiger keinen weiteren, sondern einen *anderen* Schuldner erhalten soll.

**2.** Der **Schuldbeitritt** ist gesetzlich nicht geregelt, aber gem. § 311 I – i.d.R. formlos (≠ § 766) – möglich. Er zeichnet sich dadurch aus, dass – wie bei der Bürgschaft – ein weiterer Schuldner neben den bisherigen tritt; anders als dort haftet der Beigetretene allerdings nicht für eine fremde, sondern übernimmt eine *eigene* Schuld, so dass eine Gesamtschuld *ent*-, jedoch keine Subsidiarität und (Entwicklungs-)akzessorietät (umstr.) *be*steht. **Im Zweifel** liegt Bürgschaft vor; andernfalls kommt es darauf an, ob der Neuschuldner eigenes unmittelbares wirtschaftliches Interesse an der Tilgung hat. **Beachte**: Auf den Schuldbeitritt eines Verbrauchers zu einem Darlehensvertrag finden nach h.M. die §§ 491 ff. analoge Anwendung.

**3.** Kraft Vertragsfreiheit (§ 311 I) kann ein Dritter dem Gläubiger einer Forderung versprechen, ihn bei Ausfall des Hauptschuldners so zu stellen, als hätte dieser ordnungsgemäß erfüllt. Ein derartiger **Garantievertrag** ist i.d.R. gar nicht, auch nicht hinsichtlich des Bestands der Hauptforderung bei Entstehung, akzessorisch. Im Zweifel setzt er daher ein sehr starkes Eigeninteresse des Dritten voraus.

**4.** Eine **Patronatserklärung** ist v.a. im Wirtschaftsverkehr und dort i.R.v. Konzernverhältnissen üblich. Sie liegt vor, wenn ein Dritter einem Gläubiger ein Verhalten unverbindlich in Aussicht stellt („weiche") oder verspricht („harte Patronatserklärung"), welches diesen hinsichtlich der Rückzahlung eines Kredits unterstützen soll.

**5.** Der **Kreditauftrag** ist in § 778 iVm §§ 662 ff. geregelt (lesen).

## I. Charakteristik

Durch einen Bürgschaftsvertrag verpflichtet sich der **Bürge** gegenüber dem **Gläubiger** eines Dritten – des **Hauptschuldners** –, für dessen Verpflichtung miteinzustehen, **§ 765 I**. Im Regelfall wird der Bürgschaftsvertrag dabei zwischen Gläubiger und Bürgen abgeschlossen, ohne dass es einer Mitwirkung des Hauptschuldners bedarf. Allerdings kann der Bürgschaftsvertrag auch – zugunsten des Gläubigers i.S.v. § 328 I – zwischen Hauptschuldner und Bürgen abgeschlossen werden. 8

### 1. Zu sichernde Hauptforderung und Verbürgungswille

Durch eine Bürgschaft kann grds. jede schuldrechtliche Verbindlichkeit gesichert werden, solange nur deren Schuldner ein vom Bürgen verschiedener Dritter ist; auch Gesellschafter können z.B. für Schulden „ihrer" Gesellschaft bürgen. Auf den **Inhalt** oder **Rechtsgrund** bzw. die **Art** der zu sichernden Forderung kommt es nicht an. 9

Neben Geldforderungen (z.B. aus Darlehens- [§ 488 I 2] oder Mietverträgen [§ 535 II]) können daher theoretisch auch andere als Geldforderungen und gem. § 765 II sogar **künftige** oder **bedingte** Forderungen Gegenstand einer Bürgschaft sein. Ob diese ihrerseits aus Vertrag oder Gesetz resultieren bzw. überhaupt zivilrechtlich sind, ist gleichgültig. 10

Eine Einigung der Parteien über einen Bürgschaftsvertrag setzt neben einer (jdf.) **Bestimmbarkeit** der zu sichernden Forderung und der Person des Gläubigers sowie des Hauptschuldners insb. einen **Verbürgungswillen** voraus. Ob ein solcher vorliegt ist durch Auslegung in Abgrenzung zu anderen Personalsicherheiten (Rn. 7) festzustellen. Eine **Globalbürgschaft** ist grds. zulässig, i.d.R. nicht jedoch in AGB. 11

### 2. Akzessorietät

Die Bürgschaft ist – wie die Hypothek (§ 1153) und anders z.B. als die Grundschuld (§ 1192 I) – eine **akzessorische Sicherheit**, d.h. die Bürgenschuld ist sowohl hinsichtlich ihrer **Entstehung** als auch ihres **Fortbestehens** – d.h. Entwicklung – vom Bestand und Umfang der zu sichernden Hauptforderung abhängig, § 767 I. Das Gleiche gilt im gesetzlichen Regelfall hinsichtlich der **Durchsetzbarkeit** (§§ 768, 770). 12

Solange die Hauptschuld (noch) gar nicht entstanden ist, besteht daher auch keine Bürgschaftsverpflichtung. Wird hingegen die Hauptforderung (teilweise) erfüllt, erlischt **automatisch** auch die Bürgenschuld (ggf. partiell). Und gem. **§ 768 I 1** kann ein Bürge zudem **Ein-** 13

**reden** des Hauptschuldners i.B.a. die Hauptforderung (z.B.: §§ 214 I; 320 I, 438 IV 2) geltend machen (Ausnahme: § 768 I 2), und zwar gem. § 768 II selbst dann, wenn jener auf sie **verzichtet** (worunter *nicht* sonstiger Verlust oder Verjährungshemmung fällt).

Gem. **§ 770 I** kann sich ein Bürge zudem **einredeweise** einer Inanspruchnahme widersetzen, solange (!) dem Hauptschuldner ein **Anfechtungs**recht i.B.a. das der Hauptforderung zugrunde liegende Rechtsgeschäft zusteht; nach h.M. gilt § 770 I **analog** für sonstige Gestaltungsrechte des Hauptschuldners, z.B. Rücktritt, Widerruf.

Das Gleiche gilt gem. **§ 770 II**, solange sich der *Gläubiger* (!) durch **Aufrechnung** gegen eine fällige Forderung des Hauptschuldners befriedigen kann; kann hingegen umgekehrt nur der Hauptschuldner aufrechnen, gilt § 770 II nach h.M. *nicht* analog (sehr umstr.).

Wurde ein Gestaltungsrecht bereits **ausgeübt**, greift nicht § 770, sondern § 767 I 1 ein. Überdies verliert ein Bürge die Einreden aus § 770, wenn der Hauptschuldner bzw. der Gläubiger das jeweilige Gestaltungsrecht **verliert** oder darauf verzichtet (≠ § 768 II).

**14** Infolge der Akzessorietät kann sich eine Bürgschaftsverpflichtung nicht nur verringern, sondern ggf. auch **vergrößern**. Bei Fehlen einer anderweitigen Vereinbarung ist dies gem. § 767 I 2 jedoch nur möglich i.B.a. solche Erweiterungen oder Veränderungen, die in der Hauptforderung – **kraft Gesetzes** – angelegt sind (z.B. die Rechtsfolgen eines Verzugs [etwa Zinsen], Sekundäransprüche aus §§ 280 ff. oder eine Vorfälligkeitsentschädigung i.S.v. § 490 II 3). Eine *nach* Abschluss des Bürgschaftsvertrags erfolgende **vertragliche** Änderung der Hauptforderung ist hingegen für die Bürgenschuld grds. ohne Belang, § 767 I 3.

**15** Fraglich und durch Auslegung zu klären ist, ob eine Bürgschaft im Einzelfall statt der intendierten Hauptforderung ggf. auch **Ersatzansprüche** erfasst, die an deren Stelle treten. Paradebeispiel ist der wegen Wucherzinsen **sittenwidrige** (§ 138 I) Darlehensvertrag: Wurde die Darlehenssumme bereits ausgezahlt, schuldet der Darlehensnehmer dann zwar keine Zinsen (§ 488 I 2 Alt. 1), gem. § 812 I 1 Alt. 1 jedoch Rückzahlung der Valuta (§ 817 S. 2 bezieht sich nach h.M. nur auf die Überlassung auf Zeit). Insofern soll eine an sich für die Pflichten aus § 488 I 2 übernommene Bürgschaft nach h.M. im Wege der Auslegung i.d.R. auch Bereicherungsansprüche erfassen, es sei denn, sie wurde nur aus **Gefälligkeit** übernommen.

**16** Aus dem Grundsatz der Akzessorietät folgt weiterhin, dass **keine isolierte Abtretung** der Forderung aus § 765 I möglich ist. Vielmehr geht die Bürgenschuld nach **§ 401 I** (mit) über, wenn die gesicherte Hauptforderung abgetreten wird (oder: § 412); in einem derartigen Fall erwirbt der Abtretungsempfänger auch die Bürgschaftsforderung.

Nach **§ 401** gehen bei Abtretung einer Forderung kraft Gesetzes auch die zu ihrer Sicherung bestellten **akzessorischen Sicherungsrechte** auf den jeweiligen Zessionar über. Neben der (nur) mittelbaren Abtretbarkeit einer Bürgschaftsforderung hat dies i.R.e. Bürgschaft zur weiteren Konsequenz, dass ein Bürge, der nach Inanspruchnahme gem. **§ 774 I 1** kraft Legalzession die Hauptforderung gegen den Hauptschuldner erwirbt, zugleich nach §§ 401 I, 412 etwaige weitere für diese bestellte akzessorische Sicherheiten (z.B. eine Hypothek oder weitere Bürgschaftsforderungen) erhält. 17

Um dabei einen „**Wettlauf der Sicherungsgeber**„ zu verhindern, schränkt § 774 II zwischen Mitbürgen (§ 769) die *cessio legis* des § 401 I insofern ein, als ein vorleistender Mitbürge die Bürgschaftsforderungen gegen seine Mitbürgen nur **anteilig** – d.h. entsprechend dem zwischen ihnen bestehenden Ausgleichsverhältnis – erwirbt. Nach **h.M.** soll dies auch (entsprechend) bei Zusammentreffen einer Bürgschaft mit einer dinglichen Sicherheit (z.B.: Hypothek) gelten.

Gibt ein Gläubiger andere akzessorische Sicherheiten auf und verliert der Bürge dadurch seine (potentielle) Rückgriffsmöglichkeit nach §§ 774 I 1, 412, 401 I, **erlischt** gem. **§ 776** die Bürgschaftsforderung, „insoweit" der Bürge Regress hätte nehmen können. Auch auf nicht akzessorische Sicherungsrechte ist § 776 analog anzuwenden, falls der Gläubiger dem Bürgen deren Übertragung schuldet.

### 3. Subsidiarität

Die Verpflichtung eines Bürgen ist – jdf. nach der gesetzlichen Grundkonzeption – **subsidiär** zu derjenigen des Hauptschuldners. Das Gesetz bringt dies in **§§ 771 S. 1**, 772 zum Ausdruck, wonach ein Bürge die Befriedigung des Gläubigers solange verweigern kann, bis der Gläubiger erfolglos eine – vom Bürgen mitzubezahlende, § 767 II – Zwangsvollstreckung gegen den Hauptschuldner versucht hat (**Einrede der Vorausklage** mit Folge einer Verjährungshemmung, § 771 S. 2). 18

In der Praxis wird die Einrede der Vorausklage oftmals abbedungen. Dass dies – vorbehaltlich § 307 I 2 ggf. sogar in AGB – möglich ist, zeigt § 773 I Nr. 1 am Beispiel der sog. **selbstschuldnerischen Bürg-** 19

**schaft**. Für Bürgschaften, deren Übernahme aus Sicht des Bürgen ein Handelsgeschäft (§ 343 I HGB) darstellt, ist § 771 ohnehin kraft Gesetzes **(§ 349 HGB)** ausgeschlossen. Bei der Bürgschaft auf erstes Anfordern verzichtet der Bürge zusätzlich auf die Einreden in §§ 768, 770.

20 Aus der Subsidiarität der Bürgenverpflichtung folgt, dass Bürge und Hauptschuldner **keine Gesamtschuldner** i.S.v. § 421 sind (h.M.).

### 4. Rechtsnatur und Rechtsgrund

21 Der Bürgschaftsvertrag ist ein (den Bürgen) **einseitig verpflichtender** Vertrag, d.h. der Bürge erhält – jdf. aus dem Bürgschaftsvertrag – keine Gegenleistung. Allerdings liegt dem Bürgschaftsvertrag i.d.R. ein weiteres Schuldverhältnis zwischen Hauptschuldner und Bürgen zugrunde (meist: Auftrag oder Geschäftsbesorgungs(werk)vertrag, § 675 I). Aus diesem „Grundverhältnis„ kann sich – neben Rückgriffsansprüchen im Falle einer Inanspruchnahme – ggf. ein Anspruch des Bürgen auf Gegenleistung ergeben. Dennoch ist eine Bürgschaft – anders als z.B. eine Hypothek – **kein abstraktes Rechtsgeschäft**. Vielmehr trägt sie ihren Rechtsgrund (i.S.v. § 812 I) als kausales Rechtsgeschäft in sich. **Weder** bedarf es daher einer zugrunde liegenden Sicherungsabrede, **noch** kann der Bürge die Bürgschaft mit der Begründung **kondizieren**, dass das Rechtsverhältnis zwischen ihm und dem Hauptschuldner unwirksam ist. Auch eine Anfechtung der Bürgschaft wegen Täuschung durch den Hauptschuldner scheitert i.d.R. an **§ 123 II 1**.

## II. Wirksamkeit des Bürgschaftsvertrags

22 Die Übernahme einer Bürgschaft stellt ein großes Risiko dar; anders als bei den Realsicherheiten, die lediglich ein dingliches Vorzugsrecht an einem *bestimmten* Vermögensgegenstand begründen, haftet ein Bürge **i.d.R. mit seinem gesamten Vermögen**. Zudem erhält er – jdf. aus dem Bürgschaftsvertrag selbst und auch jenseits davon z.B. bei Angehörigen- oder Gefälligkeitsbürgschaften – oftmals keine Gegenleistung. Vor diesem Hintergrund ist die Frage der Wirksamkeit eines Bürgschaftsvertrags i.S.d. **§§ 105 ff.** von besonders großer Bedeutung.

### 1. Form, § 766

23 Aus den soeben (Rn. 22) genannten Gründen findet sich in **§ 766 S. 1** eine Formvorschrift, die in teleologischer Reduktion des § 167 II sogar für die Erteilung einer Vollmacht zum Abschluss eines Bürgschaftsvertrags gilt; denn § 766 S. 1 hat **Warnfunktion**. Danach ist zur

Gültigkeit des Bürgschaftsvertrags, d.h. zur Vermeidung der Nichtigkeitsfolge des § 125 S. 1, zweierlei erforderlich: die (**1.**) **schriftliche** (**2.**) **Erteilung** der Bürgschaftserklärung. Stellt die Übernahme einer Bürgschaft für den Bürgen allerdings ein Handelsgeschäft (§ 343 I HGB) dar, kann sie gem. **§ 350 HGB** auch formlos geschehen.

In allen anderen Fällen bedarf **die Willenserklärung des Bürgen** (die „Bürgschaftserklärung„) der Schriftform i.S.v. § 126. (Nur) diese muss grds. insgesamt, d.h. einschließlich aller Nebenabreden (außer diese schränken die Bürgenhaftung ein), in einer **eigenhändig unterschriebenen Urkunde** dargestellt sein. Die Erklärung des anderen Teils – i.d.R. des Gläubigers – ist hingegen formlos möglich; denn das Schriftformerfordernis des § 766 betrifft *nicht* den gesamten Vertrag. 24

Dem **zusätzlichen** Erfordernis der **„Erteilung“** genügt nicht etwa jeglicher Zugang i.S.v. § 130 I 1; erforderlich ist vielmehr eine **Entäußerung** gegenüber dem Gläubiger (i.d.R. durch Übergabe). Diesem (oder einem Empfangsvertreter bzw. -boten) muss die Urkunde zu (irgend)einem Zeitpunkt zur Verfügung gestellt worden sein. 25

Entgegen § 126 III kann eine Bürgschaftserklärung nicht in elektronischer Form (§ 126a) erteilt werden, § 766 S. 2. Ein etwaiger Formmangel kann – vergleichbar § 311b I 2 und § 518 II – gem. § 766 S. 3 durch Erfüllung der Bürgenverbindlichkeit **geheilt** werden. Die Erteilung einer „**Blankettbürgschaft**“ verstößt nach h.M. gegen § 766 S. 1, es sei denn, der dann Ausfüllende wurde schriftlich dazu ermächtigt. 26

### 2. Sittenwidrigkeit, § 138 I

Nach klassischem Verständnis ist eine Bürgschaft – im Lichte der Privatautonomie – nicht alleine deshalb sittenwidrig, weil die potentielle Haftungssumme die **Leistungsfähigkeit** eines Bürgen **weit übersteigt**. Und obwohl sich die insofern überaus strenge Rspr. im Laufe der Zeit – u.a. auf Intervention des **BVerfG** (NJW 1994, 36) hin – etwas gelockert hat, müssen auch weiterhin neben eine etwaige „krasse Überforderung“ **weitere Umstände** hinzutreten, damit eine Bürgschaft gegen das Anstandsgefühl aller billig und gerecht Denkenden verstößt. 27

Ein derartiger Umstand liegt nach gefestigter Rspr. des BGH insb. dann vor, wenn (**1.**) dem Hauptschuldner emotional verbundene, **nahestehende Personen** [z.B.: Ehegatten, Kinder, ggf. auch Freunde] (**2.**) potentiell ruinöse, d.h. sie **krass überfordernde** Bürgschaftsverpflichtungen übernehmen und dies (**3.**) nicht auf einer von der persönlichen Nähebeziehung weitgehend **unbeeinflussten**, autonomen Entscheidung des Bürgen beruht (sog. **Angehörigenbürgschaft**); Letzteres – 28 d.h. ein sittenwidriges Ausnutzen der psychischen Zwangslage eines Angehörigen – ist nach dem BGH bei Vorliegen der vorigen Voraussetzungen zu **vermuten**, d.h. muss ggf. vom Gläubiger widerlegt werden.

**29** Eine krasse finanzielle **Überforderung** des Bürgen liegt vor, wenn ein grobes Missverhältnis zwischen der Verpflichtung und seinem – anhand einer Prognose ermittelten – Leistungsvermögen besteht, insb. wenn er voraussichtlich **nicht einmal die laufenden Zinsen** bedienen könnte.

**30** Die **Vermutung** der Sittenwidrigkeit kann **entweder** dadurch **widerlegt** werden, dass ein eigenes wirtschaftliches Interesse des Bürgen dargelegt wird (z.B. wenn das Darlehen unmittelbar auch ihm zugute kommt), **oder** durch Nachweis fehlender Kenntnis der Überforderung.

**31** Umgekehrt führt die Tatsache, dass eine Bürgschaft lediglich **Vermögensverschiebungen** zwischen Ehegatten verhindern soll, nicht *per se* zum Ausschluss eines ansonsten zu fällenden Sittenwidrigkeitsurteils. Nach überzeugenderer Ansicht hindert dies nur dann eine Sittenwidrigkeit, wenn die Zweckbindung im Vertrag festgelegt wird (umst.).

### 3. Verbraucherschutzrecht

**32** Neben § 125 S. 1 und § 138 I kann ein Bürgschaftsvertrag auch nach **§ 355 I 1** unwirksam sein bzw. werden, falls ein Bürge i.B.a. den Bürgschaftsvertrag ein Widerrufsrecht (fristgerecht ausgeübt) hat.

**33** Wird ein Bürgschaftsvertrag **außerhalb von Geschäftsräumen** (früher: „Haustürsituation„) abgeschlossen, steht dem Bürgen nach h.M. ein Widerrufsrecht nach **§ 355 iVm §§ 312g I, 312b I, 312 I** zu. Zweifeln könnte man daran **einerseits** unter dem Aspekt der „Entgeltlichkeit“, welche der BGH (IX. Senat) der Bürgschaft noch 1991 mangels (direkter) Gegenleistung abgesprochen hatte; dem widersprechen – zu Recht – die h.Lit., (wohl) der EuGH sowie der zwischenzeitlich für Bürgschaftssachen zuständige XI. Zivilsenat des BGH. **Andererseits** könnte man, wie der EuGH in der Rs. *Dietzinger* (1998), in – m.E. verfehlter – Auslegung der „Akzessorietät“ über die Verbrauchereigenschaft des Bürgen hinaus auch eine solche des Hauptschuldners fordern; die h.M. lehnt dies, auch i.R.d. vollharmonisierenden VRRL, ab.

**34** Ein Widerrufsrecht nach **§ 355 iVm §§ 312g I, 312c I, 312 I** hingegen besteht nach h.Lit. bei Bürgschaftsverträgen nicht. Denn es ist kaum denkbar, dass eine Bürgschaft i.R.e. für den **Fernabsatz** organisierten Vertriebs- bzw. Dienstleistungssystems abgeschlossen wird.

Anders als beim Schuldbeitritt (s. Rn. 7) finden schließlich auch die **§§ 491 ff. keine** – auch nicht analoge – **Anwendung auf Bürgschaften**. **35**

## III. Die Inanspruchnahme des Bürgen

Eine Inanspruchnahme des Bürgen setzt den Eintritt des sog. **Sicherungsfalls** voraus. Dessen Zeitpunkt hängt von der jeweiligen vertraglichen Vereinbarung ab; bei Übernahme einer selbstschuldnerischen Bürgschaft etwa (oder: Bürgschaft auf erstes Anfordern) kann der Bürge keine Einrede der Vorausklage (§ 771 S. 1) erheben, § 773 I Nr. 1. **36**

Minimalvoraussetzung ist stets die **Fälligkeit** der **Hauptforderung**. I.R.d. Prüfung von § 765 I ist daher wegen der Akzessorietät der Bürgenverpflichtung (§ 767 I 1) neben dem Vorliegen eines wirksamen Bürgschaftsvertrags das Bestehen der Hauptforderung zu untersuchen. **37**

Darüber hinaus darf weder die Bürgenschuld selbst (z.B. gem. §§ 355 S. 1, 362 I, 776 oder § 777), noch – wegen der Akzessorietät der Verpflichtung des Bürgen (§ 767 I 1; dazu näher Rn. 12 ff.) – die Hauptforderung (z.B. gem. §§ 362 I, 389 oder § 142 I) **erloschen** sein. **38**

Und selbst wenn die Verpflichtung des Bürgen entstanden und nicht erloschen ist, scheitert eine Inanspruchnahme des Bürgen oft an deren fehlender **Durchsetzbarkeit**. Denn neben **„eigenen"** Einreden i.B.a. die Bürgschaftsschuld selbst (z.B. deren Verjährung [§ 214 I] oder Stundung) kann ein Bürge gem. **§ 768 I 1** auch die dem Hauptschuldner i.B.a. die Hauptforderung zustehenden Einreden (z.B. *deren* Verjährung, § 214 I) geltend machen (vgl. Rn. 13), und zwar selbst dann, wenn dieser auf sie verzichtet hat (§ 768 II). Darüber hinaus beinhalten §§ 770 und 771 eigenständige Bürgeneinreden (dazu näher Rn. 13). **39**

Insb. hinsichtlich der **Verjährung** ist sorgfältig zwischen der Hauptschuld (§ 768 I 1) und der – trotz Akzessorietät einer **eigenen** Verjährung (§§ 195, 199) unterliegenden – Bürgschaftsverpflichtung selbst zu **unterscheiden**. Der Beginn der Verjährung der Bürgschaftsforderung wird nicht durch den Vertragsschluss, sondern ihre Fälligkeit ausgelöst; diese wiederum tritt frühestens (nämlich nur bei der selbstschuldnerischen Bürgschaft; sonst: § 771 S. 2) mit Fälligkeit der Hauptschuld ein. Eine *spätere* Hemmung der Verjährung (oder: Stundung) nur der Hauptschuld wirkt sich nicht auf die Verjährung der Bürgenschuld aus. **40**

**Prüfungsschema 41:** Anspruch gegen den Bürgen aus § 765 I **41**

I. Anspruch **entstanden**?

1. Abschluss eines wirksamen Bürgschaftsvertrags
   a) Einigung, §§ 145 ff. (**P**) Verbürgungswille (Abgrenzung)

b) Wirksamkeitshindernisse, zB §§ 105 ff., 125 iVm 766, 138

2. Bestand der gesicherten Hauptforderung, § 767 I 1

II. Anspruch **erloschen**? = Rechtsvernichtende Einwendungen …

1. i.B.a. die Bürgschaft selbst (z.B. §§ 362 I, 142 I, 355 S. 1, 776)

2. i.B.a. die Hauptforderung iVm § 767 I 1 (z.B. §§ 362 I, 389)

III. Anspruch **durchsetzbar**?

1. Einreden i.B.a. die Bürgschaftsforderung selbst (z.B. § 214 I)

2. Einreden des Hauptschuldners (z.B. § 214 I) iVm § 768 I

3. Bürgeneinreden, §§ 770 I, 770 II, 771 S. 1

## IV. Der Regress des Bürgen

**42** Wird ein Bürge in Anspruch genommen, stehen ihm i.d.R. **Regressansprüche** (u.a.) gegen den Hauptschuldner zu, und zwar (**1.**) aus dem jeweiligen **Grundverhältnis** (dazu Rn. 21), z.B.: §§ 670, (675 I). Darüber hinaus geht (**2.**) die Hauptforderung gem. **§ 774 I 1** kraft Legalzession (mitsamt etwaiger akzessorischer Sicherheiten, §§ 401 I, 412) auf ihn über (dazu und zum **Wettlauf der Sicherungsgeber:** Rn. 17).

# Kapitel 10. Verträge zur Feststellung von Forderungen

In vielen Fällen ist das (ggf. einredefreie) Bestehen bzw. der Umfang oder die Rechtmäßigkeit einer Forderung – d.h. eines schuldrechtlichen Anspruchs (vgl. Einleitung Rn. 2) – zwischen den Parteien **ungewiss** oder **in Streit**. Insofern sieht das BGB mehrere Vertragsarten vor, die entweder der Mobilisierung oder der verbindlichen Feststellung einer Forderung (bzw. ggf. deren Einredefreiheit) dienen. Neben der Verbriefung i.R.e. **Inhaberschuldverschreibung** (§§ 793–808: einem Wertpapier; darunter fallen z.B. auch Staatsanleihen) sind dies insb. der in §§ 779, (782) normierte **Vergleichsvertrag** und das in §§ 780, 781 geregelte **Schuldversprechen** bzw. **-anerkenntnis**. 1

## A. Vergleichsvertrag

Der Vergleichsvertrag ist – anders als „die" §§ 780, 781 – ein **kausales** Rechtsgeschäft, d.h. er trägt i.d.R. seinen Rechtsgrund in sich. Durch ihn wird **unabhängig** von der an sich gegebenen Rechtslage festgelegt, was künftig zwischen den Parteien gelten soll; ob das ursprüngliche Rechtsverhältnis dabei fortbesteht, ist Auslegungsfrage. 2

Der Vergleich wird in **§ 779 I** legaldefiniert als Vertrag, durch den der Streit oder die Ungewissheit der Parteien über ein Rechtsverhältnis im Wege gegenseitigen Nachgebens beseitigt wird. Das Vorliegen eines **Streits** oder einer **Ungewissheit** ist dabei – ebenso wie der Begriff des (lediglich eine Verfügungsbefugnis der Parteien voraussetzenden, z.B. auch zukünftigen) „Rechtsverhältnisses" – **weit** auszulegen 3

Gem. **§ 779 II** steht es einer Ungewissheit i.S.v. § 779 I gleich, wenn nur die Anspruchs*verwirklichung* unsicher ist; sogar eine bloß subjektive Unsicherheit genügt. Dem Erfordernis eines **gegenseitigen Nachgebens** ist Genüge getan, wenn die Parteien einander *irgendwelche*, selbst minimale (Stundung, Zinsverzicht) und nicht notwendigerweise gleichwertige Zugeständnisse (ggf. außerhalb des betroffenen Rechtsverhältnisses) machen. **Einseitige** Zugeständnisse reichen nicht. 4

Von diesem materiell-rechtlichen Vergleich begrifflich zu trennen ist der sog. **Prozessvergleich**, der – partiell – in § 794 I Nr. 1 ZPO geregelt ist und dem eine unmittelbar prozessbeendigende Wirkung zu- 5 kommt; ein Prozessvergleich hat nach h.M. eine sog. **Doppelnatur** sowohl als privatrechtlicher Vertrag als auch Prozesshandlung.

6 Der in § 779 I angesprochene **beiderseitige Irrtum** in Bezug (nur!) auf den als *feststehend* erachteten **Sachverhalt** ist nach h.M. ein gesetzlich normierter Sonderfall einer Störung der Geschäftsgrundlage (vgl. § 313 II) und führt zu einer Unwirksamkeit des Vergleichs.

## B. Schuldversprechen und Schuldanerkenntnis

7 Sowohl das in **§ 780** geregelte Schuldversprechen als auch das in **§ 781** normierte Schuldanerkenntnis gleichen sich hinsichtlich ihrer Voraussetzungen, wirtschaftlichen Zwecksetzung und Rechtsfolgen. Nach h.M. erübrigt sich daher eine Differenzierung zwischen beiden.

8 Schuldversprechen und Schuldanerkenntnis sind **einseitig verpflichtende** Verträge, durch die eine **selbstständige** Verpflichtung begründet wird, die hinsichtlich ihrer Wirksamkeit unabhängig von einer dem Versprechen (etc.) etwaig zugrunde liegenden Forderung ist.

9 Schuldversprechen und -anerkenntnis bedürfen zu ihrer Wirksamkeit – außer in den Fällen des § 350 HGB und von § 782 – gem. §§ 780, 781 einer **schriftlichen Erteilung** (s. dazu Kap. 9 Rn. 25).

10 Anders als fast alle sonstigen Vertragsarten des Schuldrechts sind Schuldversprechen und -anerkenntnis **abstrakte Schuldverträge**, d.h. sie tragen ihren Rechtsgrund ***nicht*** in sich. Damit stellen §§ 780, 781 zwar eine eigene **Anspruchsgrundlage** dar, die grds. unabhängig von einem Grundverhältnis besteht; bei Fehlen eines solchen Rechtsgrunds können sie jedoch kondiziert bzw. kann einer Inanspruchnahme aus ihnen die Bereicherungseinrede aus **§ 821** entgegengehalten werden.

11 I.R.e. Klausur sind Schuldversprechen und -anerkenntnis – im Wege der Auslegung – insb. abzugrenzen von (**1.**) bloß **tatsächlichen Erklärungen** ohne Vertragscharakter sowie vom (**2.**) sog. **deklaratorischen** (oder: **kausalen**) **Schuldanerkenntnis**. Durch einen solchen – *nicht* abstrakten! – Vertrag wird keine komplett eigenständige, neue Verpflichtung bzw. Anspruchsgrundlage erschaffen; vielmehr führt er „lediglich" dazu, dass der Anerkennende etwaige Einreden und Einwendungen i.B.a. den anerkannten Anspruch verliert.

12 Wird nach einem Verkehrsunfall direkt **am Unfallort** ein „Anerkenntnis" abgegeben, hängt dessen Einordnung von den Umständen des jeweiligen Einzelfalls ab. Nach der Rspr. soll jedoch im Zweifel lediglich eine bloß tatsächliche Erklärung vorliegen (umstr.).

# Kapitel 11. Typengemischte und atypische Verträge

## A. Einführung: Typenfremde Verträge

Das Schuldrecht ist wegen der Relativität der Schuldverhältnisse in großen Teilen **dispositiv**. Das Gesetz bringt dies – unzureichend – in **§ 311 I** zum Ausdruck. Die dort verankerte **Vertragsfreiheit** gewährleistet – naturgemäß innerhalb der vom Gesetz (z.B.: §§ 134, 138, 311b und 476) gesetzten Grenzen – neben einer Abschluss- sowie Formfreiheit grds. auch eine **inhaltliche Gestaltungsfreiheit**. Danach steht es etwaig Vertragsschließenden nicht nur frei, einzelne Gesetzesbestimmungen abzubedingen, sondern auch, neue, aus Sicht der gesetzlichen Regelung atypische oder typengemischte Verträge abzuschließen. 1

Andernfalls wäre das über **120 Jahre alte BGB** schwerlich in der Lage, allen Bedürfnissen des modernen Rechtsverkehrs zu genügen. 2

Von einem **typengemischten Vertrag** spricht man, wenn die Parteien die Elemente verschiedener gesetzlich geregelter Verträge miteinander kombinieren. Paradebeispiel ist der (Hotel-)**Beherbergungsvertrag** als Vertrag mit primär mietrechtlichen Elementen und ggf. solchen eines Kauf-, Werk-, Dienst- oder auch Verwahrungsvertrags. Auch z.B. der **Facebook**-Nutzungsvertrag ist typengemischt. 3

Gemischte Verträge können Typenkombinations-, Typenverschmelzungs- oder Verträge mit anderstypischer Gegenleistung sein. 4

Die rechtliche Behandlung typengemischter Verträge ist umstr.: Nach der **Absorptionsmethode** findet einheitlich das den Hauptgegenstand des Vertrags bildende Recht Anwendung; die **Kombinationsmethode** will dagegen jeden einzelnen Vertragsbestandteil nach dem für ihn geltenden Recht behandeln. Die h.M. entscheidet von Fall zu Fall. 5

Ein **atypischer Vertrag** hingegen enthält keine Elemente der gesetzlichen Vertragstypen; auf ihn ist grds. nur SchR AT anzuwenden. 6

## B. Leasing

**Literatur:** *Bayerle*, JA 2013, 659; *Canaris*, AcP 190, 410; *Omlor*, JuS 2011, 305.

7 Der jdf. für die Ausbildung wichtigste der **nicht im Gesetz geregelten** Vertragstypen ist das in verschiedenen Spielarten vorkommende – nach h.M. stets jedoch mietähnliche – Leasing. Seine große Beliebtheit verdankt es u.a. bestimmten **steuer**- und bilanzrechtlichen Vorzügen.

### I. Charakteristik und Arten

8 Allgemein gesprochen zeichnet sich ein Leasingvertrag dadurch aus, dass der Leasinggeber (ähnlich dem Mietvertrag) dem Leasingnehmer einen Leasinggegenstand – i.d.R. eine Sache (z.B.: Pkw) oder Sachgesamtheit (z.B.: EDV-Anlage) – für einen **bestimmten Zeitraum gegen Entgelt** überlässt, und zwar – jdf. zunächst – nicht zu Eigentum.

9 Der **Hauptunterschied zum Mietvertrag** liegt darin, dass der Leasinggeber den Leasinggegenstand i.d.R. zunächst bei einem Dritten – oftmals sogar nach Vorgaben des Leasingnehmers – erwirbt (Ausnahme: Herstellerleasing). Als Folge dessen sind die meisten Leasingverträge zusätzlich darauf ausgerichtet, dem Leasinggeber eine **volle Amortisation** seiner Investitionskosten (nebst Gewinn) zu verschaffen.

10 Beim sog. **Eintrittsmodell** schließt demgegenüber zunächst der Leasingnehmer den Kaufvertrag über den späteren Leasinggegenstand ab und „überträgt" den Vertrag dann – im Wege einer dreiseitigen Vertragsübernahme (§ 311 I) – auf den Leasinggeber.

11 In der Praxis haben sich insb. zwei Leasingarten durchgesetzt: Zum einen das operative oder **Operatingleasing**, d.h. die i.d.R. nur kurzfristige Überlassung von bestimmten Wirtschaftsgütern (z.B.: Produktionsmaschinen) an meist gewerbliche Leasingnehmer, zum anderen – für die Ausbildung bedeutsamer – das **Finanzierungsleasing**.

12 Dieses dient v.a. der **Fremdfinanzierung** einer bestimmten Investition und ähnelt daher an sich eher einem Darlehen oder Abzahlungskauf als einem Mietvertrag. V.a. aus steuerlichen Gründen verbleibt beim Finanzierungsleasing jedoch das Eigentum am Leasinggegenstand – jdf. bis Ablauf der (meist längerfristigen) Vertragslaufzeit – beim Leasinggeber. Da der Leasinggeber i.d.R. kein Interesse an jenem hat, ist der Vertrag meist auf eine **Vollamortisation** ausgelegt; z.T. wird dies durch eine Pflicht zum Erwerb nach Vertragsende erreicht.

## II. Dreipersonenverhältnis

Leasingsachverhalte sind meist **Dreipersonenverhältnisse**: Denn neben (**1.**) dem Leasingvertrag zwischen **Leasingnehmer** und **Leasinggeber** schließt der Leasinggeber i.d.R. (außer beim sog. Eintrittsmodell [dazu Rn. 10] oder beim Herstellerleasing) zusätzlich noch (**2.**) einen Kaufvertrag mit einem Dritten (dem **Lieferanten**) über den dann dem Leasingnehmer zur Verfügung gestellten Leasinggegenstand ab. 13

Wirtschaftlich logische und auch leasingtypische Konsequenz dieser Dreieckskonstellation ist, dass der Leasinggeber dem Leasingnehmer i.d.R. seine etwaigen Gewährleistungsansprüche gegen den Lieferanten aus §§ 434 ff. unter **Ausschluss** einer eigenen Haftung aus dem Leasingvertrag abtritt (sog. **Abtretungskonstruktion**). 14

Nach dem BGH stellt dies selbst dann, wenn der Leasingnehmer Verbraucher ist, **kein Umgehungsgeschäft** i.S.v. § 476 I 2 dar, obwohl dieser ggf. mangels Verbrauchereigenschaft des Leasinggebers den Schutz der §§ 474 ff. „verliert“. Allerdings soll der Ausschluss der Gewährleistung des Leasinggebers in **AGB** gegen **§ 307** verstoßen, falls eine Haftung des Lieferanten ausgeschlossen wurde.

## III. Rechtsnatur des Finanzierungsleasings

Ein Finanzierungsleasingvertrag ist nach h.M. ein **atypischer Mietvertrag**. Denn trotz seiner starken Finanzierungsfunktion sei auch das Finanzierungsleasing im Regelfall nicht auf Erwerb, sondern lediglich bloße Gebrauchsüberlassung ausgerichtet. **Atypisch** ist der Finanzierungsleasingvertrag deshalb, weil i.d.R. (entgegen § 535 I 2) ein Übergang der Leistungs- und Gegenleistungsgefahr auf den Leasingnehmer vereinbart und die mietrechtliche Haftung abbedungen wird (Rn. 14). 15

Daneben wird z.T. vertreten, der Finanzierungsleasingvertrag sei ein **typengemischter** Vertrag mit v.a. darlehens- und geschäftsbesorgungsrechtlichen Elementen (*Canaris*, AcP 190 (1990), 410); wieder andere sehen ihn als **atypischen Vertrag** *sui generis* an. 16

## IV. Rechtliche Behandlung des Finanzierungsleasings

Die – neben der umstr. Einordnung des Leasingvertrags – **wichtigsten Klausurprobleme** beim Leasing sind: (**1.**) Die Behandlung von Leistungsstörungen (Abtretungskonstruktion), (**2.**) die Anwendbar- 17 keit und Rechtsfolgen von Verbraucherschutznormen (§ 506 I, II) sowie (**3.**) die AGB-rechtliche Zulässigkeit bestimmter Klauseln.

### 1. Leistungsstörungen

**18** Erweist sich ein Leasinggegenstand als **mangelhaft**, hätte die herrschende Einstufung des Leasingvertrags als atypischer Mietvertrag an sich zur Konsequenz, dass der Leasinggeber hierfür gem. **§§ 536 ff.** haftet. I.d.R. wird jedoch eine derartige Haftung des Leasinggebers ausgeschlossen; als Ausgleich tritt der Leasinggeber dem Leasingnehmer etwaige Gewährleistungsansprüche gegen seinen Lieferanten aus **§ 437** ab (vgl. Rn. 14; zur **AGB**-rechtlichen Zulässigkeit s. unter 3.).

**19** Entsprechend stehen einem Leasingnehmer bei Mangelhaftigkeit des Leasinggegenstands im Regelfall – jdf. zunächst – nur (abgetretene) **kaufrechtliche** Gewährleistungsansprüche des Leasinggebers gegen den Lieferanten zu. I.R.d. Falllösung ist daher neben den Voraussetzungen der **§§ 434 ff.** insb. auch die Wirksamkeit der entsprechenden Abtretung zu prüfen und zu bedenken, dass ggf. der Leasing*geber* Adressat bestimmter Gewährleistungs(folge)ansprüche ist.

**20** **Tritt** der Leasing*nehmer* vom Kaufvertrag zwischen Leasing*geber* und Lieferanten **zurück**, entfällt dadurch nach h.M. die **Geschäftsgrundlage** des Leasingvertrags, und der Leasingnehmer kann gem. § 313 III 1 ***ex tunc*** (nicht § 313 III 2) zurücktreten + § 346 (umstr.).

**21** Sehr **umstr.** ist auch, ob ein Verbraucher-Leasingnehmer die Mangelhaftigkeit eines Leasinggegenstands gem. **§§ 359, 506 I, II** seiner Pflicht zur Zahlung der vereinbarten Leasingraten entgegenhalten kann; der **BGH** (NJW 2014, 1519, zum Einstiegsmodell) lehnt dies ab.

**21a** Hiervon zu unterscheiden sind hingegen **deliktische** Ansprüche (u.a. aus § 7 I StVG oder § 823 I, z.B. infolge eines Verkehrsunfalls). Diese stehen grds. nicht nur dem Leasinggeber, sondern auch dem Leasinggeber zu, ist doch der berechtigte unmittelbare Besitz als „**sonstiges Recht**" iSv § 823 I und – über dessen Wortlaut hinaus – auch § 7 I sowie 18 I StVG anerkannt. Nach herkömmlicher Anicht kann ein Leasingnehmer allerdings grds. nur Ersatz seines **Nutzungs- und Haftungsschadens**, nicht jedoch auch des Substanzschadens verlangen (umstr.; der BGH [NJW 2019, 1669] hat dies jüngst offengelassen und es dem Leasingnehmer untersagt, ohne Zustimmung des Eigentümers statt der Herstellung jedenfalls die fiktiven Herstellungskosten nach § 249 II 1 zu verlangen).

### 2. Verbraucherschutz

Ein Leasingvertrag, bei dem der Leasingnehmer **Verbraucher** i.S.v. § 13 ist und der eine Vollamortisation vorsieht, unterfällt i.d.R. (unter den Voraussetzungen von **§ 506 II** – lesen!) als „sonstige entgeltliche Finanzierungshilfe" **§ 506 I**, so dass auf einen derartigen Vertrag die meisten Vorschriften über Verbraucherkreditverträge (§§ 491 ff.) Anwendung finden. Hinzuweisen ist insb. auf die Geltung eines **Formzwangs** gem. § 492 (Rechtsfolge: § 494) sowie das **Widerrufsrecht** nach §§ 355, 495, 506 I, II. Beachte zudem: § 310 III und § 513. **22**

Denkbar ist auch eine Anwendbarkeit der **§§ 312b ff.** Zu § 476 I 2 vgl. bereits Rn. 14 und zu den **§§ 358 ff.** die Ausführungen in Rn. 21. **23**

### 3. AGB

Mangels gesetzlicher Normierung im BGB ist ein Leasingvertrag mehr noch als die herkömmlichen Vertragstypen auf eine vertragliche Ausgestaltung der jeweiligen Vertragspflichten etc. angewiesen; aus Gründen der Praktikabilität geschieht dies naturgemäß oft durch **AGB**. **24**

Insofern stellt sich in Klausuren v.a. die Frage einer Zulässigkeit (**1.**) einerseits der **Abbedingung** der Gewährleistungshaftung des Leasinggebers sowie andererseits (**2.**) der § 535 I 2 widersprechenden **Abwälzung** der Leistungs- und Gegenleistungsgefahr auf den Leasingnehmer. **25**

Nach h.M. hält beides – **grds.** – **einer AGB-rechtlichen Prüfung stand** (wobei Maßstab grds. die §§ 535 ff. sind). Eine Aunahme gilt (neben § 309 Nr. 7) allerdings, wenn der Leasingnehmer – z.B. wegen eines Haftungs*ausschlusses* zwischen Leasinggeber und Lieferant – rechtlos gestellt wird (s. Rn. 14); ob dies auch gilt, wenn zwischen Leasinggeber und Lieferant nur eine Haftungs*beschränkung* vereinbart wurde, ist umstr. und bislang noch nicht vom BGH entschieden. **26**

## C. Factoring

Ein weiterer wichtiger nicht im Gesetz geregelter Vertagstyp ist das **Factoring**, welches ebenfalls – ähnlich dem Finanzierungsleasing – eine Art Finanzdienstleistung darstellt. Der Sache nach geht es beim Factoring um den (untechnisch gesprochen) „Verkauf" – nebst **Abtretung**, §§ 398 ff. – von meist erst später fällig werdenden oder entstehenden Forderungen durch einen Kunden (den **Zedenten**) an einen **Factor** (i.d.R. ein Kreditinstitut) gegen einen gewissen Abschlag zur Vermeidung oder Überbrückung etwaiger Liquiditätsengpässe des Zedenten. **27**

## I. Charakteristik und Arten

28 Je nach Gestaltung des konkreten Factoringvertrags trägt das Bonitätsrisiko (nicht: das Veritätsriskiko!) i.B.a. die jeweils abzutretende(n) Forderung(en) entweder der Factor (**echtes Factoring**), oder aber dieses verbleibt beim Zedenten (dann: **unechtes Factoring**).

29 **Bonitätsrisiko** bezeichnet die „Gefahr", dass eine abgetretene Forderung, obwohl existent (sonst: **Veritätsrisiko**) – z.B. wegen einer Insolvenz des Forderungsschuldners – nicht realisiert werden kann.

30 Da der Zedent beim **echten Factoring** nur für die Verität, nicht jedoch Bonität der von ihm „verkauften" und abtretenen Forderung(en) haften soll (sog. ***Delkredere***-Funktion), stuft die h.M. dieses als **Forderungskauf** i.S.v. § 453 I Alt. 1 ein (umstr.; a.A.: atypischer Darlehensvertrag). Denn nach h.M. gehört nur die Verität, nicht aber die Bonität zu der Beschaffenheit einer Forderung i.S.v. §§ 434, 453 I (vgl. Kap. 2 Rn. 283); der Verkäufer einer Forderung haftet daher nach der gesetzlichen Grundregel nicht nach §§ 437, 453 I, wenn jene uneinbringlich ist. Eine Erlaubnispflicht i.S.v. **§ 2 II 1 RDG** besteht nicht.

31 Das **unechte Factoring** hingegen, bei dem der Zedent auch für die Bonität der abgetretenen Forderungen haftet, ist nach h.M. ein **Darlehensvertrag** i.S.d. §§ 488 ff., und zwar in Höhe des jeweiligen „Kaufpreises" der Forderung(en); deren Abtretung an den Factor erfolgt dabei lediglich **erfüllungshalber (§ 364 II)**, und zwar i.B.a. die Rückzahlungsverpflichtung des Zedenten aus § 488 I 2. Auf diese darf der Factor wegen der § 364 II immanenten **Stundungsabrede** erst zurückgreifen, wenn die Inanspruchnahme des Drittschuldners gescheitert ist. Damit besitzt das unechte Facoring zugleich **Dienstleistungs**charakter, da der Factor die Forderungseinziehung für den Zedenten übernimmt.

## II. Verhältnis zum verlängerten Eigentumsvorbehalt

32 Nach dem Gesagten steht jdf. die Forderungsabtretung beim unechten Factoring einer Sicherungsabtretung nahe. Gleichzeitig trifft die Abtretung von Forderungen i.R.d. – echten wie unechten – Factorings oftmals mit anderen (Sicherungs-)Abtretungen zusammen. Insofern stellen sich **Konkurrenzfragen**, insb. wenn eine Zession i.R.d. Factorings mit einer Vorausabtretung zugunsten anderer (i.d.R.: Warenlieferanten) i.R.e. verlängerten Eigentumsvorbehalts zusammentrifft.

33 Ein **verlängerter Eigentumsvorbehalt** zeichnet sich dadurch aus, dass ein Lieferant einem Käufer Waren unter **(1.)** Eigentumsvorbe-

halt verkauft (§ 449) und übereignet (§§ 929, 158 I) und diesem zugleich (**2.**) gestattet (§ 185 I), die Ware weiterzuveräußern, sich jedoch als „Verlängerung" (Ersatz) des dadurch verlorenen Eigentums (**3.**) vorab die Entgeltforderung aus dem Weiterverkauf abtreten lässt, meist (**4.**) verbunden mit einer Einziehungsermächtigung.

Nach dem BGH geht bei **Zusammentreffen** einer Globalzession zur Sicherung eines Kreditgebers mit einer Vorausabtretung i.R.e. verlängerten Eigentumsvorbehalts – in Abweichung vom „normalen" **Prioritätsprinzip** und damit losgelöst von dem jeweiligen Vornahmezeitpunkt – die Vorausabtretung (d.h. der „Warenkredit") vor; denn eine Sicherungsglobalzession, die derartige Forderungen nicht mit dinglicher Wirkung ausnimmt, sei i.d.R. wegen **Gläubigerbenachteiligung** und Verleitung des Zedenten zum Vertragsbruch gem. **§ 138 I** sittenwidrig und damit nichtig. **34**

Diese Grundsätze finden nach ganz h.M. **keine Anwendung** auf das **echte Factoring**. Denn die i.R.e. verlängerten Eigentumsvorbehalts erteilte Einziehungsermächtigung umfasst grds. ohnehin auch eine Abtretung; zudem erhält der Zedent als Ersatz für die abgetretene Forderung – ähnlich der ja i.d.R. gestatteten Einziehung – einen Gegenwert. **35**

Anders verhält es sich demgegenüber nach h.M. beim **unechten Factoring**; „dort" ist eine zeitlich vor Vereinbarung eines verlängerten Eigentumsvorbehalts (erfüllungshalber) erfolgte (Sicherungs-)-Abtretung i.d.R. **gem. § 138 I nichtig**, soweit sie auch von jenem erfasste Ansprüche betrifft (sehr umstr.). Erfolgt hingegen – andersherum – die Vereinbarung eines verlängerten Eigentumsvorbehalts zuerst, gilt ganz normal das Prioritätsprinzip. **36**

# Stichwortverzeichnis

Die Zahlen beziehen sich auf Seitenzahlen.